GOLDMANN

Buch

Zum ersten Mal stellt sich eine Frau alleine der Eiswelt der Arktis. Helen Thayer erzählt von ihrer spannenden Expedition zum Nordpol und der Erfahrung der eigenen physischen und psychischen Grenzen. 270 Tage war sie unterwegs, 550 Kilometer weit zog sie ihre schwere Ausrüstung per Ski durch eine bizarre Welt aus Eis und Stille.

Sie begegnete hungrigen Eisbären, ertrug Minustemperaturen bis zu fünfzig Grad Celsius, mußte sich vor brutalen Stürmen schützen – und durfte nicht einmal in Tränen der Verzweiflung ausbrechen, weil sonst ihre Lider und Wimpern gefroren wären.

Ihr einziger Begleiter war Charly, ein großer schwarzer Husky, der ihr mehr als einmal das Leben rettete.

Autorin

Helen Thayer hatte sich bereits als Sportlerin und Bergsteigerin betätigt, als sie im Alter von fünfzig Jahren zu ihrer ungewöhnlichen Polarexpedition aufbrach. Sie lebt mit ihrem Mann, Charly, vier weiteren Hunden, Kater Tom und sieben Ziegen im Bundesstaat Washington, USA.

HELEN THAYER

POLARTRAUM

EINE FRAU ALLEIN IN DER ARKTIS

Aus dem Amerikanischen von
Mechtild Sandberg-Ciletti

GOLDMANN VERLAG

Umwelthinweis:
Alle bedruckten Materialien dieses Taschenbuches
sind chlorfrei und umweltschonend.

Der Goldmann Verlag
ist ein Unternehmen der Verlagsgruppe Bertelsmann.

Vollständige Taschenbuchausgabe Juli 1995

Originaltitel: Polar Dream
Originalverlag: Simon & Schuster, New York
Umschlaggestaltung: Design Team München
Umschlagfoto: Mauritius/SDP
Druck: Presse-Druck Augsburg
Verlagsnummer: 12625
Ba · Herstellung: Stefan Hansen
Made in Germany
ISBN 3-442-12625-8

1 3 5 7 9 10 8 6 4 2

Für meinen Ehemann Bill
und meine Eltern
Ray und Margaret Nicholson,
deren Liebe und Ermutigung
mich vorwärts drängten.

Inhalt

Vorwort von Sir Edmund Hillary

Ich lernte Helen Thayer kennen, als sie noch eine kleine Mittelschule in der Nähe von Auckland in Neuseeland besuchte. Der Schulleiter, Dan Bryant, ein bekannter Bergsteiger und enger Freund von mir, bemühte sich mit viel Energie, seinen Schülern das Bergsteigen nahezubringen. Keiner reagierte enthusiastischer darauf als Helen Thayer. Sie entwickelte eine tiefe Liebe zu den Bergen und bestieg später viele gewaltige Gipfel auf der ganzen Welt.

Aber nichts, was Helen unternommen hat, war so schwierig und anspruchsvoll wie ihr Alleingang zum magnetischen Nordpol im Jahr 1988. Sie reiste allein, zu Fuß oder auf Skiern, und zog ihren Proviant und ihre Ausrüstung auf einem Schlitten hinter sich her. Ihr einziger Begleiter war ein großer, schwarzer Huskie, den sie erst drei Tage vor Antritt ihrer Reise kennengelernt hatte. Sie nannte den Hund Charlie, und gemeinsam brachen diese beiden zu einer Expedition auf, die siebenundzwanzig Tage dauerte und bei der sie dreihundertvierundsechzig Meilen zurücklegten. Während dieser anstrengenden Reise entwickelte und festigte sich zwischen ihnen eine einzigartige Beziehung. Charlie, ein Arbeitshund, der nie zuvor als Haustier oder Partner behandelt worden war, lernte zum ersten Mal, eine Beziehung zu einem Menschen aufzunehmen. Er lehrte Helen das Überleben in der Arktis und rettete sie sogar vor wildernden Eisbären. Sie traten die Reise als Fremde an und kehrten als unzertrennliche Freunde zurück.

Aber das ist nur ein Aspekt dieser spannenden Geschichte von einer Frau, die im Alter von fünfzig Jahren eine außergewöhnliche Reise wagte, die sie an den Rand ihrer emotionalen und physischen Kräfte führte – ein Abenteuer epischen Ausmaßes, das nur wenige, gleichgültig welchen Alters oder welchen Geschlechts, hätten bestehen können. Helen stellte sich eisigen Temperaturen, der rauhen, brüchigen Eiswüste, grimmigen arktischen Stürmen, Hunger und Kälte und der Bedrohung durch Eisbären. Aber ihre Disziplin und ihre unerschütterliche Motivation gaben ihr die Kraft, trotz aller Hindernisse durchzuhalten, bis sie ihr Ziel erreicht hatte und mit Charlie sicher wieder heimkehrte.

Helen hat ihre Erlebnisse in einem Tagebuch niedergeschrieben, das sie während ihrer Reise führte. Sie hat darin nicht nur die physischen Herausforderungen verzeichnet, denen sie sich ständig gegenübersah, sondern auch ihre eigenen tiefen emotionalen Reaktionen auf die Gefahren und die Isolation, der sie in der Arktis ausgesetzt war. Ihr Tagebuch bildet die Grundlage dieses Buches – eine bemerkenswerte Odyssee einer wahrhaft bemerkenswerten Frau.

Einleitung

Anfangs erschien die Idee verrückt, obwohl Polarexpeditionen natürlich nichts Neues sind. In den letzten Jahren werden sie immer häufiger unternommen, und die Durchführung wird technisch immer perfekter: Schneemobile statt Hundeschlitten, Flugzeuge, die gutausgerüstete und mit den Gefahren solcher Forschungsreisen vertraute Teams aus der Luft versorgen. Aber meine Idee war dennoch neu: im Alleingang zum magnetischen Nordpol der Erde, eine Wanderung zu Fuß und auf Skiern, ohne Hundeschlitten oder Schneemobile, mit einer Ausrüstung, die sich auf das beschränkte, was ich auf einem Schlitten hinter mir herziehen konnte. Als erste Frau wollte ich eine solche Reise unternehmen. Und ich war fünfzig Jahre alt.

Aber ich war auch eine erfahrene Bergsteigerin. Ich bin auf einer großen Farm in Neuseeland aufgewachsen. Auf ihren weiten smaragdgrünen Weiden, die sich über welliges Hügelland erstreckten, grasten Schafe und Rinder. Meine Eltern, fleißige und disziplinierte Leute, gingen oft in die Berge, und eines Tages, als ich gerade neun Jahre alt war, beschlossen sie, mit Freunden zusammen den Mount Egmont zu besteigen, einen Gipfel von etwa zweieinhalbtausend Metern Höhe. Zu meiner Freude erlaubten sie mir mitzukommen. »Wenn du deinen eigenen Rucksack tragen kannst«, sagten sie, »darfst du mit.«

Nach diesem ersten Ausflug wollte ich unbedingt eine richtige Bergsteigerin werden, wie die Leute, die ich bewunderte. Neben meinen Eltern und ihren Freunden war mein Vorbild Sir Edmund Hillary, ebenfalls ein Neuseeländer, der 1953 als erster den Mount Everest bezwang. Als Hillary 1958 an den

Südpol reiste, träumte ich davon, selbst eines Tages eine Expedition an einen der Pole der Erde zu unternehmen.

Ich glaube, in den darauffolgenden Jahren fing ich insgeheim schon an, mich auf meine Polarreise vorzubereiten. Ich trieb leidenschaftlich gern Sport, am liebsten alle Arten von Wintersport. Ich nahm an internationalen Leichtathletikwettkämpfen teil, bei denen ich abwechselnd für Neuseeland, Guatemala und die USA startete. Nachdem ich 1972 die Rennrodler im Fernsehen gesehen und mir voller Neid vorgestellt hatte, wie aufregend es sein mußte, auf einem winzigen Rodel ohne Bremsen durch einen solchen schmalen Eiskanal zu jagen, fing ich diesen Sport an und siegte 1975 bei den Nationalen Meisterschaften der USA. Aber nachdem ich die USA beim Rennrodeln in Europa vertreten hatte, wurde mir etwas über mich selbst klar. Es machte mir im Grund keinen Spaß, mit anderen zu konkurrieren. Ich fand mehr Vergnügen daran, gegen mich selbst zu kämpfen, mir Ziele zu setzen und mich zu bemühen, sie zu erreichen.

Ich kehrte zu meiner ersten Liebe, der Bergsteigerei, zurück, und seither habe ich die höchsten Gipfel in Neuseeland, Nord- und Südamerika, der Sowjetunion und einen der höchsten Chinas bezwungen. Und als ich 1986 oben in der dünnen Luft des siebentausend Meter hohen Pik Lenin im Pamir-Gebirge der Sowjetunion stand, sagte ich mir, die Zeit sei reif, mir meinen Traum von der Polarexpedition zu erfüllen. Noch während ich abstieg, begann ich Pläne zu schmieden.

Seit meiner Jungmädchenzeit in Neuseeland faszinierten mich die Polargebiete der Erde, und je mehr Wissen ich mir über sie aneignete, desto größer wurde meine Neugier, insbesondere in bezug auf den magnetischen Nordpol. Schließlich wies die Nadel meines Kompasses in all den Jahren, da ich mich durch die Täler und über die Kämme großer Bergketten navigierte, immer zum magnetischen Nordpol. Auch mich zog es dorthin. Ich fragte mich, wie es wäre, dorthin zu reisen, und noch während ich vom Pik Lenin abstieg, beschloß ich zu versuchen, diesen Pol zu erreichen.

Auf dem Rückflug in meine Heimat im Staat Washington konnte ich es kaum erwarten, meine Idee mit Bill, meinem Mann, zu besprechen. Er hatte mich in all meinen Unternehmungen stets unterstützt und würde dank seiner eigenen Erfahrungen als Bergsteiger und Expeditionsteilnehmer die Reise, die ich plante, richtig einzuschätzen wissen. Er war selbst ein Mensch, den die Herausforderung reizte, und war stets neugierig zu »sehen, was auf der anderen Seite« war. Auch meine Eltern hatten mich in meinen sportlichen Ambitionen und bei meinen Abenteuern stets unterstützt. Mehr als Eltern waren sie mir immer auch nahe Freunde gewesen. Auch ihnen wollte ich schnellstens von meinen Plänen erzählen.

Bill holte mich am Flughafen von Seattle ab, und gleich in den ersten Minuten teilte ich ihm meinen Entschluß mit, zum Nordpol zu reisen. Er war begeistert. »Noch nie hat eine Frau allein eine Polarexpedition unternommen«, sagte er aufgeregt. »Das ist eine tolle Idee!« Aber wie war diese Idee zu verwirklichen? Wir beschlossen, zunächst einmal eine Kalkulation aufzustellen und dann zu überlegen, wie wir das Geld für die Expedition aufbringen könnten. Nach langer Rechnerei kamen wir schließlich auf einen Betrag von etwa zehntausend Dollar. Diese Summe würden wir in den nächsten zwei Jahren zusammenkratzen können; gleichzeitig blieb uns so genügend Zeit, uns eingehend mit der Arktis zu beschäftigen und die notwendige Spezialausrüstung für eine solche Expedition zu besorgen.

Am nächsten Tag rief ich sofort meine Eltern in Whangarei, Neuseeland an. »Davon sprichst du schon so lange«, sagte meine Mutter, als ich es ihr erzählte. »Es ist sicherlich richtig, daß du dich entschlossen hast, jetzt wirklich zu reisen. Aber hast du auch an die Eisbären gedacht?«

Als sie das sagte, kam sofort mein Vater an den Apparat.

»Was höre ich da von Eisbären? Was hast du denn jetzt schon wieder vor?« Als ich es ihm erklärte, hatte auch er Bedenken wegen der Bären, aber nachdem ich ihm versichert hatte, daß ich meinen Plan fallenlassen würde, wenn er sich als zu gefährlich erweisen sollte, fieberte er mit mir, und wir begannen sofort, mit allem Eifer die Logistik zu diskutieren.

Meine Mutter steuerte Vorschläge für Kleidung und Verpflegung bei.

Einige meiner Freunde schüttelten nur den Kopf, als ich ihnen von meinem Vorhaben erzählte. »Das ist doch Wahnsinn! Eine Frau allein kann da draußen nicht überleben«, sagte der eine. Und ein anderer sagte: »Du kommst bestimmt nicht lebend zurück. Vergiß es und such dir etwas, was nicht so gefährlich ist.« Glücklicherweise gab es auch andere, die sich positiver äußerten. Manche schrieben mir sogar Briefe, um mir Mut zu machen.

Ich wußte zwar, daß meine Kompaßnadel immer zum magnetischen Nordpol zeigte, aber viel mehr wußte ich über diese Gegend der Erde nicht. Ich beschloß deshalb, mich mit den Wissenschaftlern zu unterhalten, die jedes Jahr die Bewegungen des magnetischen Nordpols beobachten und registrieren. Wissenschaftler der kanadischen Regierung in Ottawa klärten mich darüber auf, daß die Position des Pols immer nur ungefähr angegeben werden kann. Der magnetische Nordpol ist kein fester Punkt auf der Landkarte; vielmehr ist er eine Art Irrlicht, das sich in ständiger Bewegung befindet und dabei, auf einer unregelmäßigen elliptischen Bahn wandernd, täglich weite Strecken zurücklegt, manchmal mehr als hundert Meilen an einem einzigen Tag.

Auslöser dieser erratischen Bewegung ist die Sonne. Während der Pol sich langsam nach Nordwesten verlagert, gibt die Sonne permanent geladene Teilchen ab, die, wenn sie das Magnetfeld der Erde erreichen, in der oberen Atmosphäre elektrische Ströme erzeugen. Diese elektrischen Ströme stören das Magnetfeld, was eine Verschiebung der Position des Pols zur Folge hat. Wie weit und mit welcher Geschwindigkeit die Position des Pols sich verändert, hängt von den Störungen innerhalb des Magnetfelds ab, aber der Pol bewegt sich unablässig, manchmal langsam, manchmal schnell.

Will man eine Durchschnittsposition des Pols ermitteln, so muß man all seine unsteten Wanderungen berücksichtigen und kommt auch dann nur auf eine ungefähre Position. Selbst dabei können in den Berechnungen verschiedener Wissenschaftler noch Diskrepanzen von mehreren Meilen auftreten. Das Polgebiet hat also eine große Ausdehnung. Aber da der Kompaß in die Nähe des magnetischen Nordpols weist, wird er auf der ganzen Welt von Seefahrern, Fliegern und Wanderern zu Land als lebenswichtiges Navigationsinstrument gebraucht. In der Nähe des Pols jedoch ist ein Kompaß völlig nutzlos; er dreht sich, da die horizontale Anziehungskraft wegfällt, nur träge und unberechenbar in alle Richtungen.

1988, in dem Jahr, in dem ich meine Reise unternehmen wollte, würde sich der magnetische Nordpol den Berechnungen zufolge in den nordwestlichen Gebieten Nordkanadas befinden, südlich der König-Christian-Insel, einer kahlen, einsamen, windgepeitschten, von Eis bedeckten Insel fast achthundert Meilen nördlich des Polarkreises. Mein Plan nahm allmählich feste Formen an: Von Seattle aus wollte ich nach Resolute Bay fliegen, ein kleines Dorf der Inuit mit etwa zweihundertfünfzig Einwohnern, auf der Insel Cornwallis im Nordwesten Kanadas gelegen. Dieser Ort war schon früher traditioneller Sammelpunkt für Expeditionen gewesen. Sobald ich meinen Schlitten beladen hatte, wollte ich dann die kurze, nur fünfundsiebzig Meilen lange Strecke von Resolute Bay zur Insel Little Cornwallis fliegen. Die Arbeiter in den Polaris-Blei- und Zinkgruben würden die letzten Menschen sein, die ich vor Antritt meiner Reise sehen würde. Von dort aus würde mich mein Weg durch ein Gewirr kahler, unbewohnter Inseln und über riesige Eisflächen, die Heimat der Eisbären, führen. Insgesamt eine Strecke von ungefähr dreihundertfünfzig Meilen, je nachdem, wie groß die Umwege waren, die Eisberge und andere Hindernisse mir aufzwangen.

Ich wußte, daß diese Expedition meine Überlebensfähigkeit auf eine harte Probe stellen würde. Gedanken an Temperaturen bis zu minus fünfundvierzig Grad, hurrikanartige Stürme und trügerische Eisdecken, die jederzeit unter mir brechen konnten, geisterten mir durch den Kopf, während ich versuchte, mir alle Gefahren vorzustellen, mit denen ich konfrontiert werden könnte. Die größte Gefahr waren natürlich die Eisbären. Die Inuit nennen sie Nanunk und erzählen von einem sehr zurückhaltenden, sich lautlos bewegenden Tier, das manchmal aus Not Menschen jagt und tötet. Ich hatte Vertrauen in meine Überlebensfähigkeiten, die im Lauf vieler Jahre geschliffen worden waren. Aber einem Eisbären mußte ich erst noch begegnen.

Ich hatte beschlossen, meine Reise zum Pol zu Fuß und auf Skiern zu unternehmen, mit einem einzigen Schlitten, den ich eigenhändig hinter mir herziehen würde, ohne Nachschubversorgung durch Flugzeug oder Schneemobil. Mir gefiel der Plan, die ganze Strecke allein zu bewältigen und dabei mit der Verpflegung und den Hilfsmitteln auszukommen, die ich auf meinem Schlitten befördern konnte, einerseits, weil ich darin eine anspruchsvolle Herausforderung sah, und andererseits, weil diese Methode die ökologischen Schäden des Milieus beschränken würde. Da ich wußte, wie anstrengend eine solche Fußwanderung werden würde, noch dazu mit einem beladenen Schlitten im Schlepptau, nahm ich ein hartes Ausdauertraining auf. Zusätzlich zu den Bergtouren und Skiwanderungen, die ich in den nahegelegenen Cascade Mountains unternahm, machte ich jeden Tag zehn Meilen Waldlauf, trainierte meine Muskeln mit Gewichtheben in unserem Fitneßraum im Keller und paddelte jeden Tag eine Stunde lang auf dem Storm

Lake herum, von den verwunderten Blicken der Reiher verfolgt.

Während ich damit beschäftigt war, meine Ausrüstung zusammenzustellen, las ich alles, was ich auftreiben konnte, über die Arktis und die Eisbären. Aber mir war klar, daß ich die Ausrüstung auf jeden Fall erst noch »vor Ort«, also in Resolute Bay würde prüfen müssen, ehe ich endgültig entschied, was ich auf die Expedition mitnehmen wollte. Ich rief Bezal Jesudason an, einen Spezialisten für Expeditionsausstattungen in die Arktis. Er war in Indien geboren, hatte in Deutschland studiert, sich dann, während er in Kanada arbeitete, mit Terry, einer Kanadierin, verheiratet, und war schließlich nach Resolute Bay gezogen, um dort das Ausrüstungsgeschäft aufzumachen. Er schlug vor, ich sollte nach Resolute Bay kommen und in seinem Gasthof absteigen. Im November 1987 flog ich dorthin. Der Winter hatte schon begonnen. Schon gab es nur noch sechs Stunden lang Tageslicht. Das Treibeis in der Bucht fror langsam zu einer festen, weißen Decke.

Zur Verteidigung gegen die Eisbären lieh ich mir von Bezal ein Gewehr, das aussah wie eine Antiquität, aber er versicherte mir, es funktioniere.

»Außerdem«, sagte er, »werden die Bären vor dir sowieso mehr Angst haben als du vor ihnen. Die haben da draußen noch nie eine Frau allein gesehen.«

Ich konnte nur hoffen, daß er recht hatte, als ich zu einer fünftägigen Tour aufbrach, die dazu gedacht war, meine Ausrüstung zu testen. Ich konnte mir nicht vorstellen, daß Eisbären überhaupt Angst hatten; schon gar nicht vor einer Frau, der die Arktis so fremd war und die Eisbären bisher nur im Zoo gesehen hatte. Aber Eisbären hin oder her, für mich war es wichtig, mich jetzt, ganz auf mich allein gestellt, der Einsamkeit und Stille der Arktis auszusetzen. Der Gedanke an dieses Erlebnis beunruhigte mich so sehr wie meine Furcht vor den Eisbären.

Das Eis in der Resolute Bay war stahlhart und spiegelglatt. Ich mußte Felle auf meine Skier aufziehen, lange Synthetikstreifen, damit sie mir nicht dauernd wegrutschten und mir auch dann noch gehorchten, wenn ich den schweren Schlitten zog, dessen Rahmen extra verstärkt worden war, um dem holprigen Eis und den niedrigen Temperaturen besser standzuhalten. Ich probierte verschiedene Arten von Kleidung, Zelten und Öfen aus. Ich übte mich sogar darin, mit einer 35-mm-Kamera Fotos von mir selbst zu machen. Notwendigkeit bei einem Alleingang. Als ich feststellte, daß ich an der Nasenspitze Frostbeulen bekam, wenn sie das Metall des Fotoapparates berührte, beschloß ich, eine gute Neoprenmaske auf meine Ausrüstungsliste zu setzen. Was die Kleidung anging, so entschied ich mich für eine Windjacke mit Kapuze, eine Unterjacke aus Nylonvlies, eine leichtere Vliesjacke und schließlich zwei Schichten Unterwäsche aus Synthetik mit langen Beinen und Rollkragen gegen Wind und Schnee. Meine Handschuhe waren große, wärmeisolierte Fausthandschuhe, mit leichteren Fäustlingen darunter und dünnen Futterhandschuhen direkt auf der Haut.

Ein stabiles Zelt würde auf meiner Reise lebenswichtig sein, deswegen entschied ich mich für ein doppelwandiges Zwei-Mann-Zelt, das ich, ohne Wind, in drei Minuten aufstellen konnte. Es schrumpfte allerdings prompt zum Ein-Mann-Zelt, nachdem ich meinen riesigen Schlafsack und die übrigen Sachen darin verstaut hatte. In großzügigen Verhältnissen würde ich nicht gerade leben. Ich nahm einen MSR-Ofen mit; die Dinger sind laut, aber sehr zuverlässig, und sie brennen mit weißem Gas, das es in Resolute zu kaufen gab.

Nach fünf Tagen allein im Eis war ich etwas zuversichtlicher, daß ich mit der Einsamkeit und der Stille der Arktis würde umgehen können. Auf meinen Skiern kehrte ich aufs Festland zurück. Ich freute mich darauf, wieder Menschen zu sehen und mit ihnen sprechen zu können und etwas anderes zu hören als das Knirschen und Grollen des Packeises unter meinen Füßen. Zu meiner Erleichterung hatte ich von Eisbären keine Spur gesehen, und ich war mit der Wahl meiner Ausrüstung zufrieden. Aber ich wußte natürlich, daß dies nur ein Probelauf gewesen war. Die wahre Bewährungsprobe stand noch aus.

Zurück im Gasthof, vereinbarte ich mit Bezal, daß ich für die Dauer meiner Expedition ein Hochfrequenz-Funkgerät mieten würde, so daß ich ihn und Terry jeden Abend von unterwegs anrufen konnte. Ihr Gasthof, der schon so vielen Expeditionen als Stützpunkt gedient hatte, würde auch meine Basis werden. Ich würde zwar ganz allein im Eis sein, aber im Notfall würde meine genaue Position bekannt sein.

Ich ging zum Flughafen hinüber, um mich mit Ruddi Kellar zu treffen, dem Manager von Bradley Air Services, einer Chartergesellschaft, die zu Twin Otters gehört und viele Orte in der Arktis anfliegt. Nachdem ich Ruddi meine Expeditionspläne erläutert hatte, erklärte er sich bereit, mir am Ende meiner Reise ein Flugzeug zu schicken, um mich abzuholen.

Bevor ich Resolute verließ, unterhielt ich mich noch mit einigen Einheimischen über meine Reise. Zuerst waren sie entsetzt darüber, daß eine Frau an solch eine Unternehmung auch nur denken konnte; ein paar wollten mich unbedingt überreden, mit dem Schneemobil zu fahren, während andere meinten, ich könnte nur mit einem Hundegespann überleben. Aber ich war es gewöhnt, einen Schlitten zu ziehen; ich bediente mich dieser Transportmethode seit vielen Jahren immer dann, wenn ich beim Bergsteigen lange Gletscherstrecken bewältigen mußte, ehe der eigentliche Anstieg begann. Ich blieb bei meinem Plan.

Besonders Tony, ein einheimischer Eisbärjäger, war überzeugt, daß ich ohne Hundeteam äußerst gefährdet sei. Die Hunde der Inuit sind die natürlichen Feinde der Eisbären, und ein Hundegespann, meinte er, sei der beste Schutz vor räuberischen Eisbären. Ich hörte mir seine Warnungen und Bedenken aufmerksam an und antwortete dann in der Hoffnung, er würde meine Logik verstehen: »Wenn ich diese Reise mache, möchte ich sie aus eigener Kraft machen und mich einzig auf meine eigenen Fähigkeiten verlassen.« Außerdem glaubte ich, mit einer Feuerwaffe und einer Leuchtpistole ausgerüstet, brauchte ich die Eisbären nicht zu fürchten. Die Leuchtpistole, hatte ich mir überlegt, würde warnen und abschrecken; auf die Handfeuerwaffe wollte ich nur in höchster Not zurückgreifen. Die Inuit, die die Eisbären mit Hochleistungsgewehren jagen, ziehen die Büchse der Schrotflinte vor. Aber ich wollte die Handfeuerwaffe nur zur Verteidigung haben. Ich beschloß, die endgültige Entscheidung über die Wahl der Waffe erst zu treffen, wenn ich mir bei den Leuten Rat geholt hatte, die aus Erfahrung wußten, wie man sich im Fall eines Angriffs von Großwild am wirksamsten verteidigte.

Bald war es Zeit, von meinen neuen Freunden in Resolute Bay Abschied zu nehmen. Im Lauf meiner Gespräche mit den Inuit hatte ich höchste Achtung vor ihren Fähigkeiten und ihrer Vertrautheit mit der Arktis bekommen. Ich beschloß, unmittelbar vor Antritt meiner Expedition im März 1988 noch einmal zwei Wochen Training mit den Einheimischen in Resolute Bay einzulegen. Diese zwei Wochen würden es mir ermöglichen, von den Einheimischen mehr über Eisbären und den Umgang mit ihnen zu lernen.

Wieder zu Hause, widmete ich mich weiterhin meinen Vorbereitungen auf die Reise und stellte dabei überrascht fest, wie wenig bisher über die Arktis geschrieben worden war. Ich erkannte, daß meine Expedition eine einzigartige Gelegenheit bot, geographisches, historisches und wissenschaftliches Material zu sammeln, das in den Schulunterricht integriert werden konnte. Die Lehrer, mit denen ich sprach, nahmen den Gedanken mit Begeisterung auf. Die Arktis war den Schulkindern praktisch unbekannt. Da ich die Reise zum Pol zu Fuß machen würde, würde ich viel zu sehen bekommen und dies alles in detaillierten Beschreibungen in einem Tagebuch niederlegen können. Ich konnte die Landschaft und die Orte beschreiben, die nach früheren Arktis-Forschern benannt waren; das Eis und die Tiere, die dort lebten und jagten. Ich würde genaueste Auskünfte über Witterungsverhältnisse, Temperaturen und das Leben in dieser Umwelt geben können, und nach meiner Rückkehr konnte man all das Material, das ich gesammelt hatte, mit meinen Fotos illustriert, den Schulen zur Verfügung stellen, um den Kindern ein besseres Verständnis über einen bisher noch relativ unbekannten Teil der Erde zu vermitteln. Indem ich meinen eigenen Traum verwirklichte, konnte ich vielleicht dazu beitragen, daß Schulkindern die Einmaligkeit der arktischen Landschaft und die Notwendigkeit, diese zu schützen, bewußt wurde.

Die Idee meiner Reise als Grundlage für ein Schulprojekt veranlaßte mich, meine Pläne zu ändern. Anstatt lediglich die Polgegend zu erwandern und mich dann sofort wieder abholen zu lassen, wollte ich nun das ganze Gebiet erforschen, um mir ein Bild von den Inseln rund um den Pol machen und sie fotografieren zu können. Wissenschaftler in Ottawa, die von meiner Expedition erfuhren und hörten, daß ich vorhatte, die gesamte Polgegend zu bereisen, baten mich, Schneeproben und Temperaturdaten zu sammeln, die sie in ihrer laufenden Studie über die arktische Umwelt verwenden wollten.

Bald war es März 1988, und ich war bereit zum Aufbruch nach Resolute Bay. Ich lud eine Holzkiste mit meiner Ausrüstung auf unseren kleinen gelben Datsun-Lieferwagen und fuhr über die Grenze nach Vancouver, um von dort meinen Schlitten und meine Skier per Luftfracht nach Resolute Bay fliegen zu lassen.

Zwei Tage später mußte auch ich los. Ich war so sehr mit den Vorbereitungen auf das geplante Abenteuer beschäftigt gewesen, daß ich überhaupt nicht darüber nachgedacht hatte, wie ich mich fühlen würde, wenn es Zeit würde, von Bill, meinen Eltern und meinen Freunden Abschied zu nehmen. Abschiede hatten mir immer schon zugesetzt, und vor diesem hier graute mir: Ich wußte, daß sich alle um mich sorgen würden, weil ich allein unterwegs war.

Ich rief meine Eltern in Neuseeland an, und als sie mir Glück wünschten, konnte ich nur mit Mühe die Tränen zurückhalten. Ich redete mir selbst gut zu, schließlich, sagte ich mir, gehst du ja nicht für immer weg. Bill, der Helikopter-Pilot war und gerade in Florida zu tun hatte, nahm ein paar Tage Urlaub, um mich zum Flughafen zu bringen. Wir hatten vorher bereits ausgemacht, daß er, da wir die Expedition ja selbst finanzierten, weiterarbeiten und mich nicht nach Resolute begleiten würde.

Ich freute mich wirklich auf die Expedition, aber zuerst mußte ich einmal den Abschied hinter mich bringen. Auf der Fahrt zum Flughafen nahm ich mir fest vor, nicht zu weinen, obwohl ich genau wußte, daß ich mir das schon oft vorgenommen und nie durchgehalten hatte. Jedesmal, wenn meine Eltern uns in Amerika besuchten und wir sie in Neuseeland, gab es am Ende die gleiche tränenreiche Abschiedsszene.

Bill war ungewöhnlich still, als wir über die kanadische Grenze zum Flughafen von Vancouver fuhren, darum sagte ich: »Machen wir's kurz und schmerzlos, ja?«

»Hört sich gut an«, sagte er.

Wir kamen am Flughafen an, und nach dem Einchecken umarmte ich Bill. »Bis bald«, sagte ich, drehte mich um und ging so gefaßt wie möglich davon. Ich wagte nicht, noch einmal zurückzuschauen. Dann hörte ich ein lautes »Ich liebe dich«. »Ich liebe dich auch«, rief ich zurück und begann zu laufen. Einen Moment kämpfte ich mit den Tränen. Dann weinte ich natürlich doch.

I

Charlie

In einem Gestöber aus feinkörnigem Schnee, das von den Flugzeugmotoren aufgewirbelt wurde, landete unser Flugzeug auf der vereisten Rollbahn in Resolute Bay. Ich sah gespannt aus dem Fenster und war überrascht, wie dunkel es hier in der kleinen Siedlung war. Es war Mitte März, und zwei Wochen zuvor hatte mir Bezal am Telefon versichert, Ende März könnte ich mit neunzehn bis zwanzig Stunden Tageslicht rechnen. Ich hatte gehofft, meine Reise zum Pol zu einer Zeit zu beginnen, zu der die Tage schon lang waren; ich wollte die Eisbären leichter sehen können.

Ich kletterte aus der Maschine, um Bezal zu begrüßen, aber noch ehe ich überhaupt ein Wort des Grußes hervorgebracht hatte, fragte ich ängstlich: »Wo ist das Tageslicht?«

»Nur Geduld«, antwortete er. »Das kommt schon noch.«

Das will ich hoffen, dachte ich bei mir. In dieser Finsternis in Gesellschaft von Eisbären leben zu müssen, könnte unangenehm werden.

Wir luden meine zwei dreißig Kilogramm schweren roten Matchsäcke auf seinen Lieferwagen, stopften zwei weitere, kleinere Taschen und meine Fotoausrüstung vorn hinein ins Fahrerhaus, das kaum warm war, und brachen zur Fahrt ins fünf bis sechs Meilen entfernte Dorf auf. Eigentlich setzt sich Resolute aus zwei Siedlungen zusammen; der Teil rund um den Flughafen wird allgemein »the Base« genannt und besteht größtenteils aus Regierungsbauten, während das Dorf eine Inuit-Siedlung kleiner Holzhäuser ist, die sich an kurzen, schmalen Straßen zusammendrängen.

Bezals und Terrys Gasthof *High Arctic Inn* liegt am Rand des Dorfes, und wir kamen grade rechtzeitig zu Terrys üppigem Abendessen. Wir aßen gewissermaßen *en famille* mit einem halben Dutzend anderer Gäste zusammen, die sprachlos waren, als sie erfuhren, daß ich zu Fuß zum magnetischen Nordpol wollte.

Nach dem Essen räumte ich mein Gepäck in die Garage des Gasthofs, in der in einer Ecke bereits mein Schlitten und meine Skier standen. Einige Gäste kamen mir nach, offensichtlich um zu überprüfen, ob sie mich wirklich richtig verstanden hatten. Zwei Deutsche, die zur Seehundjagd hierhergekommen waren, waren entsetzt bei der Vorstellung, daß eine Frau ganz allein zum Nordpol marschieren wollte. Sie sahen sich das 338er-Winchester-Gewehr und die Leuchtpistole an, die ich zur Sicherheit gegen die Eisbären mitnehmen wollte, und fingen an zu lachen. »Das hat ja für eine Frau Ihrer Größe einen viel zu starken Rückstoß, Sie brauchen etwas Kleineres.«

Ich baute mich zu meiner vollen Größe auf und erklärte mit soviel Überzeugungskraft wie möglich, diese Waffen seien mir von jemandem empfohlen worden, der in Afrika auf Großwildjagd ginge; außerdem sei ich zu Hause Mitglied im Schützenverein geworden. Ehrlich gesagt war ich mir nicht so sicher, daß ich die richtigen Waffen hatte. Nie zuvor hatte ich so viele, einander widersprechende Ratschläge bekommen.

Als ich ein paar Dinge unten auf meinen Schlitten packte, hob ein Zahnarzt, der »einen ruhigen Urlaub fern aller Zivilisation« machen wollte, das eine Ende des Schlittens an und sagte: »Der ist viel zu lang und zu schwer für Sie. Den können Sie gar nicht so weit ziehen; das halten Sie keine drei Tage durch.« Dann stieß noch ein österreichischer Tourist zu ihm, der »die wilden Tiere der Arktis« sehen wollte. Etwas von oben herab sagte er zu mir: »Zwei Dinge werden Sie schaffen. Erstens die Bären und zweitens die Kälte. Beim ersten Bären werden Sie zu Tode erschrecken.«

Ich wollte etwas erwidern, aber dann hielt ich lieber den Mund. Ich hatte für einen Tag genug negative Meinungen gehört, und außerdem war es sowieso schon Schlafenszeit.

Am nächsten Morgen um fünf Uhr, als alle anderen noch schliefen, frühstückte ich rasch und ging dann hinaus in die Garage, um meinen Schlitten zu packen, diesmal allein. Die Verpflegung für meine Reise hatte ich mit sorgfältiger Überlegung ausgewählt. Vorräte an Reis, Milchpulver, Kakaopulver, Hafermehl, Müsli, Crackern, Erdnußbutterpralinen, Walnüssen und Cashew-Nüssen verstaute ich in großen Stoffbeuteln, das stark kohlenhydrathaltige Pulver zum Trinken war schon in Päckchen abgepackt, von denen sich je eines in jedem Beutel befand. Ich hatte ausreichend Verpflegung für vierzig Tage, erwartete aber, daß ich nicht länger als dreißig Tage brauchen würde. Von Bezal kaufte ich weißes Gas für meinen Ofen, zur Sicherheit gleich zwei Gallonen mehr als nötig. Ich mußte mir ja mein gesamtes Koch- und Trinkwasser durch Schmelzen des Schnees beschaffen. Lieber zuviel Gas mitschleppen, dachte ich mir, als verdursten.

Bezal und Terry wollten, solange ich unterwegs war, jeden Abend gegen acht Uhr auf meinen Funkspruch warten. Da würde ich ihnen dann über meinen batteriebetriebenen Hochfrequenz-Transmitter meine jeweilige Position durchgeben. Sollten sie vier Tage lang nichts von mir hören, so würde Bezal, von meiner letzten bekannten Position ausgehend, die Suche nach mir einleiten. Ich hatte Bill, meinen Eltern und meinen Freunden zu Hause versprochen, daß ich mich jeden Abend über Funk bei meiner Basis melden würde. Das würde während der Expedition meine einzige Sicherung sein.

Am frühen Vormittag war dann alles geordnet und gepackt, und die ersten Leute kamen vorbei, unter ihnen auch ein paar von den Einheimischen, mit denen ich im November gesprochen hatte; sie hatten sich offensichtlich Gedanken über meine Reise gemacht und waren von meinem Vorhaben immer noch nicht überzeugt. Ein großer Mann, dessen Namen ich nie aussprechen konnte, sagte: »Sie machen einen Fehler. Sie sollten nicht ohne ein Hundegespann oder Schneemobil losziehen.«

»Mir wird schon nichts passieren, wenn ich mich so gründlich wie möglich über die Bären und ihr Verhalten informiere, damit ich weiß, wie ich reagieren muß«, antwortete ich. »Ich habe noch Zeit. Kann ich bei Ihnen in die Lehre gehen?«

Schnell und eifrig sagte er: »Treffen Sie mich heute nachmittag um zwei Uhr. Dann gehen wir runter zum Eis. Bringen Sie Ihr Gewehr, Munition und Ihre Leuchtpistole mit.«

Um zwei Uhr erwartete er mich mit vier Freunden, seinem Schneemobil und einem Kamotik, einem Holzschlitten der Inuit. An Lehrern mangelte es mir also nicht. Zwei fuhren mit dem Schneemobil, ein anderer auf dem Kamotik hinterher, und wenig später waren wir auf dem Eis. Meine Lektion begann mit Schauergeschichten über die Verletzungen, die ein Eisbär dem Menschen zufügen kann. Ich hatte den Verdacht, daß dies Teil eines Plans war, mich von meinen Reiseplänen abzubringen. Ich hob meine Hand und sagte: »Daß ein Bär mich leicht töten kann, weiß ich bereits. Was ich lernen muß, ist, wie ich das verhindern kann.«

Daraufhin änderten meine Lehrer ihre Taktik und bemühten sich mit viel Enthusiasmus mir beizubringen, wie ich reagieren sollte, wenn mir ein Bär begegnete, auf welche Zeichen ich achten mußte, wenn ich nach Bären Ausschau hielt, und wie Bären sich bei der Jagd verhalten.

Draußen in der Bucht fanden wir Bärenspuren, und ich lernte, zwischen alten und neuen Spuren zu unterscheiden und zu erkennen, ob die Spuren von einem männlichen oder weiblichen Tier stammten. Sie sagten mir, daß Bären völlig lautlos jagen. »Niemals hört man einen Bären, der sich von hinten anschleicht; man merkt erst, daß er da ist, wenn er sich auf einen stürzt. Aber dann ist es zu spät.«

Ich übte mich darin, aus allen erdenklichen Positionen auf einen etwa einen halben Meter hohen Eisklotz zu schießen, und das bei minus neununddreißig Grad. Ich mußte Handschuhe tragen, damit meine Finger nicht an den Metallteilen der Waffe festfroren. Schließlich fanden meine Lehrer, ich könnte einigermaßen mit der Waffe umgehen und hätte einiges über Eisbären gelernt. Die Kunst zu überleben wird bei den Inuit von Generation zu Generation weitergegeben; sie ist ihnen fast zum Instinkt geworden. Ich hingegen mußte vieles, was für sie selbstverständlich war, erst lernen. Meine Bewunderung und mein Respekt sowohl vor den Inuit als auch den Eisbären wurden immer größer.

Am nächsten Morgen war es stürmisch; ich nahm darum mein Zelt mit aufs Meereis hinaus, um den Aufbau bei Wind zu üben. Ich fuhr auf Skiern in die Bucht hinaus, um den kalten Wind im Gesicht zu spüren, nach Bären Ausschau zu halten und ein Gefühl für das Packeis unter mir zu entwickeln. Ich trainierte danach noch mehrere Tage auf dem Packeis, manchmal allein, manchmal mit den Inuit, die immer prüften, ob ich auch weiterhin lernte und nicht vergaß, was sie mir beigebracht hatten.

Ich war gerade dabei, meinen Schlitten für einen neuen Trainingstag zu beladen, als Tony vorbeikam. Ich hatte ihn im November kennengelernt und gehofft, noch mit ihm sprechen zu können, bevor ich zum Pol aufbrach, aber er war draußen auf dem Eis auf Eisbärenjagd gewesen. Ihm gehörte eines der besseren Hundeteams in Resolute, und er hatte mich im November sehr deutlich auf die negativen Aspekte meiner Reisepläne hingewiesen. Sobald er von der Jagd zurück war und hörte, daß ich praktisch startbereit war, kam er herüber und versuchte, mir meine Pläne auszureden. »Es ist immer noch sehr lange dunkel«, sagte er besorgt. »Sie werden die Bären gar nicht sehen. Sie kommen an Ihr Zelt, während Sie schlafen. Da können Sie die beste Waffe haben, die wird Ihnen nichts nützen, weil Sie die Bären nicht hören, wenn Sie schlafen. Wenn Sie unbedingt losziehen müssen, dann nehmen Sie ein Hundeteam mit. Dann sind Sie schneller. Drei oder vier Hunde würden schon genügen. Wie man mit ihnen umgeht, kann ich Ihnen beibringen.«

Ich erklärte Tony, daß ein Hundeteam für mich noch immer nicht in Frage käme, daß ich aber daran gedacht hatte, einen einzelnen Hund mitzunehmen, der tagsüber neben mir herlaufen und mich vor Bären warnen und nachts vor dem Zelt wachen konnte.

Tony grinste erleichtert und sagte: »Ich habe den richtigen Hund für Sie. Er ist abgerichtet, das Dorf vor Bären zu warnen, und er ist ein sehr genügsames Tier.«

Nachdem ich eingewilligt hatte, mir den Hund wenigstens einmal anzusehen, holte Tony den Hund, einen großen schwarzen, fügsamen Husky. Von meiner Seite war es Liebe auf den ersten Blick. Ich hatte keine Ahnung, was er von mir dachte. Es war ihm wahrscheinlich gleichgültig, wem er gehörte, solange er nur gefüttert und versorgt wurde. Er wirkte weder besonders tapfer noch besonders grimmig, und ich fragte mich, wie weit seine Erfahrungen mit Eisbären eigentlich reichten und wie er dem Härtetest dieses Unternehmens standhalten würde. Er wußte noch weniger als ich, was uns unterwegs erwartete. Aber irgendwie hatte ich das Gefühl, daß ich ihm vertrauen konnte, und daher beschloß ich, ihn mitzunehmen. Ich kaufte ihn Tony ab, und als ich seine Leine nahm, kam er sogar freiwillig zu mir. Vielleicht hatte auch er den Eindruck, daß man mir vertrauen konnte.

Er hatte, wie die meisten Hunde der Inuit, keinen Namen. Ich nannte ihn Charlie. Als erstes mußte ich ihm einen geschützten Schlafplatz suchen. In den Gasthof konnte ich ihn nicht mit hineinnehmen. Mir war klar, daß ich dort gar nicht erst zu fragen brauchte. Inuit-Hunde werden nie ins Haus gelassen. Aber jetzt, da Charlie mir gehörte, wollte ich ihn nicht einfach draußen auf dem Eis lassen. Nach einigem Herumsuchen fand ich ein recht traurig aussehendes Boot, das in dem kurzen Sommer, wenn das Eis schmolz, benutzt wurde. Jetzt saß es mit ziemlicher Schlagseite im Eis fest, das zerrissene Sonnensegel, wie im Winde flatternd, steif gefroren. Ich band Charlie am Heck fest, und sofort sprang er in das Boot hinein. Ich gab ihm sein Futter und wartete dann, bis er fertig gefressen hatte, sich im Boot zusammenrollte und einschlief. Am nächsten Morgen stand ich mit dem ersten Licht auf, um zum Boot zu laufen und meinen neuen Freund zu begrüßen. Die Hunde der Inuit führen ein hartes Leben. Sie werden nicht wie Haustiere behandelt, sondern eher wie Tiere, die lernen müssen, aus eigener Kraft zu überleben. Zwei- bis dreimal in der Woche wird ihnen ein gefrorenes Stück Seehundfleisch vorgeworfen, ansonsten kauen sie Eis, während sie an einer nicht mal anderthalb Meter langen Leine ihr karges Leben fristen. Selbst während der bitterkalten Arktisstürme im Winter bleiben sie ungeschützt im Freien. Meine Vorstellungen von angemessener Hundehaltung waren weit humaner, aber die einheimischen Inuit waren es nicht gewöhnt, daß um einen Hund Aufhebens gemacht wurde, und einige meinten, ich würde ihn zur Untauglichkeit verziehen. Dennoch kümmerte ich mich auch weiterhin um ihn; ich hoffte, Charlie würde mich lieben und mir vertrauen lernen. Schließlich konnte ja eines Tages mein Leben von seiner Loyalität abhängen.

Da mir bis zum Aufbruch nur noch drei Tage blieben, mußte ich in aller Eile für Charlies Ausrüstung sorgen. Ein durchreisender Hundeschlittenführer schenkte mir einen blauen Kinderschlitten aus Plastik und ein knallrotes Geschirr für ihn. In dem neuen Geschirr kam Charlies dichtes schwarzes Fell gut zur Geltung, und der kleine Schlitten war genau das Richtige zum Transport seines Futters. Von einem österreichischen Hundeschlittenteam, das früher als beabsichtigt von einer Expedition zum magnetischen Nordpol zurückgekehrt war, weil sich der Schlittenführer schlimme Erfrierungen an Händen und Füßen zugezogen hatte, bekam Charlie alles Hundefutter, das wir für die Reise brauchen würden. Ich packte ihm fast vierzig Kilo Trockenfutter in Säcken auf seinen Schlitten, das waren zwei Pfund pro Tag und eine Extraportion für den Notfall. Terry schenkte mir einen alten Zweiliter-Topf aus Aluminium, der einen idealen Futternapf abgab.

Dann ging ich mit Charlie aufs Eis hinaus, um für den gemeinsamen Marsch zu trainieren. Aber er mochte das kalte, harte Eis nicht und stellte sich einfach breitbeinig auf meine beiden Skier. Ich erklärte ihm geduldig, daß wir leider nicht losgehen konnten, solange er mich auf diese Weise festnagelte. Aber er war nicht daran interessiert, irgendwohin zu gehen. Erst nach einigen Minuten konnte ich ihn davon überzeugen, daß es gescheiter war, wenn ich auf meinen Skiern fuhr und er neben mir herlief. Er hatte nie zuvor Skier gesehen und wird wohl mit einiger Verwunderung zugesehen haben, wie ich mich auf diesen langen »Füßen« fortbewegte.

Meinem Plan zufolge sollte Charlie seinen kleinen Schlitten mit seinem Futter ziehen, während ich den langen, blauen Fiberglasschlitten ziehen würde, der mit Verpflegung, Brennstoff, Kleidung, Zelt und Ausrüstung beladen war, ein Gesamtgewicht von gut siebzig Kilo. Tony riet mir, Charlie, solange wir unterwegs waren, an der Leine neben mir herlaufen zu lassen, damit er stets in meiner Nähe war und nicht Eisbären hinterherjagte und sich dabei womöglich verlief. Ich kaufte ihm ein blaues Nylonhalsband und eine feste Kette mit einem leicht zu öffnenden Verschluß. Die Kette befestigte ich an einer Schlaufe des Schlittengeschirrs, das ich um meine Taille trug. So konnte er nirgendwohin, ohne mich mitzunehmen. Er gewöhnte sich schnell daran, an meiner Seite zu gehen und mit mir Schritt zu halten. Innerhalb von drei Tagen waren Charlie und ich ein Team geworden. Er begann sogar, auf seinen Namen zu hören.

Am 29. März schlossen Charlie und ich unser Training in Resolute ab und flogen in einer DC 3 zur Polaris-Blei- und Zinkgrube, die etwa siebenundfünfzig Meilen nordwestlich lag. Dieses kanadische Unternehmen – das am nördlichsten gelegene Erzbergwerk der westlichen Welt – befindet sich auf der Insel Little Cornwallis, dem logischen Ausgangspunkt für meine Expedition. Unser gesamtes Gepäck und unsere beiden Schlitten wurden zusammen mit einer Ladung Kartoffeln und anderen Nahrungsmitteln, die für das Bergwerk bestimmt waren, in die DC 3 verfrachtet. Charlie und ich waren die einzigen Passagiere. Ich mußte mich in einen winzigen Sitz vorn, hinter dem Cockpit, quetschen. Charlie hielt ich fest am Halsband, als die Maschine auf der vereisten Rollbahn startete, da ich nicht wußte, wie er auf das Fliegen reagieren würde. Seine erste Reaktion war Verwunderung. Mit einem Sprung war das vierzig Kilo schwere Monster auf meinem Schoß.

Nach einer Weile kam der Co-Pilot, um nach uns zu sehen. »Wie geht's euch da hinten?« fragte er. Ich spuckte schwarze Hundehaare und bemühte mich, ohne viel Erfolg, an Charlie vorbei zum Co-Piloten hinaufzusehen. »Ganz gut«, antwortete ich gedämpft.

Als er wieder gegangen war, hievte ich Charlie auf die Fensterseite des Sitzes; nun saß ich also eingezwängt zwischen ihm und einem Sack Kartoffeln.

Eine halbe Stunde lang flogen wir über ödes, gefrorenes Land. Ich sah über Charlies Kopf hinweg auf die Eiswüste hinunter und fand sie wenig einladend, aber, dachte ich mir, es würde schon alles gut werden, wenn wir erst aus diesem engen, ungeheizten Kartoffelflieger heraus waren und wieder festen Boden unter den Füßen hatten.

Wieder landeten wir, in Polaris angekommen, auf einer steinhart gefrorenen Rollbahn, über die der Wind fegte, konnten jedoch erst aussteigen, als alle Kartoffeln entladen waren. Die Säcke wurden in einen wartenden Lastwagen gehievt und sofort zu einem Lagerhaus gefahren, damit die Kartoffeln bei der Temperatur von minus zweiunddreißig Grad nicht erfroren. Ich tat mein Bestes, um warm zu bleiben, während mehrere Grubenarbeiter in dicker, wärmeisolierter Kleidung die Kartoffeln entluden. Erst nach ungefähr zwanzig Minuten konnte ich endlich aus dem Flugzeug aufs Eis hinunterspringen, wo mich ein kalter Wind und der warme Händedruck des Grubenvorarbeiters empfingen. Charlie bekam zur Begrüßung einen freundlichen Klaps auf den Kopf.

Der Vorarbeiter brachte uns zu einem großen Geräteschuppen, in dem Charlie und unser gesamtes Gepäck die Nacht verbringen sollten. Ein Teil meines Gepäcks war vom Schlitten gestoßen worden, als beim Entladen des Flugzeugs von der Seite eine schwere Kiste dagegengefallen war. Nachdem ich mich vergewissert hatte, daß noch alles vorhanden war, beschloß ich, ihn erst am nächsten Morgen neu zu packen, um Charlie für diesen Tag seine Ruhe zu lassen. Der Vorarbeiter versicherte mir, daß man Charlie mit Fleisch aus der Küche füttern würde und er in dem Schuppen gut aufgehoben sei. Ich ließ ihn nicht gern allein. Er gehörte bereits zu mir. Der Geräteschuppen war etwa zweihundert Meter von den Unterkünften entfernt, und einmal drinnen, würde ich wegen der starken Winde, der Kälte und – der Eisbären nicht mehr hinaus dürfen. Ich war erstaunt über diese Vorschriften, zumal in Anbetracht der Expedition, die ich vorhatte. Aber es war natürlich sinnvoll, vorsichtig zu sein, darum sagte ich nichts, sondern folgte dem Vorarbeiter brav hinaus, nicht jedoch ohne einen letzten langen Blick auf Charlie geworfen zu haben, bevor sich die Tür schloß.

Mein Zimmer in einem weiträumigen Gebäude, das aus starkem orangefarbenem Stahl errichtet war, um der arktischen Kälte und den Stürmen zu trotzen, war warm, modern eingerichtet und gemütlich. In der Cafeteria gab es üppige Portionen aller möglichen Speisen, und ich beschloß mein

Abendessen, das aus Fleisch, Gemüse und natürlich Kartoffeln bestand, mit einem großen Stück Kirschkuchen. Ich dachte an Charlie, der ganz allein in dem dunklen Schuppen lag. Meine Mutterinstinkte rührten sich, aber man versicherte mir, daß er gefüttert worden war und einen freundlichen Gute-Nacht-Klaps bekommen hatte. Ich unterhielt mich noch eine Weile mit einigen Leuten von der Grube, dann ging ich in mein Zimmer, nahm eine lange, heiße Dusche, von der ich wußte, daß sie für mindestens einen Monat meine letzte sein würde, und ging zu Bett.

Ich schlief schlecht in dieser Nacht, in Gedanken schon auf der langen, einsamen Reise, die mich erwartete. Ich dachte an meine Familie und die Freunde, die ich zurückgelassen hatte, und hoffte, mein Unternehmen würde ihnen nicht zu viele Sorgen machen. Bill und meine Eltern hatten mich in meinen Plänen immer unterstützt, aber jetzt, in den dunklen Stunden der Nacht, fragte ich mich, was wirklich in ihnen vorging, ob sie nicht meinetwegen ihre Sorge um mein Wohlergehen heruntergespielt hatten. Aber zur Umkehr war es zu spät. Zwei Jahre lang hatten all meine Arbeit und all meine Pläne dieser Reise gegolten.

Als ich einfach nicht mehr einschlafen konnte, stand ich auf und kleidete mich an. Die Cafeteria öffnete um sechs Uhr, ich ging hinunter, um zu frühstücken. Da ich wußte, daß dies meine letzte Mahlzeit in der Zivilisation sein würde, schaufelte ich mir eine Riesenladung Würstchen und Eier auf den Teller. Gerade als ich den ersten Bissen in den Mund schieben wollte, gab Don Souter, dessen Aufgabe es war, Eisbären auf Distanz zu halten, recht heiter bekannt, daß sich draußen auf dem Eis, ganz in der Nähe des Ortes, von dem aus ich losgehen wollte, eine Eisbärin mit ihren zwei Jungen herumtrieb. Aber ich brauchte mir keine Sorgen zu machen, sagte er zu mir, während er in eine voluminöse Jacke schlüpfte. »Wir vertreiben sie mit den Schneemobilen.« Als er ging, nahm er meinen Appetit mit. Mein Magen spielte verrückt und rebellierte schon bei dem Gedanken an Essen.

Auch wenn ich in meinem Training gründlich und beständig gewesen war und mir soviel Wissen wie möglich über die Eisbären angeeignet hatte, stand mir doch noch die Begegnung mit einem dieser Tiere in freier Wildbahn bevor. Mein Weg zum Pol würde mich durch ein Gebiet führen, das von Eisbären dicht besiedelt war. Wie würde ich bei einer Begegnung mit einem dieser durchaus gefährlichen Nomaden reagieren?

Ich ließ mein Frühstück stehen und trat zu einem großen Doppelfenster mit Sicht auf die Bucht, von der aus ich in zweieinhalb Stunden meine Reise antreten wollte. Das Land, das ich vor mir sah, war eine einzige weiße Fläche, von einer kraftvollen Schönheit, die das Wesen der Eisbären, die in der Arktis zu Hause sind, widerspiegelte. Da ich nirgends einen Bären entdecken konnte, ging ich wieder an meinen Tisch und versuchte zu essen, obwohl mir eigentlich nicht danach zumute war. Ich lachte und scherzte, um die Leute, die mich später zum Start begleiten wollten, nur ja nicht merken zu lassen, daß ich Todesangst hatte.

Um sieben Uhr telefonierte ich das letzte Mal mit Bill. Ich wußte, daß er während meiner ganzen Reise mit Bezal und Terry in Verbindung bleiben und über sie mit mir Kontakt halten würde. Dies jedoch war für uns beide die letzte Möglichkeit, persönlich miteinander zu sprechen. Er wußte, daß es der Zeitpunkt meines Aufbruchs war, und hatte in Florida am Helikopterhangar auf meinen Anruf gewartet.

Meine Angst vor den Eisbären, die dort draußen vielleicht auf mich warteten, war so groß, daß ich zu weinen anfing, als ich Bills Stimme hörte. Ich gestand ihm meine Furcht, und er bemühte sich, mich zu beruhigen.

»Es ist schließlich überhaupt nicht sicher«, meinte er, »daß du wirklich auf einen Bären triffst.«

Das leuchtete mir ein, und ich hörte auf zu weinen. Immer

noch gab es in mir eine Kleinmütige, die am liebsten umgekehrt und schnurstracks nach Hause zurückgerannt wäre; aber die andere, die die Reise zum Pol wagen und sich allen Herausforderungen auf dem Weg, sogar den Eisbären, stellen wollte, war stärker. Wäre ich jetzt umgekehrt und nach Hause gefahren, so wäre das einer Kapitulation gleichgekommen, und die Erinnerung daran hätte mich wahrscheinlich mein Leben lang verfolgt.

Nach dem Gespräch mit Bill rief ich Terry in Resolute an, um ihr mitzuteilen, daß ich nun bald aufbrechen und ihr, wie vereinbart, jeden Abend um acht Uhr meine Position durchgeben würde. Danach zog ich die warmen Sachen an, die ich mir für die Expedition besorgt hatte, und ging zum Geräteschuppen, um zu sehen, wie Charlie die Nacht verbracht hatte. Hellwach und unbekümmert kam er mir entgegen, sichtlich erfreut, mich zu sehen. Tim Sewell, einer der Grubenarbeiter, trat plötzlich hinter irgendwelchen Apparaten und Geräten hervor und sagte mir, er habe zur Zeit die Nachtschicht. Er erzählte mir, wie er am vergangenen Abend in den Schuppen getreten war, das Licht angemacht hatte und sich unversehens einem großen, schwarzen Hund gegenübergesehen hatte, der reglos dastand und ihn beobachtete. Sobald er sich vom ersten Schreck erholt hatte, hatte er im Hauptgebäude angerufen, um zu melden, daß sich ein großer, schwarzer Hund im Schuppen befände. Erst da hatte er erfahren, wer der Hund war und warum er sich im Schuppen aufhielt.

Tim, der Hunde liebte, sagte: »Ich hab ihn gestreichelt, und er hat so einsam und verlassen ausgesehen, daß ich ihm gern etwas Besonderes zu fressen geben wollte. Ich hab ein paar Kumpel zusammengetrommelt, und zusammen sind wir in die Küche gegangen, haben uns einen Eimer voll Fleisch geholt, und den haben wir Charlie gebracht. Er hat in Rekordzeit alles aufgefressen. Danach haben wir alle ausgedienten Overalls zusammengesucht, die wir finden konnten, und ihm ein schönes weiches Bett gemacht. Sie haben wirklich einen großartigen Hund. Passen Sie nur gut auf ihn auf.«

Meine Schlittenladung war schlimmer durcheinandergeraten, als ich geglaubt hatte. Ich hatte in Resolute Bay ein paar Sachen ausgepackt und außen an der Schlittentasche festgebunden, weil der Schlitten so besser im Flugzeug unterzubringen gewesen war. Aber als die schwere Kiste auf den Schlitten gefallen war, war der Strick, mit dem das Ganze verschnürt war, gerissen, und einiges hatte sich einfach selbständig gemacht. Jetzt fand ich ein Riesendurcheinander vor mir: Handschuhe steckten im Proviantbeutel, eine Wollmütze zierte den Herd, Lebensmittel und Ausrüstungsgegenstände befanden sich an den merkwürdigsten Stellen, eben dort, wo die Leute sie am Abend zuvor, als wir aus der Maschine gestiegen waren, hingesteckt hatten, damit der Wind sie nicht wegwehte.

Ich war darüber wirklich ziemlich verärgert. Ich bin immer schon jemand gewesen, der es mit Kleinigkeiten sehr genau nimmt, der auf Ordnung achtet und sich bei Expeditionen an einen exakt durchdachten Plan hält, weil es dann, wenn tatsächlich etwas schiefgehen sollte, was ja manchmal vorkommt, wesentlich einfacher ist, mit dem Problem fertigzuwerden. Als ich daranging, die Sachen zu sortieren und neu zu packen, kamen gleich ein paar Leute, die mir unbedingt helfen wollten, und begannen, meine Sachen nach eigenem Gutdünken zu verstauen. Sie richteten ein Chaos an, meine ganze Schlittenladung war so durcheinander wie zuvor. Aber sie meinten es gut und arbeiteten mit solchem Eifer, daß ich es nicht übers Herz brachte, zu sagen: »Nein, lassen Sie das doch bitte.« Es fiel mir soviel leichter, einfach »danke« zu sagen, den Reißverschluß zuzuziehen und mir vorzunehmen, den Schlitten am Abend neu zu packen. Später wurde mir klar, daß es eine kostbare Gabe ist, nein sagen zu können. Das war die erste Lektion auf meiner Expedition, dabei war ich noch nicht einmal gestartet.

Ich zog meinen Schlitten zum Tor hinaus, über das starr gefrorene Land hinunter zum Eis. Charlie war an meiner Seite. In seinem roten Geschirr, mit der Leine an meinem Gürtel befestigt, saß er geduldig da und fragte sich vermutlich, wie es nun weitergehen würde. Es war der 30. März 1988, und wir standen vor dem aufregendsten und anstrengendsten Unternehmen unseres Lebens.

2
Drei Bären

ERSTER TAG

Ich schob meine ledernen Skistiefel in die Bindungen meiner Skier, schloß die Bindung und wollte gerade aufs Eis hinaustreten, als unversehens zwei Inuit erschienen. Sie meldeten, die Bärin und ihre Jungen, von denen Don zuvor berichtet hatte, seien ganz in der Nähe gesehen worden, versteckt im zerklüfteten Eis unmittelbar an meinem Weg. Ein Eisbär allein war gefährlich genug, aber bei einem Muttertier mit zwei Jungen mußte man mit besonderer Aggressivität rechnen. Wieder drohte die Angst mich zu überwältigen, aber ich zwang mich, noch einmal die Bindungen meiner Skier zu überprüfen, und bemühte mich dabei nach Kräften, meine Angst vor den Leuten vom Bergwerk zu verbergen, die sich eingefunden hatten, um bei meinem Start dabeizusein.

Es war bereits neun Uhr geworden, ein kalter, sonniger, klarer Tag, und ich wollte das gute Wetter nutzen, um so viele Meilen wie möglich hinter mich zu bringen. Nachdem die letzten Fotos geschossen und die letzten Abschiedsgrüße getauscht waren, trat ich vom winterlich gefrorenen Land auf das glitzernde Eis, das die schwarzen Gewässer der Crozier-Meerenge zwischen der Ostküste der Insel Bathurst und der Westküste der Insel Little Cornwallis bedeckte. Angestrengt spähte ich in die Ferne, aber nirgends in dieser weiten, weißen Wildnis konnte ich eine Spur der Bärin und ihrer Jungen entdecken. Eben darum, sagte ich mir mit einer gewissen bitteren Ironie, sind Eisbären weiß.

Das erste Stück Küstenstrecke, eine Viertelmeile vielleicht, war eine zerklüftete Landschaft spitzer Eistürme, manche bis zu drei Metern hoch, aufgeworfen und wieder zertrümmert vom immerwährenden Ansturm und Zurückweichen der Gezeiten, die unter dem gewaltigen Gewicht, gegen das sie sich stemmen, seufzen und ächzen. Schon nach wenigen Metern merkte ich, daß der Boden zum Skilaufen viel zu holprig war. Ich legte meine Skier auf den Schlitten und begann, ihn von Hand durch die schmalen Falten im Eis zu ziehen. Dann ging ich zurück, um Charlie beim Ziehen seines Schlittens zu helfen.

Ich zog und zerrte, immer auf der Suche nach Spalten, die so breit waren, daß ich den Schlitten hindurchziehen konnte, ohne ihn zu beschädigen. Immer noch in Sichtweite des Bergwerks, bemerkte ich mit Erleichterung, daß die Mitglieder meines Abschiedskomitees wieder an ihre Jobs zurückkehrten. Ich hatte gehofft, einen großartigen Start hinzulegen und auf meinen Skiern wie beflügelt in der Ferne zu entschwinden, statt dessen war es fast so, daß das Eis mir das Vorwärtskommen möglichst zu erschweren schien.

Noch ein paar Meter mußte ich aus Leibeskräften ziehen und zerren, dann konnte ich die Grenzlinie erkennen, an der das rauhe, zerklüftete Eis der Küste ins glatte Meereis überging. Noch drei Meter, und Charlie und ich hatten sie überschritten. Mich belohnte ein herrlicher Blick auf glattes, glitzerndes Eis, strichweise von sogenannten *Sastrugi*, bis zu fünfzehn Zentimeter hohen Wellenkämmen, durchzogen und mit vereinzelten Anhäufungen festgepackten Schnees gesprenkelt. Sobald wir das glatte Eis erreicht hatten, schnallte ich wieder meine Skier an und schlüpfte in das Schlittengeschirr. Ich überprüfte noch einmal Charlies Geschirr, dann zog ich mit meinem Schlitten los, der leicht über das Eis glitt. Auch Charlie hatte keine Mühe, seinen Schlitten zu ziehen.

Der klare, sonnige Tag und das schnelle, glatte Eis waren wie geschaffen für einen idealen Start zu dieser langen Wanderung.

Dennoch ließ sich die Angst vor einer Begegnung mit den Eisbären nicht bannen. Immer wieder rief ich mir Bills aufmunternde Worte ins Gedächtnis und versuchte, bei ihnen Trost zu holen. Plötzlich hörte ich das Geräusch eines sich nähernden Schneemobils und hielt an. Von einer Schneewolke gefolgt, bremste Don neben mir ab und sagte, obwohl man die Spuren der Bärin und ihrer Jungen gesehen habe, hätte man die Tiere nicht auftreiben können.

»Die Spuren zogen sich in nördlicher Richtung ins Küsteneis hinein«, erklärte er. »Sieht so aus, als hielten sie sich irgendwo vor Ihnen in den Eisbrüchen versteckt.« Nachdem er mir nochmals alles Gute gewünscht und mir geraten hatte, immer auf der Hut vor Bären zu sein, machte er kehrt, um zur Grube zurückzufahren, und ließ Charlie und mich allein.

Als ich mich wieder nach Norden wandte, um meinen Weg fortzusetzen, war mir klar, daß ich nun das letzte Tor zur Zivilisation hinter mir zugeschlagen hatte. Einen Monat lang würde ich keine Menschenseele mehr zu sehen bekommen. Ich würde in dieser kalten, leeren, von Winden gepeitschten Einöde mutterseelenallein sein. Doch darüber zu grübeln, hatte ich jetzt keine Zeit. Ich wußte, daß die Bärin und ihre Jungen immer noch in der Nähe waren, ich mußte wachsam sein. Einerseits fürchtete ich mich sehr vor dieser ersten Begegnung mit einem Eisbären, andererseits war ich ziemlich sicher, daß ich früher oder später einem begegnen würde, warum also nicht gleich? Erst dann nämlich würde ich mit Sicherheit wissen, ob ich wirklich den Mut besaß, mich zu behaupten.

Während ich auf meinen Skiern vorwärts glitt, hatte ich ständig das unheimliche Gefühl, beobachtet zu werden. Ich versuchte verzweifelt, in alle Richtungen gleichzeitig zu schauen. Alle paar Minuten hielt ich an, um nach links, nach rechts und nach rückwärts Ausschau zu halten, angestrengt bemüht, Schatten oder Bewegungen auszumachen, die mir die Anwesenheit eines Bären verraten würden. Wenigstens hatte ich in diesem Gebiet glatter, weiter Eisflächen klare Sicht.

Ich setzte mich wieder in Bewegung. Charlie, dessen Leine am gepolsterten Gürtel meines Schlittengeschirrs festgemacht war, lief brav neben mir her. Er schien sich wohl zu fühlen, wie er so über das Eis trabte, und sein dichtes schwarzes Fell glänzte in der Sonne. Dies war sein Zuhause, und er hatte schließlich schon viele Eisbären gesehen und wußte, wie er mit ihnen umzugehen hatte. Ich behielt ihn ängstlich im Auge, um ja kein Zeichen der Warnung zu übersehen. Nach einer Weile begann ich laut mit ihm zu reden, um meine Angst zu beschwichtigen.

»Charlie, ich habe noch nie in meinem Leben solche Angst gehabt. Ich bin völlig auf dich angewiesen. Du mußt mich warnen, wenn ein Bär kommt.«

Ich frage mich, ob er ahnte, wie bange mir war. Was hielt er wohl davon, sich hier draußen mit einem Menschen herumzutreiben, der noch nie einen Eisbären in freier Wildbahn gesehen hatte?

1975, als ich die US-Meisterschaft im Rodeln gewann, hatte ich auch Angst, als ich mit meinem Rodel mit einem Tempo von sechzig Meilen in der Stunde den schmalen Eiskanal ohne Bremsen hinuntersauste. Es gab nur zwei Möglichkeiten, um anzuhalten: sicher über die Ziellinie zu gleiten oder eine Bruchlandung zu fabrizieren. Zum Glück war ich bisher meist heil angekommen, und die Angst des Rodlers kann mit guter Technik und schneller Reaktion besiegt werden. Jetzt aber befand ich mich in einer völlig anderen Situation. Für die Eisbären war ich schlicht und einfach eine Mahlzeit. Solche Raffinessen wie Technik und Reaktionsgeschwindigkeit interessierten sie nicht.

Trotz aller Fragen, die ich den Inuit gestellt hatte, trotz der gründlichen Anweisungen, die sie mir gegeben hatten, mußte ich, das war mir klar, noch lernen, mit der Unsicherheit zu leben, die es mit sich brachte, diese Welt des ewigen Eises mit Eisbären zu teilen. Aber ich durfte nicht zulassen, daß meine Ängste mich überwältigten. Eisbären sind kluge, lautlose, kraftvolle Raubtiere an der Spitze der Nahrungskette, und sie haben keinen Grund, den Menschen zu fürchten. Ich hatte das Gewehr immer oben auf dem Schlitten liegen, immer geladen und einsatzbereit. Doch auf einen Eisbären schießen zu müssen, war so ziemlich das letzte, was ich mir wünschte. Es konnte ja sein, daß ich ihn nur verletzte, dann würde ich nicht nur einen hungrigen Bären auf dem Hals haben, sondern, viel schlimmer noch, einen, der hungrig und wütend zugleich war. Die Inuit hatten mich ermahnt, wirklich nur dann auf einen Bären zu schießen, wenn ich keinen anderen Ausweg mehr sah; ein verwundeter Eisbär ist unberechenbar und kann sich von einem Moment zum anderen in einen Killer verwandeln.

Ich hatte zwar schon als Jugendliche in Neuseeland Schußwaffen gebraucht und hatte zu Hause mit der Winchester geübt, aber eine Jägerin war ich gewiß nicht. Neben meiner Winchester hielt ich stets meine orangefarbene Leuchtpistole in Bereitschaft, um nahende Bären abzulenken. Auch das Schießen mit der Leuchtpistole hatte ich geübt, aber ich war überzeugt, daß Charlie mich am besten vor räuberischen Bären schützen würde.

Aus Norden wehte ein leichter Wind mit einer Geschwindigkeit von etwa zehn Meilen pro Stunde. Bei zweiunddreißig Grad unter Null schlug er mir mit beißender Kälte ins Gesicht, und ich hielt an, um meine dunkelblaue Neoprenmaske überzuziehen. Der wolkenlose blaue Himmel, blaß vom Widerschein des Eises, dehnte sich in endlosen Weiten, wölbte sich im Westen über der Insel Bathurst, im Osten über der Insel Little Cornwallis und im Norden über der Crozier-Meerenge. Ich hatte vor, nach Verlassen des Polaris-Bergwerks auf dem Meereis in nordwestliche Richtung zu gehen, sechs Meilen quer über die Crozier-Meerenge bis zu einem Punkt etwa eine halbe Meile vor der Ostküste von Bathurst; dort wollte ich mich nach Norden wenden und der Küste der Insel bis zu ihren Nordufern hinauf folgen, um dann nach Nordosten zu schwenken und die Sherard-Osborn-Inseln anzupeilen. Von dort aus wollte ich weiter nach Nordwesten bis zum nördlichsten Zipfel der König-Christian-Insel, zugleich nördlichster Punkt meiner Reise. Danach sollte es dreißig Meilen nach Süden gehen bis zu einem Punkt 77 Grad 26 Minuten nördlicher Breite und 102 Grad 43 Minuten westlicher Länge, in jenes Gebiet südlich der König-Christian-Insel, in dem sich den Schätzungen zufolge im Frühjahr 1988 das ungefähre Zentrum des magnetischen Nordpols befand.

Um bei Erreichen der König-Christian-Insel meine Position immer eindeutig bestimmen zu können, hatte ich beschlossen, die ganze Westküste der Insel hinaufzumarschieren, bis zu ihrer nordwestlichsten Ecke; das gestattete mir, mich an den verschiedenen geographischen Merkmalen entlang der Küste zu orientieren. Dieser Weg würde mich zwar bis zu einem Punkt dreißig Meilen nördlich des Pols führen, doch würde es mir der Marsch an der Küste entlang ermöglichen, die Insel Schritt für Schritt zu identifizieren und die Position des Pols im Süden mühelos zu finden. Außerdem konnte ich auf diesem Weg mehr Fotos machen und zusätzliches Informationsmaterial für den Schulunterricht sammeln.

Nach Erreichen des Pols wollte ich auf einem Dreieckskurs, der das Polgebiet umfaßte und Inseln im Osten, Norden und Süden touchierte, zum vereinbarten Abholpunkt wandern. Danach sollte es mit dem Flugzeug zur Basis zurückgehen. Als Navigationsmittel sollten mir Karten dienen, ein Sonnenkompaß und, als Experiment, ein globales Positionierungssystem. Durch ein Labyrinth von Inseln wollte ich je nach Eisbedingungen den ganzen Weg bis zum Pol auf dem Meereis zurücklegen, entweder auf Skiern oder zu Fuß. Da das Festland von einer

Schicht hartgefrorenen Kieses bedeckt ist, über dem das Eis nicht überall geschlossen ist, wären Skier und Schlittenkufen an Land bald unbrauchbar geworden.

In den nächsten vier Stunden hielt ich ein gleichmäßiges Tempo, machte alle zwei Stunden halt, um einen Becher der stark kohlenhydrathaltigen Flüssigkeit aus meiner Thermosflasche zu trinken und eine Handvoll fetthaltiger Buttercracker und Erdnußbutterpralinen zu mir zu nehmen. Charlie bekam jedesmal etwas von dem Trockenfutter, das er auf seinem Schlitten mitführte, aber er interessierte sich weit mehr für meine Cracker und Süßigkeiten. Ich gab ihm zu jeder Mahlzeit zwei Cracker, aber nichts von dem süßen Zeug. Die Hunde der Inuit sind Seehundfleisch gewöhnt, und ich wollte auf keinen Fall, daß er auf ungewohnte Nahrung hin womöglich krank wurde.

»Charlie, das, was ich da esse, ist nichts für dich«, erklärte ich ihm bei unserer ersten Rast. »Du kannst ein paar Cracker haben, aber keine Süßigkeiten.«

Diese Erklärungen interessierten ihn jedoch überhaupt nicht. Nachdem er die Cracker in sich hineingeschlungen hatte, pflanzte er sich vor mir auf und wartete auf mehr. Ich bekam richtiggehende Schuldgefühle und kehrte ihm den Rücken zu, um seinen bettelnden Blick nicht sehen zu müssen. Aber das funktionierte nicht. Er ging einfach um mich herum und stellte sich wieder vor mir auf.

»Nein, Charlie«, sagte ich. »Du mußt einfach darauf vertrauen, daß ich weiß, was für dich das beste ist.« Ich fragte mich, wie lange ich so stark bleiben würde.

Das Skilaufen hielt mich warm, aber um länger als zehn Minuten Rast machen zu können, war es viel zu kalt. Jedesmal wenn ich anhielt, pfiff mir der Wind, der im Lauf des Tages allmählich aufgefrischt war, durch sämtliche Kleiderschichten, obwohl ich beim Laufen sogar noch eine Windjacke trug. Bei der zweiten Rast holte ich mir meinen dicken Daunenparka und zog ihn über. Ich kam mir vor, als hätte ich einen Schlafsack an, und sah wohl aus wie das Michelin-Männchen, aber das Ding hielt mich warm.

Die eisbedeckte See, die ich auf Skiern überquerte, war nach Captain F. R. M. Crozier benannt, einem Teilnehmer an der Expedition, zu der 1845 John Franklin losgezogen war und die keiner des Teams überlebt hatte. Die Schiffe, mit denen man viele dieser frühen Expeditionen unternommen hatte, waren vom Packeis, das in ständiger Bewegung war, gerammt und zertrümmert worden und dann oft mit Mann und Maus gesunken, manchmal ohne auch nur eine Spur zu hinterlassen. Die Geschichte der Franklin-Expedition hatte einen tragischen Ausgang, aber die Arktis konnte auch so manche Geschichte von Überlebenden erzählen. Natürlich hoffte ich, daß die meine eine davon sein würde.

Um zwei Uhr erreichte ich einen Punkt, der ungefähr eine halbe Meile von der Küste der Insel Bathurst entfernt war. Ich schwenkte scharf nach Norden und begann nun die lange Wanderung die Küste entlang, die sich vor meinem Blick bis in die Unendlichkeit auszudehnen schien. Ich dachte an den Pol. Er schien mir ungeheuer weit entfernt. Ich hatte noch mindestens dreihundertvierzig Meilen vor mir und weiß der Himmel wie viele Eisbären. Die ersten fünf Stunden war ich enttäuschend langsam vorangekommen, weil ich soviel Zeit daran verwendet hatte, nach Eisbären Ausschau zu halten. Ich mußte es irgendwie schaffen, wachsam zu sein und gleichzeitig gut voranzukommen.

Charlie und ich hatten die Spuren der Bärin und ihrer beiden Jungen vier- oder fünfmal gekreuzt, hatten aber bisher noch nichts von ihnen gesehen. Wir hatten außerdem eine Serie weit größerer Bärenspuren gekreuzt, wahrscheinlich die eines männlichen Tiers. Seit unserem Aufbruch am Morgen hatte ich mich so häufig umgesehen, daß ich nach einer Weile zu Charlie sagte: »Am gescheitesten wäre es wahrscheinlich, wenn ich mich einfach umdrehen und den ganzen Weg zum Pol rückwärts gehen würde.«

Wir hatten auch die kleinen, zierlichen Spuren des arktischen Fuchses gesehen, die sich immer wieder mit denen des Bären kreuzten, aber das Tier selbst hatte sich bisher ebenfalls nicht gezeigt. Die Füchse mit ihren langen, buschigen Schwänzen und dem dichten, weißen Winterfell folgen den Eisbären aufs Packeis hinaus, um das zu fressen, was von den geschlagenen Seehunden übrigbleibt. An Land fressen sie Lemminge, sehr kleine Nagetiere, die auf den Inseln in der Arktis leben.

Die Küste von Bathurst zog sich zu meiner Linken in die Ferne. Die eisbedeckten runden Hügel fielen in sanften Bögen zu eisigen Stränden ab, wo Land und Meer sich trafen. Das glitzernde Weiß des Eises verwischte alle Grenzen zwischen Meereis und Landeis, so daß an der Küste kaum ein Unterschied zwischen beiden zu erkennen war. Meine Karte, die ich in der oberen linken Tasche meiner Windjacke aufbewahrte, sollte von jetzt an eine wichtige Rolle übernehmen. Um stets genau zu wissen, wo ich mich befand, markierte ich jedes Detail der Inseln auf meiner Karte, wenn ich es passierte. Flußmündungen, Hügel und Buchten waren die auffälligsten Orientierungspunkte. Doch wenn ich nach vorn blickte, erschien mir das öde Land, das sich vor mir ausdehnte, eher nichtssagend. Meiner Karte nach befand sich der höchste Punkt nur etwa dreißig Meter über der Meeresfläche, und er lag mehr im Landesinneren.

Bathurst ist eine große Insel mit einer Gesamtfläche von etwa zehntausend Quadratmeilen und liegt etwa in der Mitte des Königin-Elisabeth-Archipels im Nordwesten von Kanada. Im Jahr 1819 gab der Forscher William Edward Perry der Insel den Namen des englischen Außenministers, des Earl of Bathurst. Auf der Insel, die weit oberhalb der Baumgrenze gelegen ist, gibt es keine Bäume, das Land ist im allgemeinen flach, Gebirge fehlen. Nur im nördlichen Teil der Insel ragen einige

Gipfel im Landesinneren über dreihundert Meter in die Höhe, die meisten anderen jedoch sind weniger als hundert Meter hoch. Die Küste ist unregelmäßig geformt mit tiefen Buchten, die weit ins Land hineinschneiden. Bathurst gehört zu einem riesigen leeren Gebiet trockener, eisbedeckter Polarwüste, das südlich von Resolute Bay beginnt und sich bis zum geographischen Nordpol am Ende der Welt erstreckt. Die kalte, trockene arktische Luft verhindert die Entstehung von Schneewolken, so daß der durchschnittliche Schneefall im Jahr normalerweise allenfalls ein paar Zentimeter beträgt. Der Schnee ist feinkörnig, trocken und rauh.

Der Nachmittag schritt fort. Die Sonne wanderte nach Süden, dann weiter nach Westen. Noch immer hatte ich keine Eisbären gesehen, nur die Spuren, bei deren Anblick mir das Herz schneller schlug und ich meine Skier anschob, um so schnell wie möglich wegzukommen. Um achtzehn Uhr ging die Sonne hinter Bathurst unter. Mit ihrem Verschwinden fiel die Temperatur innerhalb der nächsten Stunde auf minus dreiundvierzig Grad, und der Wind, der im Lauf des Tages immer stärker geworden war, blies abends um sieben Uhr mit steifen fünfundzwanzig Meilen pro Stunde, daß es mir den Schnee um die Ohren wirbelte. Ich hatte elf Meilen geschafft. Ich beschloß, ungefähr vierhundert Meter vor der Küste zu kampieren. Der funkelnde Sonnenglanz des Eises war erloschen, es lag jetzt in ein kaltes, graues Licht getaucht, in dem die *Sastrugi*-Wellen kaum noch zu erkennen waren.

Kaum hatte ich angehalten, wurde mir von Minute zu Minute kälter. Eilig verkroch ich mich in die mollig warmen Tiefen meines voluminösen Daunenparkas. Um eigene Körperwärme zu erzeugen und Schutz vor dem Wind zu haben, wollte ich schnellstens mein Lager aufschlagen. Aber als erstes nahm ich eine hohle Eisschraube aus Metall aus dem kleinen blauen Nylonbeutel, der zusammen mit Charlies anderen Sachen, Ersatzleine und -halsband sowie den Fußschützern aus

Stoff, die für den Fall gedacht waren, daß er sich am scharfen Eis eine Pfote verletzen sollte, auf meinem Schlitten lag. Ich drehte die Schraube fest ins Eis und machte Charlies Kette mit einem Metallkarabiner daran fest. Nachdem ich ein paar Minuten lang auf seinem Schlitten vergeblich nach seinem Futternapf gesucht hatte, fand ich diesen schließlich auf meinem Schlitten, wo irgendeine hilfreiche Seele ihn verstaut hatte. Ich füllte den Napf mit Trockenfutter und stellte ihn Charlie hin. Ich hatte noch nicht einmal die Hand weggezogen, da fing er schon an zu fressen.

In der Zeit, die ich zum Suchen und Organisieren gebraucht hatte, waren meine Hände kalt geworden. Sie taten weh vor Kälte. Ein paar Finger waren schon fast taub. Die dünnen Unterhandschuhe unter den dickeren Überhandschuhen reichten nicht aus, um vor Erfrierungen zu schützen. Ich mußte schnellstens meine dicken gefütterten Fäustlinge finden. Sie waren zwar so groß und plump, daß man die Finger nur ungeschickt gebrauchen konnte, wenn man sie anhatte, aber sie spendeten zusätzliche Wärme. Sie hätten eigentlich vorn auf dem Schlitten unter meinem Parka sein müssen. Dort waren sie aber nicht. Die Folgen des Durcheinanders beim Neupacken am Morgen machten sich bemerkbar. Aber jetzt war es zu spät, sich Vorwürfe zu machen und darüber nachzudenken, wie man es besser hätte machen können. Ich mußte die Fäustlinge finden. Wahrscheinlich hatte jemand sie in meinen Kleidersack gepackt, weil ihm das logisch erschienen war. Aber der war unter dem Radio und dem Schlafsack vergraben, und meine Finger waren inzwischen schon ganz weiß und gefühllos. Ich stellte mich hin und ruderte nach Leibeskräften mit den Armen, um wieder Blut in meine eisigen Finger zu pumpen. Die Wirkung war gleich Null. Ich brauchte die Fäustlinge. Die kalte trockene Luft und die eisige Kälte des Windes zogen rasch die letzte Wärme aus meinen Händen.

Endlich fand ich den Kleidersack und fummelte mit Fingern,

die sich wie Holzklötze anfühlten, am Reißverschluß herum, bis ich ihn endlich geöffnet hatte. Für eine organisierte Suche war keine Zeit. Ich warf einfach alles aufs Eis, und die Fäustlinge fielen mit heraus. Ich packte sie und schob meine Finger hinein. Wie eine Wilde begann ich, erneut mit beiden Armen um mich zu schlagen, um die Blutzirkulation in meinen Fingern anzuregen und Frostbeulen zu vermeiden.

Es dauerte mindestens zehn Minuten, bis ich die ersten Erfolge meiner Bemühungen spürte. Dann begann mit stechend heißem Schmerz die Blutzirkulation wieder in Gang zu kommen. Nun, wenigstens sagte mir dieser mörderische Schmerz in meinen Fingern, daß sie noch lebendig waren. Erfrierungen hätten meine Hände zur Unbrauchbarkeit verdammt, und dies war schließlich erst der erste Tag meiner Expedition. Ich versuchte, den Prozeß der langsamen Erwärmung zu beschleunigen, indem ich auf und nieder hüpfte und in kleinen Kreisen herumrannte. Ich wagte nicht, Charlie anzusehen. Ich konnte mir nur denken, was ihm beim Anblick all dieses hektischen Tuns durch den Kopf ging. Endlich waren meine Hände wieder einigermaßen warm, und der Schmerz in meinen Fingern war erträglich geworden.

Bergsteiger müssen auf hohen Gipfeln und selbst beim Klettern in weniger hochgelegenen Gebieten ständig vor Erfrierungen auf der Hut sein. Auf dem Mount Kinley holte ich mir einmal leichte Erfrierungen, als ich in einer Höhe von mehr als sechstausend Metern kletterte. Die Trockenheit der arktischen Luft jedoch entzog meinem Körper die Wärme schneller als alles, was ich bisher erlebt hatte. Der Umgang mit Gegenständen aus kaltem Metall würde besondere Vorsicht verlangen. Ich baute also mit schmerzenden, kaum noch zu gebrauchenden Händen mein blaues Nylonzelt auf, verankerte es mit sechs Eisenheringen im Eis und packte meinen roten Daunenschlafsack, zwei Isomatten, Kleidung, den Kocher und eine Literflasche mit Brennstoff für den Kocher aus. Das alles baute ich ordentlich in meinem Zelt auf, Schlafsachen auf der rechten Seite, Kleider und Kochutensilien auf der linken. Den Nylonsack mit drei extra Thermometern, einem Windmeßgerät, einem Logbuch, Bleistiften und dem Tagebuch, in dem ich die Geschehnisse des Tages festhalten wollte, legte ich auf meinen Schlafsack.

Während ich mein Zelt aufbaute, hielt ich immer wieder nach Bären Ausschau. Charlie war ungefähr sechs Meter vor dem Zelt angepflockt, dort hatte er gute Sicht und konnte mich rechtzeitig vor einem nahenden Bären warnen. Aber ich mußte doch auch selbst immer wieder Ausschau halten, wenn auch nur, um meine Nerven zu beruhigen, die den ganzen Tag über stark angespannt gewesen waren.

Ich brauchte jetzt dringend etwas Warmes zu essen und zu trinken, aber ich wußte, wenn ich den Kocher anzündete, würde er einen Lärm machen wie ein Schweißbrenner, und man würde überhaupt nichts anderes mehr hören. Wenn ich kochte, mußte ich mich ausschließlich auf Charlie verlassen. Aber der hatte sich auf dem Eis zusammengerollt und schien zu schlafen. Wenig vertrauenerweckend. Sollte er doch wenigstens ein Auge offenhalten, um nach Bären zu schauen. Ich ging zu ihm und weckte ihn. Als ich seinen Namen rief, schaute er nur einen Moment auf und steckte dann seine Nase schleunigst wieder irgendwo unter seinen buschigen Schwanz.

Während ich auf den schlafenden Charlie hinuntersah, wurde mir klar, daß es bei dieser Expedition vor allem darauf ankommen würde, Vertrauen zu haben. Charlie hatte sein Leben lang unter Eisbären gelebt, und wenn ich jetzt versuchte, Charlie und meine Umgebung ständig zu kontrollieren, würde mich das eine Menge Kraft kosten. Einige Dinge würde ich einfach Charlies Urteilsvermögen überlassen müssen. Dennoch fiel es mir schwer, Charlie den Rücken zu kehren und diesen überaus geräuschvollen Kocher anzuzünden. Das Vertrauen, das ich brauchte, würde nicht über Nacht entstehen.

Ich kniete im Zelteingang nieder und beugte mich über den Kocher, aber ich schaffte es nicht, mit meinen schmerzenden Fingern den Schlauch des Kochers in den Dichtungsring oben an der Gasflasche zu stecken. Nach ein paar Minuten gab ich auf. Statt Reis, Kartoffelflocken, Milchpulver und Butter, gefolgt von heißer Schokolade und Cracker, würde es eben Cracker, Erdnußbutterpralinen und Müsli mit Milchpulver geben. Das war zwar etwas trocken, aber ganz gut. Mit dem letzten Becher Wasser, der von meinem Tagesvorrat übrig war, machte ich mir einen heißen Kakao und beschloß damit die Mahlzeit. Ein Abendessen, das einer Königin würdig gewesen wäre.

Es war fast acht Uhr, Zeit für meinen ersten Funkspruch an die Basis. Ich verankerte meine Antenne an einem spitzen Pfahl im Eis und führte sie durch die Bindung eines Skis, der aufgestellt an meinem Zelt lehnte. Dann fiel mir plötzlich ein, daß ich vergessen hatte, die Batterien für das Funkgerät aufzuwärmen. Ich bewahrte sie in einem kleinen grünen Stoffbeutel in meinem Schlitten auf. Die Tasche oben in meiner Latzhose war ideal, um sie aufzuwärmen. Aber die Zeit lief mir davon. Es war zwei Minuten vor acht. Ich konnte mich doch nicht gleich am ersten Abend verspäten! Eilig stopfte ich mir die Batterie unter die Kleider, so daß nur ein dünnes Hemd sie von meiner Haut trennte. So dicht an meinem Körper, sagte ich mir, müßten sie sich eigentlich sofort erwärmen. Aber gleich darauf merkte ich, was für einen Fehler ich gemacht hatte. Die eine dünne Stoffschicht reichte nicht aus, meine Haut vor der brennenden Kälte der eisigen Batterien zu schützen. Wie von der Tarantel gestochen riß ich sie wieder heraus.

Jetzt fehlte nur noch eine Minute bis zur verabredeten Zeit. Ich hielt die Batterien in meinen behandschuhten Händen unter meine Jacke. Um zehn nach acht legte ich sie mit einem Stoßgebet in mein Funkgerät ein und schaltete es ein. Es funktionierte. Ich drückte auf den Sendeknopf und sagte: »Expedition Kiwi ruft Acht-eins-fünf Resolute. Over.«

Die fröhliche Stimme Terrys antwortete mir. »Acht-eins-fünf Resolute an Expedition Kiwi, wo sind Sie? Over.«

Ich gab ihr meine genaue Position durch, die Wetterbedingungen und die Anzahl von Meilen, die ich an diesem Tag zurückgelegt hatte.

»Haben Sie Bären gesehen?« fragte Terry. Ich verneinte und konnte die Erleichterung in ihrer Stimme hören, als sie darauf sagte: »Das ist gut. Ich hoffe, Sie werden auch in Zukunft keine treffen.«

Nach etwa fünf Minuten wünschte ich auch im Namen Charlies gute Nacht und machte Schluß. Ich mußte mich bei meinen Funksprüchen kurz fassen, um Energie zu sparen; bei Kälte entleeren sich Batterien schnell. Dies war meine erste Nacht, sie mußten also noch lange reichen.

Am liebsten wäre ich gleich in meinen Schlafsack gekrochen, aber zuerst mußte ich meinen Schlitten neu packen, auch wenn ich das mit meinen schmerzenden Händen am liebsten gelassen hätte. Ich legte alles in mein Zelt, damit der Wind es nicht wegwehen konnte. Die schweren Sachen, wie Radio, Verpflegung und das Gas, kamen unten auf den Schlitten, die leichteren Sachen obenauf, und die Tasche mit meinen Tagesrationen, die Vakuumflaschen, den Fotoapparat und zusätzliche warme Sachen für die Pausen oder für Notfälle packte ich griffbereit nach vorn. Schließlich war alles in Ordnung. Mein Schlitten war am linken vorderen Eishering meines Zelts angebunden, meine Skier lagen längsseits am Zelt, damit der Wind sie nicht über das Eis trieb, die Schaufel lag im Vorzelt, und Charlies Schlitten mit dem darauf festgebundenen Hundefutter war am rechten Eishering befestigt. Mein Gewehr lag leicht erreichbar an der Zelttür. Trotz eisigen Windes und schmerzender Hände mußte ich mir einen Moment Zeit nehmen, um mir so viel Ordnung mit Genugtuung anzusehen. Ich hatte zu meinem alten, gutorganisierten Selbst zurückgefunden. Jetzt konnte ich an Schlaf denken.

Ehe ich in meinen Schlafsack kroch, schaute ich noch einmal nach Charlie. Er wirkte sehr zufrieden, aber mich bedrückte es, daß er auf dem Eis schlafen sollte, ohne etwas unter sich zu haben. Ich nahm einen braunen Jutesack, der um sein Hundefutter gewickelt war, und wollte ihm diesen unterschieben. Aber unter dem buschigen Schwanz blitzte plötzlich ein Auge mit solchem Vorwurf auf, daß ich es sofort aufgab. Tony hatte mir ja schon erzählt, daß Charlie sein Leben lang auf Eis und Schnee geschlafen hatte und ihm das überhaupt nichts ausmachte. Jetzt hatte ich sogar den Eindruck, daß er es vorzog und sich wünschte, ich würde aufhören, ihn zu bemuttern, damit er endlich schlafen konnte. Eine weitere Lektion also in Vertrauen: Manche Dinge mußte ich eben einfach Charlies Urteil überlassen.

Nachdem ich mich ein letztes Mal nach Eisbären umgesehen hatte, überprüfte ich die Temperatur; immer noch minus dreiundvierzig Grad. Nun, wenigstens wurde es nicht kälter. Schlotternd und zähneklappernd zog ich meine Jacke aus und kroch in meinen Schlafsack. Gerade wollte ich in sanfte Träume entgleiten, als mir siedendheiß einfiel, daß ich vergessen hatte, mir die Zähne zu putzen. Doch keine zehn Pferde hätten mich jetzt mehr aus dem warmen Schlafsack herausgebracht. Außerdem fiel mir ein, daß ich gar kein Wasser mehr hatte. Na bitte.

Ich lag da, starrte die Zeltdecke und die Wände an und überlegte, wie lange ein Bär wohl brauchen würde, um die zwei dünnen Nylonhäute zu zerreißen. Höchstens Sekunden, ganz klar. Die Vorstellung machte mir schreckliche Angst. Aber noch während mir allerlei schauerliche Bilder durch den Kopf zogen, sagte ich mir, daß es nur eines gab: mich beherrschen und nicht an Eisbären denken, solange ich hilflos im Schlafsack lag. Ich brauchte meinen Schlaf für den morgigen Tag, der wieder lang und anstrengend werden würde. Entschlossen schob ich alle negativen Gedanken weg und versuchte, mich zu entspannen. Dank meines gründlichen Trainings war ich in guter körperlicher Verfassung, die lange Skitour des Tages hatte mich nicht ermüdet. Die Hände taten mir weh, und ich hatte Angst vor den Eisbären, aber ich fühlte mich gut. Noch einmal vergewisserte ich mich, daß Gewehr und Leuchtpistole dicht an meiner Seite lagen, rief Charlie noch ein »gute Nacht« zu und schlief ein.

ZWEITER TAG

Um halb sechs Uhr erwachte ich nach einer unruhigen Nacht. Meine Hände waren voller Blasen und schmerzten bei jedem Griff. Über Nacht hatten sich auf allen Fingern von den Spitzen bis zum zweiten Gelenk große Blutblasen gebildet, nur der kleine Finger meiner linken Hand hatte es irgendwie geschafft, sich vor dem Erfrieren zu schützen. Ich wußte, daß ich die Blasen lassen mußte, wie sie waren, weil sie sonst zu bluten anfangen und äußerst schmerzhaft sein würden. Ich würde eben so oft wie möglich meine dicken Fäustlinge anziehen müssen, auch wenn sie flinken Bewegungen nicht gerade förderlich waren. Ich dachte an den vergangenen Morgen zurück, an die verrückte Szene, als so viele Leute mir beim Packen des Schlittens geholfen und alles nach eigenem Gutdünken verstaut hatten, während ich dabeistand und es mir brav gefallen ließ, weil ich niemanden beleidigen wollte. Aber nun ja, passiert ist passiert, sagte ich mir. Manchmal lernt man eben seine Lektion nur durch harte Erfahrung; aber wenn das das einzige Problem der Expedition bleiben würde, dann konnte ich mich glücklich schätzen.

Ich richtete mich auf und zog langsam und unter Schmerzen den Reißverschluß der Zelttür auf, um den neuen Tag in

Augenschein zu nehmen. Alles wie gestern. Der Wind hatte sich gelegt. Ich sah zu einem kalten, klaren Himmel hinauf, ein leichter Nordwind strich mir um die Nase. Wieder ein prachtvoller arktischer Tag.

Charlie war schon wach und inspizierte seinen leeren Futternapf. Ich schlüpfte aus meinem Schlafsack und löste einen kleinen Schneesturm aus, als ich beim Anziehen an das reifbedeckte Zeltdach stieß. Ich bin eigentlich kein Morgenmuffel, aber die durchdringende Kälte, der Frost, der sich meinen Nacken hinunterzog, und meine lädierten Hände machten mir diesen Morgen sehr unangenehm. Doch es war Zeit, Charlie guten Morgen zu wünschen und den neuen Tag zu beginnen.

Noch mit meinen warmen, blauen Hüttenschuhen an den Füßen, trat ich aus dem Zelt, um das Thermometer zu prüfen, minus vierzig Grad. Ich sah mich gründlich nach Bären und ihren Spuren um, konnte aber nichts entdecken. Ich stellte jedoch mit Überraschung fest, daß das Küsteneis mit seinen zackigen Blöcken und Türmen nur dreißig Meter von meinem Zelt entfernt begann. Im Zwielicht des vergangenen Abends hat es ausgesehen, als wäre ich mindestens hundertzwanzig Meter vom zerklüfteten Küsteneis entfernt. Zum ersten Mal hatte ich hier erfahren, wie trügerisch das arktische Licht in seinem Wechselspiel war und wie es sich auf die Wahrnehmung von Tiefen auswirkte.

Charlie, der munter an seiner Kette hin und her sprang, wirkte ausgeruht und frisch. Ich umarmte ihn zur Begrüßung, und er leckte mir mit seiner weichen Zunge über das Gesicht. Ich schüttete ihm etwa ein Pfund Hundefutter in seinen Napf, und er machte sich sofort mit herzhaftem Appetit darüber her.

Nun der Kocher. An diesem Morgen mußte ich ihn anzünden, komme, was da wolle. Ich brauchte Wasser für die nächste Etappe meiner Reise, und ein warmes Frühstück zu Tagesbeginn konnte auch nicht schaden. Vorsichtig zog ich mir ein Paar Wollhandschuhe über die Unterhandschuhe, biß gegen den mörderischen Schmerz in meinen Händen die Zähne zusammen und schob den Schlauch des Kochers in den Dichtungsring oben an der Gasflasche. Hurra, ich hatte es geschafft. Ich zündete den Kocher an, schaufelte Schnee und Eis in meinen Zweilitertopf und hatte bald warmes Wasser. Um Gas zu sparen, wärmte ich das Wasser nur soweit, daß ich meinen Finger noch hineinhalten konnte.

Da es erst sechs Uhr war, beschloß ich, gemütlich zu frühstücken. Mein Frühstück bestand aus Müsli, Milchpulver, Kokosnußflocken, Rosinen und mit warmem Wasser gemischter Butter. Ich setzte mich auf meinen Schlitten, um dieses erste Frühstück auf der Expedition nach allen Regeln der Kunst zu genießen, aber nach dem dritten Löffel schon merkte ich, daß die schöne Mahlzeit bereits wieder gefroren war. Sehr gemütlich! Ich goß noch etwas warmes Wasser nach und aß den Rest so schnell wie möglich. Dann schmolz ich so viel Eis, daß ich damit zwei Vakuumflaschen mit Wasser und dem Kohlenhydratpulver füllen konnte.

Die arktische Luft enthält nur sehr wenig Feuchtigkeit. Das kann schnell ein Austrocknen des Körpers verursachen, was wiederum zu rascher Ermüdung führt und die Fähigkeit des Körpers, Wärme zu erzeugen, stark beeinträchtigt. Flüssigkeit war also für die Bewahrung meiner Kraftreserven genauso wichtig wie feste Nahrung. Meine Tagesration an Crackern, Cashewnüssen, Walnüssen und Erdnußbutterpralinen verstaute ich zusammen mit den beiden Vakuumflaschen in meinem Tagesbeutel und packte ihn vorn in die Schlittentasche. Als mir plötzlich Charlies Vorliebe für Cracker einfiel, packte ich noch ein paar von den Dingern dazu.

Zuletzt mußte nur noch das Zelt abgebrochen und wieder verpackt werden. Ich war voll darauf konzentriert, die Eisheringe irgendwie aus dem Eis zu lösen, ohne meine Hände dabei unnötigen Schmerzen auszusetzen, als ich plötzlich von Charlie ein langgezogenes, tiefes Knurren hörte. Blitzartig drehte ich mich nach ihm um und blickte dann in die Richtung, in die auch sein Blick ging. Noch ehe ich hinschaute, wußte ich, was ich sehen würde. Einen Eisbären.

Es war ein weibliches Tier, von zwei Jungen gefolgt. Aus der Richtung der Insel Bathurst kommend, trotteten sie langsam und zielstrebig durch das zerklüftete Küsteneis auf mich zu. Sie waren etwa zweihundert Meter entfernt. Das Herz schlug mir bis zum Hals, als ich mein geladenes Gewehr und die Leuchtpistole ergriff und vorsichtig ein paar Schritte zur Seite ging, zu Charlie hin, der so grimmig knurrte, daß mir der Atem stockte. Ohne die Bärin aus den Augen zu lassen, machte ich Charlie los und führte ihn, wiederum seitwärts gehend, zum Schlitten. Dort machte ich seine Kette an einem der Stricke fest, mit denen die Ladung verschnürt war. Die Bärin, jetzt nur noch hundertfünfzig Meter entfernt, hielt nicht an. Die Jungen waren zurückgefallen, aber sie kam mit stetigem, gemessenem Schritt auf mich zu, während ich verzweifelt versuchte, mich an alles zu erinnern, was die Inuit mich gelehrt hatten. Blickkontakt halten, sich seitlich oder leicht vorwärts bewegen. Niemals rückwärts, ruhig bleiben, keine Furcht zeigen, sich neben ein Zelt, einen Schlitten oder irgendeinen anderen großen Gegenstand stellen, um dadurch so massig wie möglich zu erscheinen. Nicht schießen, solange es nicht unbedingt nötig ist. Niemals den Bären verletzen, er wird dadurch nur um so gefährlicher. Niemals schnell laufen.

Während ich mir unablässig zuflüsterte: »Bleib ruhig, bleib ruhig«, gab ich einen Warnschuß ab. Der Knall hatte nicht die geringste Wirkung. Sie kam weiter auf mich zu. Ich schoß eine Leuchtkugel ab, die knapp rechts von der Bärin landete. Ihr Kopf bewegte sich leicht in diese Richtung, aber sie machte nicht halt. Ich schoß noch eine Leuchtkugel ab, die diesmal direkt vor der Bärin landete. Sie blieb stehen, musterte die Kugel, die mit rotem Licht auf dem weißen Eis leuchtete, und musterte dann mich. Sie war nur noch dreißig Meter entfernt.

Meine Nerven waren jetzt zum Zerreißen gespannt, und mein Herz schlug so laut, daß ich meinte, man müßte es bis nach Resolute hören. Die Bärin stieg über die Leuchtkugel hinweg, und ich feuerte wieder eine ab, die keinen Meter vor ihr zu Boden ging. Erneut hielt sie an, musterte erst die Leuchtkugel, dann mich. Danach richtete sie den Blick ihrer kleinen schwarzen Augen auf Charlie, der japsend und knurrend an seiner Leine zerrte, um sich auf sie zu stürzen. Sie sah sich nach ihren Jungen um. Ich konnte die Sorge um ihre Jungen angesichts von Charlies tollwütigem Gebaren spüren. Sie wartete, bis die Jungen aufgeschlossen hatten, dann bewegte sie sich in einem Halbkreis nach links hinüber. Ohne auf meine schmerzenden Finger zu achten, feuerte ich in schneller Folge zwei weitere Leuchtkugeln ab, um so zwischen ihr und mir eine Grenze zu ziehen. Einen Moment blieb sie stehen, dann ging sie nach rückwärts, mehr auf meine rechte Seite hinüber. Noch einmal schoß ich zwei Leuchtkugeln ab, und wieder blieb sie stehen. Ich hatte den Eindruck, daß sie die Grenzlinie, die die Leuchtkugeln zogen, überqueren wollte, sich aber des Ergebnisses und Charlies Reaktion nicht sicher war und es deshalb vorzog, zurückzubleiben. Immer noch etwa dreißig Meter entfernt, fuhr sie fort, sich in einem Halbkreis nach rechts zu bewegen. Mit einem letzten langen Blick trottete sie schließlich nach Norden davon, gefolgt von ihren zwei Jungen, deren Fell sich schneeweiß vom blaßgelben der Mutter abhob. Die ganze Episode hatte etwa fünfzehn Minuten gedauert, aber mir kam es vor, als hätte ich Jahre hinter mir. Ich war nur noch ein Nervenbündel. Zitternd, Gewehr und Leuchtpistole noch in den Händen, stand ich da und sah dem Trio nach, das langsam in Richtung Norden davonging. Aber trotz der betäubenden Furcht, die mich noch immer gefangenhielt, spürte ich in meinem Inneren eine tiefe Befriedigung. Ich wußte jetzt, daß ich es mit einem Bären in der Wildnis aufnehmen konnte, daß ich ruhig genug bleiben konnte, um zu handeln und mich der weisen Ratschläge der Inuit zu erinnern. Mit Charlies Hilfe hatte ich die erste Bewährungsprobe bestanden.

Der Bär hatte sich völlig lautlos genähert; das dichte Fell auf der Unterseite seiner Pfoten hatte jedes Geräusch seiner Schritte geschluckt. Ich war froh und dankbar dafür, daß Charlie mich gewarnt hatte. Er hatte jetzt aufgehört zu knurren und zu schnappen, stand aber immer noch bewegungslos da und beobachtete unverwandt die drei Bären, die im Zickzack durch das zerklüftete Eis wanderten, immer auf der Jagd nach Seehunden, die in dem kalten Wasser unter dem Eis lebten. Er schien meine heftige Umarmung kaum zu bemerken. Er war immer noch auf der Hut.

Die Bären waren zwar erst ungefähr hundertzwanzig Meter entfernt, aber ich beschloß dennoch, mein Zelt fertig zusammenzupacken. Ich mußte mich bewegen, um warm zu bleiben. Die Bären konnte ich auch bei der Arbeit im Auge behalten. Mir begann es kalt zu werden. Die Angst und der plötzliche Adrenalinstoß hatten mich warm gehalten, jetzt aber begann ich heftig zu frösteln. Ich packte fertig und stand dann bis zehn Uhr herum, immer bemüht, mich warm zu halten, bis ich sicher sein konnte, daß die Bären verschwunden waren und nicht zurückkommen würden. Ich hoffte, die verlorene Zeit wiedergutzumachen, wenn ich die Küste und das rauhe Eis mied. Aber als ich losging, war ich in Gedanken immer noch bei den Bären. So beängstigend es gewesen war, es war doch auch spannend und aufregend gewesen, eine Bärin mit ihren Jungen in ihrer natürlichen Umgebung beobachten zu können. Die Bärin hatte keine Angst vor mir gehabt, sie war kraftvoll und gefährlich, und doch auch anmutig. Und sie war eine liebevolle, aufmerksame Mutter, die sich um ihre Jungen sorgte.

In der folgenden Stunde ging zunächst alles gut. Ich bemühte mich, wie nun schon gewöhnt, in alle Richtungen nach Bären zu spähen. Da ich allein war, mußte ich gewissermaßen rundum Wache halten. Der Himmel war immer noch klar, und es wehte ein leichter Wind aus nördlicher Richtung. Es war bitterkalt, und auf meiner blauen Neoprenmaske bildete sich dort, wo mein Atem gefror, schnell eine dicke Eisschicht. Zwei Meilen nordöstlich konnte ich die Kalivic-Insel erkennen. Bis zum Einbruch der Nacht würde ich diese Insel, wenn alles gutging, bereits weit hinter mir gelassen haben.

Plötzlich bemerkte ich etwa vierhundert Meter südöstlich Bewegung. Das konnte doch nicht schon wieder ein Bär sein! Meine Nerven hatten sich für eine zweite Begegnung noch nicht hinreichend erholt. Aber kurze Zeit später gab es keinen Zweifel mehr. Es war ein Bär. Er befand sich genau in der Richtung, in der der Wind blies, deshalb hatte Charlie ihn noch nicht gewittert. So schnell ich konnte, schnallte ich meine Skier ab, packte erneut mein Gewehr und die Leuchtpistole und machte Charlie am Schlittenseil fest. Mit Charlie an meiner Seite blieb ich stehen und wartete. Er stand wie versteinert, den ganzen Körper angespannt, die Nackenhaare gesträubt, den Blick scharf auf den näherkommenden Bären gerichtet, aber er gab keinen Laut von sich. Mit einer Stimme, die alles andere als ruhig war, sagte ich: »Warum knurrst du nicht? Tu was, Charlie.« Aber dann begriff ich, daß sein Schweigen für mich ein Signal war. Er wußte etwas, das ich nicht wußte. Also schwieg ich auch, bewegte mich nicht mehr, beobachtete nur.

Dieses Mal hatten wir es mit einem sehr großen, kräftigen männlichen Tier zu tun. Er hatte das gleiche cremegelbe Fell wie der andere Bär und bewegte sich im typischen Eisbärengang, über den großen Zehen abrollend, mit schnellerem Schritt auf uns zu. Dann blieb er plötzlich stehen und hob die schwarze Nase, bewegte den Kopf langsam hin und her, um unsere Spur aufzunehmen. Dann senkte er den Kopf wieder und trabte weiter. Charlie stand immer noch reglos, immer noch lautlos, bis auf ein gelegentliches kurzes, leises Knurren. Als der Bär sich auf ungefähr fünfundsiebzig Meter angenähert hatte, wurde Charlie wieder völlig still. Irgend etwas war anders an diesem Bären, und er wußte es.

Die Inuit hatten mich davor gewarnt, Furcht zu zeigen. Aber ich konnte nicht einfach nur dastehen und mir einreden, ich hätte keine Angst. Ich hatte ganz entsetzliche Angst. Aber ich versuchte jetzt, die Angst durch aggressive Gedanken zu verdrängen. Ich habe das gleiche Recht, hier zu sein, wie dieser Bär, sagte ich zu mir selbst. Er hat keinerlei Recht, in mein Revier einzudringen. Es mag lächerlich klingen, aber es funktionierte. Anstatt in eine ängstliche Defensivhaltung zu verfallen, weckte ich in mir dadurch das Gefühl, die Situation wenigstens bis zu einem gewissen Grad zu beherrschen.

Jetzt war der Bär nur noch fünfundvierzig Meter entfernt. Ich feuerte zuerst einen Warnschuß nach links ab, dann schnell hintereinander zwei Leuchtkugeln. Weiterhin kam er auf mich zu, sehr zielbewußt und aggressiver in der Bewegung als der erste Bär. Schnell schoß ich drei weitere Leuchtkugeln ab, die alle vor ihm niedergingen. Er wich flink nach links aus, drehte sich dann herum und sah mir direkt ins Gesicht. Gerade als ich die nächste Leuchtkugel abschoß, setzte er sich wieder in Bewegung, schneller noch als vorher. Hastig griff ich zu Charlies Halsband, um ihn freizulassen. Es war an der Zeit, daß Charlie seine Fähigkeiten als Eisbärjäger unter Beweis stellte.

Mein Daumen lag an der Schließe seines Halsbands, als Charlie plötzlich wie ein Verrückter an seiner Kette riß und mit einem wütenden Knurren, so laut, daß mir beinah das Trommelfell platzte, einen Meter hoch in die Luft sprang. Der Bär blieb abrupt stehen und starrte uns an. Als ich wiederum Leuchtkugeln abfeuerte, zog er sich langsam nach links zurück. Charlie war wieder still geworden. Ich nahm das als Wink und blieb ebenso still neben ihm stehen. Der Bär entfernte sich in einem weiten Bogen, wobei er ab und zu über seine Schulter zu uns zurückblickte. Charlies Sprungattacke hatte ihn beeindruckt, und so zog er sich zurück, wenn auch widerstrebend. Meine Sorge war jetzt, ob er zurückkommen würde.

Wie befürchtet, hielt er nach dreihundert Metern plötzlich an, drehte sich herum und nahm uns aufs Korn. Ein paar Sekunden stand er so da, als überlege er die Situation, dann setzte er sich in Bewegung und trabte so schnell und entschlossen wie vorher auf einwärts gedrehten Pfoten wieder auf uns zu. Das war zuviel. Mir war eiskalt vor Angst, meine Knie zitterten. Irgendwie mußten wir diesen Bären loswerden, aber ich wußte nicht, ob ich Charlie loslassen und ihm den Bären überlassen sollte, oder ob ich versuchen sollte, den Bären zu erschießen.

Der Bär war immer noch etwa zweihundert Meter entfernt. Ich entschloß mich, einen letzten Warnschuß zu feuern und Leuchtkugeln abzuschießen, ehe ich zu drastischeren Maßnahmen griff. Ich feuerte mit dem Gewehr, aber inzwischen war mir schon klargeworden, daß der Knall die Bären nicht sonderlich beeindruckte; ich begann deshalb, so schnell ich konnte, Leuchtkugeln abzufeuern, froh, sie in Mengen mitgenommen zu haben, die für eine ganze Armee gereicht hätten. Plötzlich beugte sich der Bär vornüber und berührte eine der brennend heißen Leuchtkugeln mit der Nase. Mit einem Ruck riß er seinen Kopf zurück, wälzte sich auf dem Eis, sprang wieder auf, so behende wie eine Katze, und trat dann, so schnell wie er gekommen war, den Rückzug an. Ich sah ihm mit abgrundtiefer Erleichterung nach. Diesmal nahm er sich nicht einmal die Zeit, sich nach uns umzusehen.

Nach zwei Feindberührungen innerhalb eines Tages brauchte ich erst einmal eine Pause, um mich wieder zu beruhigen und um etwas zu essen. Ich hatte immer noch das große Zittern und fragte mich allmählich, ob meine Nerven diesen Strapazen überhaupt gewachsen waren.

Ich nahm Charlie lange und fest in die Arme. Zweimal an einem Tag hatte er mir geholfen. »Danke, Charlie«, sagte ich und gab ihm ein paar Cracker. Während ich selbst meine Cracker aß, begann ich von neuem über die unterschiedlichen Verhaltensweisen nachzudenken, die Charlie den beiden Bären gegenüber gezeigt hatte. Mir war klar, daß ich noch eine Menge lernen mußte. Tony hatte recht gehabt, als er mir geraten hatte, Charlie so lange an der Leine zu lassen, bis ich ihn brauchte, um einen Bären in die Flucht zu schlagen. Auf diese Weise hatte ich ihn immer unter Kontrolle und genau in dem Moment an meiner Seite, wenn ich ihn brauchte.

Charlie drückte sich schwanzwedelnd an mein Bein und bettelte um mehr Cracker. Ich hatte nicht viel Appetit. Ich fühlte mich ungefähr so, als hätte ich gerade einen Zusammenstoß mit einem Güterzug hinter mir. Also gab ich Charlie meine Cracker. Sein Appetit war unbeeinträchtigt. Für ihn war die Eisbärenhatz der reine Spaß.

Bis jetzt hatte ich erst zwei Meilen zurückgelegt. Es war ein Uhr mittags, kalt und klar, Zeit, sich wieder auf den Weg zu machen. Ich befand mich gegenüber der Südspitze der Kalivic-Insel, einer flachen, eisbedeckten Insel, deren höchste Erhebung gerade einmal zweiundfünfzig Meter hoch ist. Dort, wo die Strömung durch den schmalen Kanal zwischen Kalivic und Bathurst sprudelte, konnte ich die zerklüfteten Eismassen sehen, die sich an den Rändern aufgetürmt hatten. Ich schlug einen Kurs ein, der etwa in der Mitte zwischen den beiden Inseln hindurchführte, weil ich hoffte, dort dickes, festes Eis vorzufinden.

Langsam schnallte ich meine Skier an, legte das Schlittengeschirr um, überprüfte Charlies Geschirr und Schlitten. Alles war startbereit, aber ich fühlte mich immer noch völlig ausgelaugt und zittrig. Mir graute davor, in das Gebiet aufgetürmter Eismassen einzudringen, das nur dreihundert Meter vor uns lag. Die Berge und Zacken waren für Bären ein ideales Versteck. Ich hatte viele Geschichten darüber gehört, wie Eisbären heimlich und lautlos Menschen überfallen hatten, die erst gemerkt hatten, daß ein Bär in der Nähe war, als sie bereits angegriffen wurden. Ich legte meine Hand auf Charlies breiten Rücken, um mir Mut zu machen. Er bewegte sich mit wachsamem Selbstvertrauen, den Kopf hoch erhoben, den Blick nach vorn gerichtet. Er war hier in Eis und Schnee geboren und aufgewachsen, er wußte instinktiv, was um ihn herum passierte. Ich hingegen war eine Fremde, die lernen mußte, in dieser Welt zu überleben, wenn sie nicht Gefahr laufen wollte, sich durch Fehler und Fehleinschätzungen selbst zu zerstören.

Sehr bald trat ich in einen Wald aus von Eis erschaffenen Türmen und Spitzen, zackigen Bergen und massigen Blöcken, die mich rundherum umgaben, höher als ich, manche bis zu fünf Metern hoch. Die einzigen Geräusche waren ein gelegentliches tiefes, müdes Ächzen oder ein langgezogenes, gequält klingendes Knirschen, wenn die Kanten des Packeises sich aneinander rieben. Manchmal erschreckte mich ein lautes Krachen wie ein Gewehrschuß in den Tiefen des Packeises. Im Slalom schlängelte ich mich auf meinen Skiern zwischen den Hindernissen hindurch, doch nach einer Weile stellte ich fest, daß es einfacher war, mir zu Fuß den Weg durch diesen Eiswald zu suchen.

Es war eine wunderschöne Landschaft. Immer wieder hielt ich an, um die schräg geneigten Eistürme, die alle Gesetze der Schwerkraft zu widerlegen schienen, und die gewaltigen Eisblöcke, von denen manche tiefe Höhlen hatten, zu fotografieren. Durch die eisigen Wände zogen sich Streifen und Schichten von blassem Blau, so zart und fein, daß ich die gemeißelte Glätte dieser Wände einfach berühren mußte. Ich war hier auf einen Schatz von solcher Schönheit gestoßen, wie ich sie mir niemals hätte träumen lassen. Als ich weitermarschierte, waren meine Angst und Sorge wie weggeblasen, verdrängt von einer euphorischen Begeisterung und Ehrfurcht angesichts dieser prachtvollen Welt. Im meteorologischen Büro in Resolute Bay hatte man mir vor meinem Aufbruch gesagt, daß die

Satellitenfotos zerklüftetes Eis zeigten. Jedes Jahr bewirkt Veränderungen im Packeis. Die Stürme im Herbst und im frühen Winter beeinflussen die Art und Weise, wie das Eis sich formt. In manchen Jahren ist es glatt, dieses Jahr jedoch war es rauh und zerklüftet, eine Landschaft, die das Vorwärtskommen erschwerte und sich Eisbären als Versteck anbot. Aber sie war eben auch von einer unglaublichen Schönheit, so daß ich froh war, hier sein zu können.

Nach einer Stunde Wanderung durch das Labyrinth war ich nicht gerade sehr weit gekommen. Ich hatte so oft angehalten, um mich umzusehen, diese Welt auf mich wirken zu lassen und alles zu fotografieren, daß ich jetzt beschloß, eine kurze Rast einzulegen, um auch einmal zu essen und zu trinken. Charlie und ich labten uns gemeinsam an Crackern und Erdnußbutterpralinen. Er hatte mich davon überzeugt, daß ein paar Erdnußbutterpralinen ihm nicht schaden würden. Seine Methode war einfach: Man setzt sich hin und starrt sie an, während sie ißt, bis sie schließlich klein beigibt. Ich gab ihm außerdem noch eine Handvoll Hundefutter und aß selbst ein paar Walnüsse. Walnüsse mochte Charlie nicht, und ich war froh, daß ich wenigstens etwas essen konnte, ohne mich des vorwurfsvollen Blicks seiner schwarzen Augen erwehren zu müssen. Für ihn gab es keine Zweifel, daß ich mein Essen mit ihm teilen würde, wenn er mir lange genug intensiv ins Gesicht starrte. Und er hatte natürlich recht. Nicht einmal einen Tag lang hatte ich konsequent bleiben können.

Nach der Pause marschierte ich weiter, immer im Zickzack von einer Lücke zur anderen. Charlie, der brav an meiner Seite ging, richtete seine Aufmerksamkeit plötzlich auf ein Gebiet, das etwa sechzig Meter vor uns auf der rechten Seite lag. Er blieb stehen und ließ das gleiche warnende Knurren hören, das ich nun schon kannte. Dann stellte er sich vor mich, als wollte er mich beschützen. Eine weitere Warnung brauchte ich nicht. Ich tat das gleiche wie die beiden letzten Male. Ich machte

Charlie am Schlitten fest, griff mein geladenes Gewehr und meine Leuchtpistole und blieb wartend stehen, während mir das Herz bis zum Hals schlug.

Auf der linken Seite eines riesigen Eisblocks glaubte ich, eine flüchtige Bewegung wahrzunehmen, war mir aber nicht sicher. Charlies Blick ging in diese Richtung, deshalb war ich sicher, daß der Bär sich vor uns befand. Ich hielt weiterhin nach vorn Ausschau und hatte gleichzeitig ein Auge auf Charlie, im Vertrauen darauf, daß er mir zeigen würde, aus welcher Richtung der Bär zu erwarten war. Plötzlich stand er vor uns, ungefähr fünfzig Meter entfernt. Es schien ein mittelgroßes männliches Tier zu sein, nicht so mächtig wie der letzte Bär, dem wir begegnet waren. Er stand ganz still und starrte uns an. Ich ging früh in die Offensive, feuerte einen Warnschuß ab und mehrere Leuchtkugeln, während Charlie wütend knurrte und wie ein Berserker an seiner Kette tobte. Der Bär wich zurück und hob die schwarze Nase in die Luft. Aber wir standen windabgewandt von ihm, deshalb schlug er einen weiten Bogen nach links, schob sich durch Lücken und Spalten, um eine Stelle zu erreichen, wo er unsere Witterung aufnehmen und feststellen konnte, was für Wesen wir waren.

Charlie und ich drehten uns mit dem Bären, als dieser uns umrundete. Ich durchlebte einige angstvolle Momente, als ich ihn mehrmals aus den Augen verlor, wenn er hinter großen Eisblöcken verschwand, doch er tauchte jedesmal wieder auf. Nun befand er sich fast direkt hinter uns, blieb stehen und hob wieder die Nase in die Luft. Diesmal würde er unsere Witterung aufnehmen können. Würde sie ihm sagen, daß wir jagdbares Wild seien, oder würde sie ihm raten, uns in Ruhe zu lassen? Ich feuerte vorsichtshalber noch ein paar Leuchtkugeln ab, und nachdem der Bär einen langen Blick auf den tollwütigen Charlie geworfen hatte, machte er kehrt und schlenderte gemächlich in Richtung Süden davon. Ich mußte nun entscheiden, ob ich weitergehen und damit das Risiko auf mich nehmen würde, daß der Bär zurückkehrte und uns von hinten anfiel. Da er sich nun windabwärts von uns befand, würde Charlie seine Witterung nicht früh genug aufnehmen können. Doch dieser Bär schien mir eher neugierig als aggressiv gewesen zu sein, und so vertraute ich einfach darauf, daß er uns in Ruhe lassen würde.

Dennoch hatte ich, als wir weitergingen, ständig das Bild von dem Bären im Kopf, der sich still und heimlich von hinten an uns heranschlich. Ich marschierte so schnell ich konnte, um möglichst viel Abstand zu dem Bären zu gewinnen. Um keine Zeit zu vergeuden, sah ich mich jetzt immer nur kurz um, anstatt anzuhalten und dann zurückzublicken.

Auf einmal, nach etwa zwanzig Minuten, sprang Charlie grimmig knurrend mit einem so gewaltigen Satz nach rechts, daß er mich beinahe umgerissen hatte. Und fünfzehn Meter von uns entfernt sah ich Bär Nummer drei. Er war umgekehrt und befand sich nun fast auf gleicher Höhe mit uns. So schnell ich konnte, feuerte ich vier oder fünf Leuchtkugeln ab. Der Bär wich aus und bewegte sich dann in einem weiten Bogen auf uns zu. Er wandte sich nach links und versuchte wieder, uns zu umrunden, um uns von hinten anzugehen. Er blieb stehen und kam dann zwei Schritte näher. Hastig feuerte ich noch ein paar Leuchtkugeln ab, und der Bär, der immer noch nur neugierig zu sein schien, drehte sich herum und trottete davon, als sei er froh, uns los zu sein. Es hätte ihn vielleicht gewundert, zu erfahren, daß dieses Gefühl auf Gegenseitigkeit beruhte.

Ich war emotional völlig ausgepumpt. Drei Bären an einem Tag waren einfach zuviel. Wenn das so weiterging, mußte ich mich ernstlich fragen, ob ich diesen Ausflug überhaupt überleben würde. Das Risiko, auf einen Bären zu treffen, der sich nicht aufhalten ließ und mich zwingen würde, meine letzte Karte auszuspielen, würde sich von Begegnung zu Begegnung erhöhen. Ich beschloß, unser Nachtlager auf jeden Fall erst dann aufzuschlagen, wenn wir eine Stelle im Eis fanden, wo wir nicht von allen Seiten eingeschlossen waren und Charlie genug Sicht hatte, mich zu warnen, falls ein Bär sich näherte.

In östlicher Richtung vor uns konnte ich ein glattes treibendes Eisfeld erkennen, das den zerstörerischen Kräften des Packeises größtenteils unbeschadet entkommen war. Ich ging bis zu seiner Mitte, blieb dort stehen und sah mich um. Ja, das ging. Charlie hatte auf mindestens zweihundert Meter in alle Richtungen klare Sicht. Ich gab ihm für die Nacht noch einen Napf Hundefutter und stellte seinen Schlitten so, daß der ihn vor dem kalten Nordwind schützte. Es war etwas wärmer als am vergangenen Abend. Das Thermometer zeigte minus vierzig Grad. Es war fast fünf Uhr, und die Sonne versank langsam hinter der Westküste der Insel Bathurst. An diesem langen, anstrengenden Tag hatte ich ganze drei Meilen geschafft.

Ich hatte meinen dicken, warmen Parka an und versuchte, so gut ich konnte, trotz meiner dicken Fäustlinge zu hantieren. Die Hände taten mir weh, als ich das Zelt aufbaute und alles für die Nacht herrichtete. Aber sie waren im Moment nicht mein Hauptproblem. Ich war mutlos. Ich fühlte mich niedergedrückt, ein sehr ungewohnter Zustand für mich. Häufiger wird mir vorgeworfen, allzu optimistisch zu sein. Heute abend würde ich mich mit diesen neuen Gefühlen auseinandersetzen müssen. Ich würde entscheiden müssen, ob ich weitergehen konnte. Die Bären machten mir Todesangst.

Ich taute Eis auf und goß warmes Wasser über Reis, Kartoffelflocken, Suppenpulver und Butter. Als Nachspeise gab es Erdnußbutterpralinen, danach zwei Tassen heißen Kakao. Während ich im Schutz meines Zelts auf meinem Schlitten saß und mein Abendessen einnahm, dachte ich über mein Dilemma nach. Ich hatte hart trainiert und für diese Expedition viele Opfer gebracht. Eine solche Herausforderung stellte sich nur einmal im Leben, und ich wollte sie unbedingt bestehen. Es ist bereits eine Leistung, eine solche Expedition mit mehreren Leuten zusammen zu unternehmen, aber es ist noch einmal etwas ganz anderes, so ein Unternehmen ganz allein und dann auch noch zu Fuß zu wagen. Es ist niemand da, der das andere Ende des Zelts hält, damit es nicht weggeweht wird; niemand, der einem hilft, wenn es schwierig wird; niemand, mit dem man über seine Angst sprechen kann; niemand, der einem hilft, Entscheidungen zu treffen; niemand, der einem hilft, nach Bären Ausschau zu halten.

Ich mußte mir folgende Fragen beantworten: Werde ich jeden Tag auf eine solche Anzahl Bären treffen wie heute? Wenn ja, werde ich das überleben? Habe ich die Nerven, diese zermürbende Angst viele Tage lang zu ertragen? Kann ich es allein durchstehen?

Mir war klar, daß die Inuit recht gehabt hatten. Da ich ganz auf mich gestellt war, war es für einen Bären viel einfacher, mich anzugreifen. Hinzu kam, daß ich zu Fuß unterwegs war und daher weit langsamer vorwärts kam als mit einem Hundegespann.

Ich sagte mir schließlich, daß ich, obwohl ich eine von Eisbären dicht bevölkerte Gegend durchwandern mußte, sicherlich nicht jeden Tag auf so viele Bären treffen würde, da Eisbären ja Einzelgänger sind. Die Bären, die mir an diesem Tag begegnet waren, waren alle aus unterschiedlichen Gebieten gekommen. Jeder von ihnen war allein gewesen, jeder hatte anders reagiert. Und ich hatte überlebt. Mir schien, daß es um meine Überlebenschancen recht gut stand, wenn die Zahl sich verringerte, ja, selbst wenn ich noch zwei oder drei weiteren Bären begegnen sollte.

Gewehrschüsse klangen zu ähnlich dem Krachen aus den Tiefen des Packeises, waren daher als Warnung wenig tauglich; die Leuchtpistole hingegen war von unschätzbarem Wert. Und dann war natürlich auch noch Charlie da. Er war unentbehrlich. Er hatte ein Gespür dafür, wie mit jedem einzelnen Bären umzugehen war, und seine Grimmigkeit war beeindrukkend. Er war ein kräftiger, muskulöser Bursche, und wenn er in dieser grimmigen Stimmung war, wußte er sich zweifellos zu verteidigen. Tony hatte zu mir gesagt: »Kein Hund kann einen Zweikampf mit einem Bären gewinnen, aber ein kluger Hund wie Charlie weiß, wie man dem Eisbären an die Hinterbeine fährt und sich gleichzeitig von den kräftigen Zähnen und Vorderpranken fernhält.«

Langsam zeigte sich im Laufe dieser sachlichen Überlegungen ein Lichtschein am Ende des Tunnels meiner Angst. Für mich kam es jetzt vor allem darauf an, meine Angst zu überwinden und durch Aggression zu ersetzen, damit ich die Kontrolle behielt und angemessen handeln konnte, wenn ich mich einer Gefahr gegenübersah. Ich mußte Charlie ebenso vertrauen wie den Ratschlägen, die mir die Inuit gegeben hatten. In der Rückschau auf den vergangenen Tag erkannte ich, daß ich keinen Fehler begangen hatte und nicht in Panik geraten war. Diese Prüfung wenigstens hatte ich bestanden. Aber ich wußte auch, daß es das Klügste war, bei der bisherigen Taktik zu bleiben und Charlie nur von der Kette zu lassen, wenn ein Angriff des Bären wahrscheinlich war. Ich mußte den Moment kurz vor dem Angriff erspüren, um Charlie Zeit zu geben, seine Aufgabe zu erledigen. Außerdem war Charlie auf diese Weise sicherer. Tony hatte mir erklärt, daß er auf jeden Bären Jagd machen würde, der ihm vor die Augen kam. Wenn ich ihn also jedesmal beim Auftauchen eines Bären von der Kette ließ, erhöhte sich das Risiko, daß er verletzt werden würde, um ein Vielfaches.

Und natürlich blieb immer noch das letzte Mittel: der Todesschuß. Der Gedanke daran stieß mich ab, als ich versuchte, mir eine solche Szene vorzustellen. Ich bin keine Jägerin, auch wenn mir das Gesetz das Recht gab, aus Notwehr einen Bären zu töten. Wenn das geschah, mußte ich laut Gesetz unverzüglich die Basis anfunken, und dann würden die Leute vom Wildtierschutz hierherfliegen, um sich den Bären anzusehen und sein Fell mitzunehmen. Ich war mir sicher, mit der 338er richtig umgehen zu können, aber mittlerweile war ich überzeugt, daß es besser gewesen wäre, eine Schrotflinte mitzunehmen. Als ich mir zu Hause die verwirrenden und einander widersprechenden Ratschläge der Jäger angehört hatte, hatte ich die 338er Winchester für die am besten geeignete Waffe gehalten. Jetzt erst wurde mir klar, daß ich Leute hätte fragen sollen, die unter ähnlichen Verhältnissen wie ich mit Eisbären zu tun gehabt hatten. Aber bei genauerer Überlegung mußte ich mir sagen, daß ich niemanden kannte, der solche Erfahrungen gemacht hatte, wie ich sie jetzt machte.

Eine 338er war sicherlich eine gute Jagdwaffe, aber zur Abwehr eines angreifenden Bären, der bereits dicht vor einem stand, nicht das richtige. Eine Kugel aus der 338er mußte erst einmal an diesem mächtigen Knochengerüst vorbei und dann die tödliche Stelle genau treffen; eine Schrotflinte hingegen erreichte mit ihrer weiteren Geschoßstreuung einen größeren Bereich eines angreifenden Bären. Ich dachte an den Mann, der mir geraten hatte, »den Bären einfach ins Genick zu schießen«. Das klappte vielleicht, wenn ich das Genick finden konnte. Ein anderer hatte gemeint: »Ein einziger Schuß mitten ins Auge wirkt Wunder.« Aber würde dieser Mann, wenn er nur ein paar Schritte von dem Bären entfernt stand und ihm direkt in die kleinen schwarzen Augen blickte, nicht seine Meinung ändern? Ich fragte mich, was die Angst mit denjenigen anstellen würde, die glaubten, auf alles eine Antwort zu haben. Wenn ich einen Bären nur verwundete, konnte damit mein Schicksal besiegelt sein. Viele Inuit waren von verletzten Bären getötet worden. Außerdem widerstrebte mir immer noch die Vorstellung, einen Eisbären in seiner Heimat zu töten. Ich sah die beiden kleinen Eisbären vor mir, die voll kindlichen Vertrauens hinter ihrer Mutter hergetrottet waren. Wenn man einen solchen Bären tötete, ließ man zwei kleine Waisen zurück. Und was würde aus ihnen werden?

Ich verspürte neue Zuversicht. Ich hatte die Frage des Überlebens gründlich durchdacht und war zu dem Schluß gekommen, daß meine Taktik die richtige war. Ich beschloß, einfach auf jedes Problem so zu reagieren, wie es sich stellte, Charlie nur dann von der Leine zu lassen, wenn der kritische Moment wirklich da war, und einen Todesschuß nur dann abzufeuern, wenn es keine andere Möglichkeit mehr gab. Ich sprach ein kurzes Gebet, um für meine Familie und meine Freunde zu danken, für all die Menschen unter den Bergsteigern, die mich im Lauf der Jahre mit Geduld gelehrt hatten, was ich wissen mußte, und für die Inuit, die mir gezeigt hatten, wie man in der Arktis überleben kann. Am dankbarsten jedoch war ich Gott für meinen geliebten Charlie.

Ich beschloß also, meine Reise fortzusetzen. Es war möglich, diese Expedition zu überleben. Neuer Optimismus durchpulste mich. Ich lief zu Charlie, weckte ihn und drückte ihn fest an mich. Alle Mutlosigkeit und Enttäuschung dieses schwierigen Tages waren wie weggeblasen, meine Tränen waren Tränen der Erleichterung. Da geschah etwas Verblüffendes. Meine Augenlider froren zu. Die Kälte hatte meine Tränen in Eis verwandelt. Jetzt mußte ich meine Augen erst wieder auftauen. Soeben hatte ich wieder eine Lektion erhalten: Tränen durfte es auf dieser Expedition nicht mehr geben.

Mit warmem Speichel versuchte ich, die gefrorenen Tränen aufzutauen, um die Augen wieder öffnen zu können, und dachte dabei, daß dieser Augenblick für den Besuch eines Eisbären äußerst ungünstig wäre. Es tat ziemlich weh, das Eis vorsichtig wegzukratzen und aufzutauen. Erst fünfzehn Minuten später konnte ich wieder sehen.

Ich ging erneut zu Charlie und setzte mich auf seinen Schlitten. Er lehnte sich an mich und legte seinen großen, schwarzen Kopf auf meine Knie. Ich kraulte seine seidigen, schwarzen Ohren und erzählte ihm von meinen Überlegungen und meinen Plänen für den nächsten Tag. Nach ein paar Minuten hörte ich leises Schnarchen. Charlie war auf meinem Schoß eingeschlafen. Ich warf einen Blick auf meine Uhr. Es war neunzehn Uhr dreißig, fast Zeit für den Funkspruch an die Basis. Ich ließ Charlie hinter seinem Schlitten zusammengerollt in tiefem Schlaf zurück, wärmte die Batterien auf, legte sie ein und schaltete das Funkgerät an. Sofort begann es zu knistern. Ich rief die Basis und gab Terry meine neue Position durch. Ich berichtete kurz von den drei Bären und versicherte ihr, daß es Charlie und mir gutging und wir beide zum Aufbruch am nächsten Tag bereit waren.

Froh und dankbar, am Leben zu sein, kuschelte ich mich in meinen Schlafsack. Dies war der schlimmste Tag meines Lebens gewesen. Ich war todmüde, aber ich konnte nicht einschlafen. Die Sonne war längst hinter der Insel Bathurst untergegangen. Das kalte, graue Licht der Arktisnacht lag über meinem Zelt. Der Wind hatte sich gelegt, das Eis war still. Meine Ohren warteten förmlich auf ein Geräusch, das mir sagen würde, daß ein Bär sich näherte.

Um dreiundzwanzig Uhr senkte sich wie eine graue Decke eine leichte Dämmerung über Charlie und mich. Es war immer noch fast hell genug, um Zeitung lesen zu können. Um zwei Uhr morgens begannen sich die grauen Schleier zu heben, und das blasse, sanfte Grau des frühen Morgens breitete sich aus. Immer noch auf Bären horchend, glitt ich in einen unruhigen Schlaf.

3
Der Eisbären-Paß

DRITTER TAG

Ich wurde um sechs Uhr morgens wach, aber ich fühlte mich überhaupt nicht ausgeruht. Es war eine Nacht voller Spannung gewesen, in der ich, ständig auf Bären lauschend, kaum Schlaf gefunden hatte. Charlie hatte die ganze Nacht keinen Mucks getan, und ich hatte nichts von einem Bären gehört. Während ich, in meinem Schlafsack liegend, meinen Körper zu überreden versuchte, sich aus dem warmen Zelt in die Kälte hinaus zu begeben, um den neuen Tag in Angriff zu nehmen, überfielen mich Gedanken an den gestrigen Tag. Aber mein Verstand wehrte sich gegen diesen Überfall, und ich beschloß, nicht bei der Vergangenheit zu verweilen. Lieber wollte ich meine geistigen Kräfte daran verwenden, vorauszudenken und für den kommenden Tag zu planen. Ich mußte jeden Tag so weit wie möglich marschieren, um dieses von Eisbären so dicht bevölkerte Gebiet bald hinter mir lassen zu können. Nachdem ich einen klaren Plan gefaßt hatte, kroch ich aus dem warmen Schlafsack in die unwirkliche Kälte des frühen arktischen Morgens.

Als erstes mußte ich sehen, wie es um meine Hände stand. Die Blutblasen waren größer geworden, noch tiefer rot als am Vortag, und beide Hände waren weiter angeschwollen. Meine normalerweise schon großen Hände waren jetzt unförmig und hätten bei einem Schönheitswettbewerb sicher keinen Blumentopf gewonnen. Aber für eine Infektion gab es keinerlei Anzeichen. Keiner vernünftigen Bakterie würde es einfallen, sich in dieser kalten Gegend anzusiedeln, dachte ich mir, während ich mit zusammengebissenen Zähnen meine geschwollenen Hände in die blauen Unterhandschuhe schob, die jetzt so eng waren, als wären sie zwei Nummern zu klein.

Ich machte das Zelt auf, nahm meinen warmen Parka und ging ins Freie hinaus. Ich sah mich hastig nach Bären um, während ich über das Eis eilte und dabei in meine Jacke schlüpfte. Charlie war soeben aufgestanden und war noch dabei, kräftig gähnend seine Glieder zu strecken. Ich umarmte ihn und wünschte ihm einen guten Morgen. »Na, hast du gut geschlafen, Charlie?«

Er fuhr mir mit seiner großen, weichen Zunge über das Gesicht, das konnte nur »Ja« heißen.

Schon fielen die ersten langen, goldenen Strahlen der Morgensonne auf das Zelt und verwandelten die winzigen Eiskristalle, die sich auf dem blauen Nylongewebe niedergelassen hatten, in funkelnde Diamanten. Ich räumte ein bißchen herum und versuchte auf diese Weise, meine Hände beweglich zu machen, damit ich den Kocher anzünden konnte. Aber die Schmerzen in meinen Fingerspitzen waren so stark, daß dies überhaupt nicht möglich war. Ich mußte mir überlegen, wie ich mit Handflächen und -gelenken die Gasflasche an den Kocher anschließen konnte. Es kostete einige Geduld, aber schließlich klappte es. Der Kocher bullerte los, so laut wie ein Schweißbrenner, und ich suchte mir einen Platz, von dem aus ich Charlie sehen konnte, für den Fall, daß er mich vor einem Bären warnen wollte. Denn neben dem lauten Ofen konnte ich nichts anderes hören. Ich stellte den Topf mit Eis auf den Kocher und fütterte Charlie. Ich hatte es eilig, von hier wegzukommen und wieder glattes Eis zu finden, wo die Sicht besser war. In dieser zerklüfteten Eiswüste hier war es einfach zu unsicher.

Das Wasser war lauwarm, als ich es über mein Müsli goß. Ich aß schnell, trank dann noch eine Tasse heiße Schokolade und ging daran, meinen Schlitten wieder zu beladen, während ich noch eine Ladung Eis für die Thermosflaschen auftauen ließ. Nach fünfundvierzig Minuten war alles gepackt, Charlie und ich waren zum Aufbruch bereit.

Die zerklüfteten Eisbrüche vor uns erstreckten sich, soweit das Auge reichte, aber es war jetzt möglich, um die Berge herumzufahren. Im Zickzack schlängelten sich Charlie und ich zwischen den Eissäulen hindurch, fanden immer irgendwo eine Spalte, die gerade breit genug war, um unsere Schlitten hindurchzulassen, ohne daß sie anstießen. Plötzlich jaulte Charlie auf, daß mir förmlich das Blut in den Adern erstarrte. Mir wäre beinahe das Herz stehengeblieben. Ich dachte, ein Bär hätte ihn erwischt. Dann erst sah ich, daß ich ihm mit einem Ski auf die Vorderpfote getreten war. Er stand da und hielt die Pfote hoch, und ich hielt an und rieb sie zwischen meinen Händen, um mich zu vergewissern, daß er sich nicht geschnitten hatte.

»Es tut mir wirklich leid, Charlie«, versicherte ich. Und da ging es ihm auf wunderbare Weise ganz plötzlich wieder gut. Erstaunlich, was man mit ein bißchen Aufmerksamkeit erreichen kann.

Eine weitere Stunde verging, dann konnte ich etwa eine halbe Meile voraus einen langen, sich von Osten nach Westen erstreckenden Eiskamm sehen, vor dem das Labyrinth aus Säulen und Türmen zu enden schien. Es war ein zehn Meilen langer, durch Druck aufgeworfener Kamm, der sich in Windungen von der Insel Bathurst bis zur Kalivic-Insel erstreckte. Er war etwa drei Meter hoch, an einigen Stellen sogar viereinhalb Meter. Sogenannte Druckkämme bilden sich dann, wenn die vorderen Kanten zweier Eisschollen oder treibender Eisfelder aufeinandertreffen und dabei unter so ungeheurem Druck aufeinanderprallen, daß die Ränder bröckeln und brechen und nach oben getrieben werden, so daß sich aus den Bruchstücken zackige, unregelmäßige Kämme bilden. Manchmal wird der Druck auch nach unten geleitet und erzeugt einen Kamm unter der Wasseroberfläche. Ich hatte nicht damit gerechnet, in dieser Gegend einen Kamm solcher Größe vorzufinden, aber das Eis ist eben unberechenbar und verändert sein Gesicht von Jahr zu Jahr. Ich befand mich auf halbem Weg zwischen den beiden Inseln. Hier schien der Kamm am höchsten zu sein. Weiter draußen, näher an Bathurst und Kalivic, erschien er mir niedriger. Aber bis dorthin war es noch ein langer Weg. Vielleicht würde ich in der Nähe eine Spalte finden.

Die Spuren eines großen Eisbären und die zierlichen Fußabdrücke eines arktischen Fuchses kreuzten unseren Weg. Sie sahen noch ziemlich frisch aus. Von den Tieren selbst war nichts zu sehen, darum ging ich weiter, aber ich war nervös. Charlie senkte eifrig schnüffelnd seine schwarze Nase zum Eis hinunter, um den Bärenspuren zu folgen. Ich riß mit aller Kraft an seiner Kette; er sollte sich nur ja nicht einbilden, er könnte jetzt mit mir im Schlepptau den Bären hinterherrennen. Es wurde ein Kampf, ein regelrechtes Tauziehen. Ich siegte erst, nachdem ich ihn mehrmals angeschrien hatte: »Nein, Charlie!« Und: »Hierher! Charlie!« Charlie gab sich schließlich geschlagen, aber er strafte mich mit einem langen scheelen Blick, der mir deutlich sagte, daß es mir in seinen Augen an Phantasie mangelte. Ich hatte mich wie eine Spielverderberin verhalten, und das schätzte er offensichtlich gar nicht.

»Charlie«, erklärte ich ihm, »wir müssen versuchen, den Bären aus dem Weg zu gehen, nicht nach ihnen zu suchen.«

Auch auf dreißig Meter Entfernung konnte ich noch keine Spalten entdecken, aber es gab hohe Schneewehen, die wie Rampen an der Seite des Kamms aufgeschichtet waren. Zu meiner Linken entdeckte ich eine kleine Höhle, die einmal bewohnt gewesen, jetzt aber eingestürzt war. Bären- und Fuchsspuren verliefen überall kreuz und quer. Ich sah einen großen Blutfleck und die Überreste eines Seehunds, die etwa einen Meter vor der Höhle lagen. In freudiger Aufregung versuchte Charlie, mich dorthin zu schleppen, und ich gab nach und beteiligte mich an seinen Erkundungen. Hier war einmal ein kreisrundes Atemloch für Seehunde gewesen. Der Wind hatte Schnee darübergeweht, und mit der Zeit hatte sich eine Höhle gebildet, deren unglückliche Bewohner nun ein grausiges Ende gefunden hatten.

Seehunde sind die bevorzugte Nahrung der Eisbären. Die Ringelrobbe, so genannt wegen der hellen Ringe auf der dunklen Haut, kommt in dieser Gegend am häufigsten vor. Diese Tiere leben im Meer unter dem Eis und kommen durch Löcher im Packeis, gewöhnlich in Spalten oder im dünneren Eis, an die Oberfläche, um Luft zu holen. Im Winter, wenn das Eis hart und dick wird, müssen die Robben ihre Atemlöcher durch ständiges Kratzen mit den kräftigen, gekrümmten Klauen ihrer Vorderflossen offenhalten. Getarnt sind diese Löcher meist durch Schneewehen. Mit der Zeit wird die Schneedecke so dick und fest, daß das weibliche Tier sich eine kleine Höhle ausheben kann, in dem es im Frühjahr ihr Junges zur Welt bringt.

Die Schneehöhle soll die Robbenmutter und ihr Junges vor dem suchenden Blick hungriger Eisbären schützen. Aber Eisbären besitzen einen stark ausgeprägten Geruchssinn und können ein solches Atemloch der Ringelrobbe sogar noch unter sechzig bis achtzig Zentimeter hohem Schnee wittern. Wenn ein Bär das Atemloch oder die Höhle eines Seehunds aufspürt, zerstört er es mit seinen massigen Vorderpranken und packt sich blitzschnell die Robbe oder ihr Junges. Die dicke Fettschicht unter der Haut des Seehunds ist das Leibgericht des Eisbären. Im allgemeinen folgen den Eisbären die Arktisfüchse, die sich von dem ernähren, was die größeren Tiere übriglassen. Hier, so schien es, hatten sowohl Bär als auch Fuchs gut gespeist.

Charlie gönnte sich ein kleines Picknick, kratzte das blutgetränkte Eis auf und kaute es genüßlich und fraß auch noch ein paar Happen von den Seehundresten. Als er sich aber dann auch noch im Blut wälzen wollte, reichte es mir. Ein Hund, der wie eine Robbe roch, würde Eisbären vermutlich eher anlokken als abschrecken. Wahrscheinlich gab es hier in der Gegend eine ganze Reihe solcher Atemlöcher, ein gutes Jagdrevier für Eisbären also. Für mich bedeutete das, daß ich diese Gegend so schnell wie möglich verlassen wollte.

Zu unserer Rechten befand sich eine verheißungsvoll aussehende Rampe aus festgefügtem Schnee, die bis zu halber Höhe des Druckkamms reichte. Auf beiden Seiten dieser Rampe war das gesprengte, zerklüftete Eis in einem holprigen Übereinander von Blöcken gestapelt, von denen manche anderthalb Meter und breiter waren. Ich legte meine Skier neben meinen Schlitten, nahm meine Eisaxt mit, um mich abstützen zu können, und kletterte die Rampe hinauf, um nach einem Weg über den Kamm zu suchen. Oben angelangt, sah ich, daß noch immer etwa ein Meter zwanzig unsicheren Brucheises blieb, das überwunden werden mußte. Es gab nur eine Möglichkeit, ich mußte mir einen Weg zur Höhe des Kamms freischlagen, meinen Schlitten hinaufziehen und ihn dann vorsichtig auf der anderen Seite hinunterlassen. Nach zwanzig Minuten harter Arbeit hatte ich einen brauchbaren Weg freigeschlagen. Ich kletterte wieder hinunter, machte am vorderen Griff meines Schlittens ein fünfzehn Meter langes Seil fest, umfaßte den soliden Griff und zog den Schlitten die Rampe hinauf. Jetzt kam der schwierige Teil. Während ich mit einer Hand den Schlitten festhielt und versuchte, das Gleichgewicht zu halten, um nicht wieder am Fuß der Rampe zu landen, schlang ich den Strick um einen massigen Eisblock. Dann ging ich vorsichtig um den Schlitten herum, um diesen, sobald ich mich hinter ihm befand, über die Kuppe zu stoßen. Aber plötzlich zog es mir die Füße weg, ich stürzte, mich mehrmals überschlagend, den Hang hinunter und landete direkt zu Charlies Füßen, der vor Schreck einen Satz nach hinten tat. Unverletzt, aber wütend auf Druckkämme und unhandliche Schlitten, rappelte ich mich wieder hoch, kletterte erneut nach oben, sehr viel vorsichtiger diesmal, und stieß den Schlitten über den Kamm. Ganz langsam ließ ich ihn dann an dem Strick auf der anderen Seite hinunter. Nun noch Charlies Schlitten, der kleiner und leichter war. Es ging ganz leicht, ihn nach der gleichen Methode hinaufzuziehen und hinüberzustoßen.

Die Eissäulen hatten wir jetzt hinter uns; vor uns dehnte sich glattes, ebenes Terrain. Doch noch während ich auf der Höhe des Kamms stand, fielen mir etwa eine halbe Meile entfernt merkwürdig aussehende Buckel im Eis auf. Es war halb zwölf Uhr mittags, als ich in diese Richtung aufbrach. Der Himmel war klar, und der Wind wehte mit einer Geschwindigkeit von zwölf Meilen pro Stunde. Die Temperatur war auf minus neununddreißig Grad gefallen, das bedeutete, daß die Temperatur im Wind minus fünfzig Grad betrug. Auf meiner Gesichtsmaske hatte sich eine mehr als zwei Zentimeter dicke Eisschicht gebildet, die mir die Maske fest ins Gesicht preßte. Meine Wimpern waren gefroren. Ich hatte langsam genug davon, die Welt nur noch durch einen Vorhang aus Eiszapfen zu sehen. Anfangs hatte ich versucht, sie einfach wegzureiben, aber jedesmal, wenn einer von diesen kleinen Eiszapfen abgebrochen war, hatte ich mir eine Wimper mit ausgerissen. Ohne Wimpern in die Zivilisation zurückkehren, unmöglich! Ich hörte sofort auf zu reiben. Auch hier draußen in der Eiswüste spielte die Eitelkeit noch eine Rolle.

Ich hatte es eilig, die eisschimmernden dunklen Buckel zu erreichen, die ich vor uns gesehen hatte. Meine Neugierde sollte bald befriedigt werden. Ungläubig starrte ich auf einen See aus Eis, der aussah, als hätte er brodelnd riesige Blasen geschlagen, die, jede etwa einen Meter achtzig im Durchmesser und sechzig Zentimeter hoch, in der Kälte zu Eisbuckeln erstarrt waren. Der Schnee war vom Wind weggefegt worden, und zurückgeblieben war eine glatte, glänzende, dunkelblaugrüne Fläche mit feinen Streifen und Ringen aus festgefrorenem Schnee rund um die Buckel. Es war altes, vieljähriges Eis, vielleicht sechs Meter dick, steinhart, von Wind und Sonne glattgeschliffen.

Ich hatte immer noch die synthetischen Felle unter meinen Skiern, mit denen ich aufgebrochen war. Sie waren hilfreich. Sie verliehen meinen Skiern die zusätzliche Griffigkeit, die ich brauchte, um meinen Schlitten ziehen zu können. Diese glänzenden, glatten Buckel jedoch würden die wahre Bewährungsprobe bringen. Charlie hatte bisher mit dem Gehen keinerlei Probleme gehabt, aber ich war doch gespannt, wie er auf dem harten, nackten Eis, das vor uns lag, vorwärts kommen würde.

Die Insel Kalivic hatten wir bereits passiert. Da ich im Osten nichts als Eisbuckel sehen konnte, beschloß ich, mich mehr westlich zu halten, in Richtung Bathurst, um einen Weg um diese merkwürdigen Buckel herum zu finden. Anfangs blieb ich auf dem festen Schnee rund um die Ränder der Buckel, um möglichst griffigen Boden unter den Skiern zu haben. Aber nach dem stundenlangen Slalom durch die zerklüfteten Eismassen, die wir gerade erst hinter uns gelassen hatten, lechzte ich förmlich danach, endlich auf meinen Skiern drauflosaufen zu können und ein ordentliches Pensum zu schaffen. Ich beschloß, den Eisbuckeln nicht länger auszuweichen.

Indem ich mich fest auf meine Skier stellte und mit dem ganzen Gewicht nach unten drückte, um möglichst viel Bodenhaftung zu haben, gelang es mir, auf der einen Flanke eines Buckels hinaufzusteigen und dann auf der anderen hinunterzugleiten. Der Schlitten vollführte oben auf dem Buckelkamm jedesmal einen Balanceakt, ehe er in rasender Fahrt den Hang hinunterschoß und gegen die Enden meiner Skier prallte. Charlie blieb während der Prozedur, so gut es ging, an meiner Seite. Ich konzentrierte mich so ausschließlich darauf, auf den Beinen zu bleiben und meinem rasenden Schlitten auszuweichen, daß mir zunächst gar nicht auffiel, wie stark Charlie zur Seite zog. Schließlich jedoch eroberte er sich meine Aufmerksamkeit, indem er einmal kurz an seiner Kette riß, nach rechts auf einen Schneefleck sprang und stehenblieb. Ich war froh, daß er seine Gedanken nicht äußern konnte. Mit finsterem Blick und hängenden Ohren stand er da. Sein Gesichtsausdruck sagte mir klar, daß er nicht bereit war, bei dieser sturen Geradeaustaktik länger mitzumachen. Er hatte die größte Mühe, auf dem glatten Eis der Buckel Halt zu finden, und wenn er weiterging, dann nur auf dem Weg um die Buckel herum.

Mir war bereits klargeworden, daß meine Taktik nicht brauchbar war. Die Schlitten waren gefährlich. Es hätte gerade noch gefehlt, daß Charlie oder ich uns hier ein Bein brachen. Ich hatte ein entsetzlich schlechtes Gewissen, daß ich so ungeduldig gewesen war und der Geschwindigkeit mehr Wichtigkeit beigemessen hatte als der Sicherheit. Es war an der Zeit, eine Rast einzulegen und die Sache mit Charlie zu klären. Am ehesten konnte ich wahrscheinlich auf Verzeihung hoffen, wenn ich ihm etwas zu fressen gab. Ich schnallte meine Skier ab, schlüpfte aus dem Schlittengeschirr und zog den Beutel mit der Tagesration von meinem Schlitten. Dann setzte ich mich auf seinen Schlitten, legte ihm den Arm um den kräftigen Körper und steckte ihm ein paar Cracker und Erdnußbutterpralinen zu. »Sei mir nicht böse, Charlie, es tut mir wirklich leid«, sagte ich und kraulte seinen Kopf, während er fraß. Augenblicklich wich der finstere Blick dem Bettlerblick. Alles war wieder gut zwischen uns. Ich bekam gerade noch ein paar Erdnußbutterpralinen ab, ehe er die ganze Tagesration verspeist hatte.

Und weiter ging es. Unsere Schlitten hinter uns herziehend, folgten wir den schneebedeckten Rändern rund um die Eisbukkel und bewegten uns dabei langsam nach Westen, auf die Insel Bathurst zu. Kalivic im Osten hatte ich bereits auf der Karte abgehakt und konnte jetzt Goodsir Inlet auf Bathurst erkennen. Die Küste war immer noch sehr flach, und meiner Karte nach schien der Meeresarm über eine Entfernung von etwa einer Meile landeinwärts nahezu auf Meereshöhe zu liegen. Die Karten zeigten dort auch eine Flußmündung, aber sie war gefroren und im weißen gleißenden Licht des Nachmittags unmöglich zu erkennen. Ich befand mich eine Meile vor der Küste, immer noch auf Kurs landeinwärts.

Das gleißende Licht war ein Problem. Im Lauf des Nachmittags begann ich immer häufiger zu blinzeln, um im grellen, funkelnden Licht nach Orientierungspunkten und Eisbären Ausschau zu halten. Meine doppelglasige Skibrille war nur lästig. Die Gläser beschlugen andauernd, und der feuchte Niederschlag wurde schnell zu Eis. Als ich es mit dem alten Bergsteigertrick versuchte und Speichel auf der Innenseite der Gläser verschmierte, gefror auch dieser sofort, und ich mußte ihn wieder abkratzen. Außerdem war mein Blickfeld dadurch, daß die Brille seitlich geschlossen war, stark eingeschränkt. Ich hatte das Gefühl, Scheuklappen zu tragen, und die Vorstellung, direkt neben mir könnte sich ein Bär befinden, ohne daß ich es sah, trieb mich fast zum Wahnsinn. Aber jedesmal, wenn ich versuchte, ohne die Brille auszukommen, fingen meine Augen im grellen Licht sofort an zu brennen, und ich mußte sie wieder aufsetzen. Ich war erst den dritten Tag unterwegs, und wieder hatte mich die Angst vor den Eisbären im Griff. Streng hielt ich mir vor, daß ich den Pol nur erreichen würde, wenn ich Herrin meiner Emotionen blieb.

Ungefähr vier Stunden, nachdem wir das erste Mal mit diesen Eisbuckeln Bekanntschaft gemacht hatten, nahm ihre Zahl allmählich ab, und die Packeisflächen zwischen ihnen wurden immer größer. Ich war nicht einmal eine halbe Meile von der Küste der Insel Bathurst entfernt, in einem Übergangsgebiet zwischen dem rauhen, zerklüfteten Küsteneis und dem älteren, dickeren Meereis. Ehe ich abschwenkte, um der Küste nach Norden zu folgen, prüfte ich das Meßrad, das hinten an meinem Schlitten angebracht war. Mit jeder Umdrehung des

Metallrads wurde ein Zähler bewegt, der mir die Zahl der Meilen angab, die ich zurückgelegt hatte. Es war schon halb fünf Uhr, aber ich hatte bisher erst fünf Meilen bewältigt. So viel Anstrengung und so wenig Erfolg.

Um so schlimmer, daß ich auch vor uns nur rauhes, zerklüftetes Eis sah. Eigentlich hätte dieses Gebiet glatt und eben sein sollen – zumindest besagten das die Berichte vom vergangenen Jahr. Da außer mir in dieser Jahreszeit niemand zum magnetischen Nordpol gereist war, war es mir nicht möglich gewesen, neuere Informationen über die Eisbedingungen zu bekommen. Ich konnte mich nur auf einen Bericht des Wetteramts stützen und auf das, was zwei Bradley-Piloten mir gesagt hatten: »An der Küste von Bathurst scheint das Eis in diesem Jahr stärker zerklüftet zu sein und unter höherem Druck zu stehen.« Bisher hatten sie recht behalten. Auch Bezal im Basiscamp hatte mich gewarnt, daß das Eis in diesem Jahr möglicherweise unwegsamer sei. Aber ihm machte auch der Wind Sorgen. Er nannte diese Route zum magnetischen Nordpol einen Windtunnel. Doch bisher hatte der Wind auf meiner Reise noch kaum Bedeutung gehabt. Vielleicht würde ich bis zum Schluß solches Glück haben. Ich beschloß, noch zwei Meilen zu marschieren, dann das Lager aufzuschlagen. Meine Maske war kalt und begann, an meinem Gesicht festzufrieren. Dennoch schützte sie vor dem eisigen Wind.

Ich stieß auf einen weiteren Druckkamm, der allerdings nur ungefähr einen Meter hoch war und zwischen den Eisblöcken breite, leicht gangbare Spalten bot.

»Das ist eher was für uns, Charlie«, sagte ich erleichtert.

Auf der anderen Seite jedoch sah ich nichts als ein riesiges Gebiet gebrochenen, aufgeworfenen Eises, das sich nach Norden, Osten und Westen dehnte. Die Sonne, die schon tief über Bathurst stand, breitete einen goldenen Glanz über hohe Eisspitzen, die lange, geisterhafte Schatten warfen. Und Dunst aus Eiskristallen, auch er von der untergehenden Sonne golden gefärbt, breitete sich sanft über der flachen Küste der Insel Bathurst aus. Es war ein unwirkliches, unirdisches Bild, das sich mir da bot. Niemals hätte eine Fotografie die kalte, nackte Schönheit einer solchen Eislandschaft einfangen können, die vom Menschen noch völlig unberührt und unverdorben war.

Mit Charlie an meiner Seite stand ich da und ging keinen Schritt weiter. Ich fürchtete mich davor, in diesen schweigenden Wald dunkler Schatten zu treten, der auf unserem Weg lag. Dort drinnen würde ich einen Eisbären erst sehen, wenn er schon zu nahe war. Ein Gefühl der Verletzlichkeit überkam mich, und ich mußte an Bill denken. Er wußte von den drei Bären am gestrigen Tag und würde sich um uns sorgen. Meine Furcht wurde noch dadurch verstärkt, daß Charlie seit mindestens einer halben Stunde mit witternd erhobenem Kopf neben mir hergelaufen war. Ich konnte nirgends etwas sehen, aber vielleicht wußte er, daß dort draußen etwas lauerte.

Während ich auf meine Skistöcke gestützt dastand und voraus in das Schattengebiet blickte, das wir durchqueren mußten, sprach ich mit Charlie, um mir meine Ängste von der Seele zu reden.

»Es ist schrecklich unheimlich hier, Charlie, aber wenn wir zum Pol wollen, müssen wir hier durch. Wir werden uns doch nicht von ein paar Bären und ein paar Schatten abhalten lassen.«

Der Klang meiner eigenen Stimme machte mir wieder Mut. Ich legte meine Arme um Charlie und drückte ihn fest an mich. Jetzt wirkten die Schatten vor uns lange nicht mehr so beängstigend. Es war Zeit zum Aufbruch. Wir traten in die ersten langen Schatten hinein. Unheimlich war es immer noch, aber ich hatte meine Gefühle wieder im Griff.

Wir marschierten, ohne eine Pause zu machen, bis wir das Schattengebiet durchquert hatten. Die ganze Zeit jedoch witterte Charlie weiter nach Osten. Das machte mir angst. Was suchte er dort? Wenn da draußen irgendwo ein Bär sein sollte, so schien er ständig mit uns auf gleicher Höhe zu bleiben. Aber vielleicht war es ja ein Fuchs. Ich sagte mir, solange nicht das Gegenteil bewiesen sei, würde ich einfach annehmen, daß es sich um einen Fuchs handelte. Damit konnte ich besser fertig werden.

Zwischen den schiefen Türmen und Blöcken aus Eis lagen einige glatte Eisfelder, vielleicht sechzig bis hundert Meter breit. Und vor uns erhob sich ein Eisberg von etwa zehn Meter Höhe. Er stammte von einem fernen Gletscher und stand nun eingesperrt in der erdrückenden Umklammerung des Packeises, Gefangener bis zur sommerlichen Schneeschmelze. Ein breiter Ring glatten Eises umgab ihn, ein guter Lagerplatz mit guter Sicht.

Die Sonne war untergegangen, und die Temperaturen fielen, hielten sich jedoch immer noch bei etwa dreißig Grad minus. Die extreme Lufttrockenheit gab einem das Gefühl, es sei wesentlich kälter. Ich schaffte es, die Gesichtsmaske abzunehmen, ohne meine Haut zu verletzen. Sie war ein einziger eiskalter, starr gefrorener Klumpen. Heute abend mußte ich die Maske auftauen und meine Jacke reparieren. Zwischen dem Jackenfutter und dem Außenmaterial hatten sich Eiskristalle gebildet. Infolge des Eises konnte ich kaum noch die Arme beugen. Die Jacke war mir zur Zwangsjacke geworden.

Ich machte mich an die Arbeit – baute das Zelt auf, fütterte Charlie, kochte und aß dann zu Abend. Charlie jedoch war immer noch unruhig. Er fraß zwar etwas, ließ aber den Rest seines Futters stehen, um wiederum aufmerksam nach Osten zu spähen. Irgend etwas beunruhigte ihn. Selbst nach diesem langen, anstrengenden Tag wollte er sich weder setzen noch hinlegen. Ich legte in etwa fünfzehn Meter Entfernung Skier, Eisaxt und Ersatzstöcke im Kreis um das Zelt herum. Ich hoffte, ein nahender Bär würde so neugierig sein, erst einmal anzuhalten, um diese Dinge zu inspizieren, bevor er sich dem Zelt zuwandte. Die Idee war zwar etwas dumm, da Charlie mich ja sofort warnen würde, wenn ein Bär so nahe kommen sollte. Aber sie war doch eine psychologische Hilfe.

Während ich im Zelt war und meine Maske über dem Kocher auftaute, behielt ich Charlie, der vorn an der Tür saß, immer im Auge. Als nächstes kam die Jacke an die Reihe. Sie hatte eine Kapuze und war aus schwarz-rotem, windfestem Material, vorn mit einem durchgehenden Reißverschluß. Am Reißverschluß entlang hatte sich eine dicke Eisschicht gebildet; sie schmolz in der Wärme zu einer Dampfwolke, die beinahe augenblicklich zu Eiskristallen gefror und im Inneren des Zelts einen eisigen Nebel bildete. Tagsüber war der Reißverschluß immer wieder gefroren und hatte sich dann verklemmt. Als ich versuchte, ihn zu öffnen, mußte ich sehr vorsichtig sein, um nicht die einzelnen Metallzähne abzubrechen. Dank der dicken Eisschicht stand die Jacke fast von allein. Ich trennte am Anfang und Ende des Reißverschlusses das Futter ein Stück auf, damit das Eis herausfallen konnte, sobald es sich bildete. Das sah zwar ein bißchen unordentlich aus, war aber weit zweckmäßiger. Zum Wandern war die Jacke hervorragend geeignet. Aber immer wenn ich Rast machte, zog ich noch meine dicke Daunenjacke darüber, um trotz der eisigen Kälte warm zu bleiben. Beim Skifahren allerdings konnte ich den Parka nicht tragen, dazu war er zu sperrig und zu warm.

Um acht Uhr funkte ich die Basisstation an, um Terry meine Position durchzugeben und Bill eine Nachricht zu schicken. Terry sagte mir, daß Bill angerufen hatte und mich grüßen ließ. Diese täglichen Botschaften, die über Telefon und Funk an mich weitergegeben wurden, waren ein Trost, auf den ich mich stets freute.

Als ich das Gerät ausgeschaltet hatte, bemerkte ich, daß Charlie immer noch Wache stand. Solange ich nicht selbst herausgefunden hatte, was es dort draußen zu beobachten gab, würde ich nicht schlafen können. In meinem dicken

Parka setzte ich mich draußen auf den Schlitten, das Gesicht Charlie zugewandt, Gewehr und Leuchtpistole in greifbarer Nähe, und schlug mein Tagebuch auf, um zu schreiben. Da der Kugelschreiber eingefroren war, holte ich mir einen der vielen Bleistifte, die ich dabei hatte. Meine Handschrift war in dieser Kälte noch schlechter als normal, aber es war wichtig, die Erlebnisse und Gedanken des Tages sofort und genau festzuhalten.

»Seit drei Tagen stehe ich jetzt ununterbrochen unter schrecklicher, nervenaufreibender Angst«, schrieb ich, »und frage mich, ob Mut nicht als die Gabe zu definieren ist, erfolgreich mit den eigenen Ängsten umgehen zu können. Ich hoffe, ich werde am Ende dieser Expedition nicht nur noch am Leben sein, sondern auch von mir behaupten können, daß ich Mut habe.«

Plötzlich begann Charlie leise zu knurren. Ich ließ das Tagebuch fallen, packte die Flinte und die Leuchtpistole und trat schnell zu Charlie. Mit zusammengekniffenen Augen spähte ich durch das graue Licht, konnte aber nichts erkennen. Charlies Knurren wurde lauter. Plötzlich nahm ich neben einem Eisblock, der die Größe eines Autos hatte, eine Bewegung wahr. Der ausgewachsene Bär stand etwa zweihundert Meter von uns entfernt und schaute direkt zu uns herüber. Charlie stand regungslos. Erst als der Bär begann, sich auf uns zuzubewegen, erwachte Charlie mit wildem Knurren aus seiner Reglosigkeit. Der Bär machte sofort einen Rückzieher, und Charlie, anscheinend zufrieden, hörte zu knurren auf. Der Bär, der immer noch zweihundert Meter von uns entfernt war, bewegte sich jetzt nach Süden, aber dann blieb er stehen, als dächte er daran, wieder näher zu kommen. Sofort antwortete Charlie wieder mit grimmigem Knurren. Daraufhin schien der Bär es für klüger zu halten, sich zu verziehen, und trabte in schnellem Tempo nach Süden davon. Ich vermutete, daß er uns seit mehreren Stunden mit einigem Seitenabstand gefolgt war.

Charlie hatte ihn offensichtlich die ganze Zeit gewittert, aber auch gespürt, daß er nur neugierig war. Er hatte erst zu knurren begonnen, als der Bär es gewagt hatte, auf uns zuzukommen.

Ich war ungeheuer erleichtert und wieder einmal tief dankbar dafür, Charlie zu haben. Er war jetzt ruhig und entspannt und ging daran, den Rest seines Abendessens zu fressen, offensichtlich zufrieden, ein weiteres Bärenkapitel abgeschlossen zu haben. Kurz bevor er sich zum Schlaf zusammenrollte, umarmte ich ihn noch einmal und wünschte ihm eine gute Nacht. Wie sehr ich mir wünschte, ein solches Gefühl für Bären zu haben wie er! Er konnte offensichtlich genau den Unterschied zwischen einem aggressiven, gefährlichen Bären und einem, der nur neugierig war, erspüren.

Es war elf Uhr. Das blasse Licht des Vollmonds lag glitzernd auf dem Eis. Voller Zuversicht, daß wir diesen neugierigen Bären nicht mehr zu Gesicht bekommen würden, kroch ich in meinen Schlafsack und verbrachte meine bisher beste Nacht im Eis.

VIERTER TAG

Sechs Uhr morgens, und alles war still. Es war ein kalter, aber klarer Tag. Ich konnte mich glücklich schätzen, meinen Marsch in einer Hochdruckperiode angetreten zu haben. Sie brachte zwar kalte Temperaturen und leichte Gegenwinde mit sich, dafür aber auch gute Sicht. Der nahegelegene Eisberg sah im Licht des frühen Morgens wie ein mittelalterliches Schloß aus, mit glatten Mauern und zackigen Türmen. Er wirkte einsam, als hätte er sich aus heimischer Umgebung entfernt und fände sich nun gefangen, unfähig, zurückzukehren.

Langsam gewöhnte ich mich an das wechselnde Licht der Arktis und die vielfältigen Effekte, die es im Eis hervorrief.

Anfangs, wenn sie sich still über das Eis senkten, waren die abendlichen Schatten sanft und weich, verdüsterten sich dann aber zu einem kalten, harten Grau, das schließlich dem sanften goldenen Glanz des frühen Morgens wich, der sich wiederum in das grelle Gleißen des Mittagslichts verwandelte.

Da stand ich nun, das einzige menschliche Wesen in der stets wechselnden Schönheit der Arktis. So schön diese Landschaft war, ich fühlte mich sehr klein und allein in dieser Weite, die nach allen Seiten endlos zu sein schien.

Mit der Karte auf dem Schoß setzte ich mich auf Charlies Schlitten, um die Pläne für den kommenden Tag mit ihm zu besprechen. Eine Stunde später war alles gepackt, und wir waren wieder unterwegs. Ich hoffte, an diesem Tag einen leicht gangbaren Weg durch das Eis zu finden, damit wir wenigstens bis Black Point am Rand des Goodsir Inlet kommen würden. Es war elf Meilen entfernt, ein guter Ausgangspunkt für den fünfzehn Meilen langen Marsch über den Meeresarm, den ich bei klarem Wetter am folgenden Tag antreten wollte. Auf halbem Weg etwa würde ich den Eisbären-Paß überqueren müssen, ein Gebiet, das für das Vorkommen von Eisbären bekannt war.

»Spätestens dort«, hatten die Inuit mich gewarnt, »können Sie um diese Jahreszeit mit Problemen rechnen. Sowohl nördlich als auch südlich vom Paß.«

Ich fand, ich hätte bereits mein gerüttelt Maß an Problemen mit Bären genossen. Ich wollte dieses Gebiet darum so schnell wie möglich hinter mich bringen, allein schon der Name des Ortes machte mir angst. Ich nahm mir vor, bis morgen einfach nicht daran zu denken.

Bald war ich etwa eine halbe Meile von der Ostküste der Insel Bathurst entfernt. Im Osten konnte ich keine Verbesserung der Eisverhältnisse erkennen und entschied mich deshalb dafür, weiterhin geradeaus zu gehen, in der Hoffnung, daß es später leichter werden würde. Wir kreuzten mehrere Bärenspuren. Einige waren groß, aber eine war wirklich gigantisch, fast dreißig Zentimeter breit.

»Hoffentlich laufen wir nicht dem Bären in die Arme, von dem diese Spuren stammen«, sagte ich zu Charlie.

Ab und zu hielt Charlie an und grub wie ein Verrückter im Eis. Seine Vorderpfoten wurden dabei die reinsten Schaufeln. Jedes unter dem Schnee begrabene Robbenloch, an dem wir vorbeikamen, spürte er mit seiner empfindlichen Nase auf und wollte es sofort erkunden. Ich verdarb ihm den Spaß, indem ich stur weiterging. Für die Erforschung von Robbenlöchern hatte ich jetzt weiß Gott keine Zeit. Wir kamen an ein paar freigelegten Löchern vorüber, an denen das Eis auseinandergebrochen war; eine dünnere Eisdecke hatte sich über die Bruchstellen gelegt, so daß es hier für die Robbe leichter war, sich ein Atemloch offenzuhalten. Eines dieser Löcher war von Bärenspuren umgeben. Ich fragte mich, ob die Robbe mit heiler Haut davongekommen war.

Überall trafen wir auf Spuren von Eisfüchsen, und ich sah auch mehrere dieser Tiere. Immer waren sie allein, huschten schnell und nervös zwischen den Eisblöcken hindurch, Kopf und Körper flach am Boden, den langen weißen buschigen Schweif hoch aufgerichtet. Sie boten einen wunderschönen Anblick. Die kleinen spitzen Gesichter schienen für diese rauhe Gegend zu zart und zu zierlich. Manchmal hielten die Füchse kurz an, um Charlie und mich in Augenschein zu nehmen, dann verschwanden sie lautlos wieder im zerklüfteten Eis. Ich bin überzeugt, wir wurden häufiger beobachtet, als wir es bemerkten. Charlie bekundete nur mildes Interesse an den Füchsen. Er wäre viel lieber auf ein paar Eisbären gestoßen. Mir Hasenherziger reichten die Füchse vollkommen. Im Lauf des Vormittags wurde der Wind stärker und erreichte etwa fünfzehn Meilen pro Stunde. Er wehte mir aus Norden direkt ins Gesicht. Trockener, feinkörniger Schnee trieb über das Eis auf uns zu, jedoch so tief am Boden, daß meine Sicht davon nicht behindert wurde. Meine Wimpern waren vereist wie immer, meine Gesichtsmaske begann bereits wieder festzufrieren, aber ich lernte allmählich, diese Dinge als normal anzusehen.

Es war mir inzwischen – am vierten Tag der Expedition – unmöglich geworden, eine Beziehung zu den Dingen herzustellen, die ich zu Hause zurückgelassen hatte. Es fiel mir schwer, mir eine heiße Dusche vorzustellen, ein weiches Bett, ein richtiges Haus. Ich konnte den Sinn des Einkaufens, das zum Alltag unserer Zivilisation gehört, nicht mehr begreifen. Hier draußen ging es einzig um mein emotionales und körperliches Überleben. Ich war mit meiner neuen Umwelt völlig eins geworden. Dies, zusammen mit der uneingeschränkten Konzentration, die ich ständig aufbringen mußte, um angemessen vorauszuplanen und keine tödlichen Fehler zu begehen, ließ für ein anderes Leben keinen Raum.

Ich begann außerdem sehr rasch, mein Zeitgefühl zu verlieren. Um dagegenzuwirken, blieb ich immer wieder stehen und sagte mir laut vor, welches Datum wir hatten, wie spät es auf meiner Uhr war, der wievielte Tag meiner Expedition es war. Indem ich die Zeit verbalisierte, holte ich sie in mein Bewußtsein zurück, und ich beschloß, dieses Ritual jeden Morgen vor dem Aufbruch zu wiederholen, um mein Zeitgefühl zu erhalten. Niemand hatte mich vor diesen psychologischen Veränderungen gewarnt, aber ich nahm sie als gutes Zeichen dafür, daß ich tatsächlich völlig darauf konzentriert war, mein Leben zu erhalten, und somit auch erwarten konnte, daß es mir erhalten bleiben würde.

Das Eis war nicht besser geworden. Es war schwierig, die niedrig gelegenen Orientierungspunkte an der Küste von Bathurst zu meiner Linken zu erkennen. Dem Meilenzählrad zufolge, das hinten an meinem Schlitten angebracht war, kam ich gut voran. Es war erst Mittag, und ich hatte schon sieben Meilen zurückgelegt. Aber dann kamen mir Zweifel. Ich konnte eine der Inselküste vorgelagerte Landzunge erkennen, in deren Mitte sich eine zugefrorene Flußmündung befand. Auf meiner Karte jedoch war der Fluß nicht halb so weit entfernt, wie ich dem Meilenrad zufolge an diesem Tag bereits marschiert war. Ich wußte nicht, wem ich trauen sollte, der Karte oder dem Meilenzähler. Ich konnte nur hoffen und vertraute dem Meilenzähler.

Ich lief weiter und suchte in dem grellen weißen Licht nach anderen Orientierungspunkten. Der Wind war eiskalt und beißend, obwohl die Sonne schien. Als ich zehn Meilen hinter mir hatte, beschloß ich, mich mehr nach Osten zu wenden; ich hoffte, dort glatteres Eis vorzufinden. Ich hatte die zerklüfteten, zackigen Blöcke herzlich satt. Das Vorwärtskommen war mühsam und enervierend, und ich wußte nicht, wie weit die Landzunge Black Point nun tatsächlich noch entfernt war.

Die Küste von Bathurst erhob sich auf eine Höhe von mehr als dreißig Metern, der geeignete Ort, um besseren Überblick über meine unmittelbare Umgebung zu gewinnen. Ich bewegte mich also in diese Richtung. Das Eis wurde dünner, es war von Sprüngen und Spalten durchzogen, knackte und knarzte unter meinen Skiern. Ich nahm Kurs auf eine schneeeige Rampe, die recht verheißungsvoll aussah. Sie führte vom Meereis zum eisbedeckten Festland hinauf. Nachdem ich Charlie hinten an meinen Schlitten gebunden hatte, zog ich den Schlitten mit der Hand die Rampe hinauf, während er den seinen zog.

Am Ende der Rampe, etwa fünfzehn Meter hoch, befand sich ein breiter, ebener Sims. Vor uns ragte eine weitere Erhebung von etwa gut zwanzig Metern in die Höhe, ebenfalls mit einem flachen Sims, der sogar noch breiter war. Je höher ich stieg, desto schärfer blies der eisige Wind. Um diesem schneidenden Wind möglichst wenig ausgesetzt zu sein, beschloß ich, Charlie bei den beiden Schlitten zurückzulassen und so schnell wie möglich allein den Hang hinaufzulaufen, um mich umzusehen. Ich hatte noch keine fünf Meter hinter mir, als ein lautes, jämmerliches Heulen mich aufhielt. Charlie war gekränkt darüber, daß ich ihn allein ließ. Einen zweiten solchen Heuler hätte ich nicht ertragen können. Ich hatte ein schlechtes Gewissen, daß ich ihn so unglücklich gemacht hatte. Ich machte also seine Kette los, und wir preschten gemeinsam los. Voller Wonne sprang er an mir hoch und wälzte sich auf dem Eis. Zweimal riß er mich um. Ich rappelte mich wieder auf und sagte: »Charlie, ich glaube, noch mehr Freude könnte ich nicht aushalten.«

Wir rannten den Hang hinauf, Charlie vorneweg an seiner Kette, ich hinterher, den rechten Arm, der mit Charlies Kette verbunden war, gerade ausgestreckt.

Oben auf dem Gipfel bot sich mir ein herrlicher Anblick. Dort drüben, gerade eine Viertelmeile entfernt, war Black Point und dahinter Goodsir Inlet. Ich hatte zwölf Meilen zurückgelegt und stellte mit Erleichterung fest, daß die Entfernung, die der Meilenzähler anzeigte, die richtige war. Der Fluß, den ich auf der Karte gesehen hatte, war weit näher beim Black Point, als ich vermutete.

Ich hielt nach Osten und Norden nach glatterem Eis Ausschau. Weite Flächen des öden, felsigen Landes, auf dem ich stand, waren mit hartgefrorenem, scharfkantigem Kies bedeckt, so daß es mir unmöglich sein würde, meinen Schlitten über die Insel zu ziehen.

Ich sah, daß ich mir meinen Weg etwa eine Meile seewärts würde suchen müssen, wo sich zwischen dem zerklüfteten Meereis längere Strecken glatter Eisfelder zu befinden schienen.

Es war eiskalt und windig. Charlie und ich hatten keine Lust, noch länger auf der Anhöhe stehenzubleiben, und kehrten zu unseren Schlitten zurück. Ich schob sie beide rückwärts den Hang hinunter zum Meereis. Es war jetzt drei Uhr nachmittags, und mir war in dem auffrischenden Wind recht kalt geworden. Ich wollte den Weg über die Meereszunge so spät am Tag nicht mehr antreten. Lieber wollte ich am nächsten Tag in aller Frühe aufbrechen und mich beeilen, um noch am selben Tag die andere Seite zu erreichen. Ich hielt mich in nordöstlicher Richtung, bis ich etwa eine Meile vor der Küste war. Das würde für morgen ein guter Ausgangspunkt sein. Das Eis war auch hier immer noch rauh und zerklüftet, aber die zackigen Türme und Haufen waren nur zwischen sechzig und neunzig Zentimeter hoch und weit verstreut, so daß Charlie in der Nacht, wenn er auf Bärenwache war, gute Sicht haben würde.

Ich baute mein Zelt auf und stellte fest, daß mir die Verrichtung der morgendlichen und abendlichen Arbeiten schon zur Routine geworden war. Der Zustand meiner Finger hatte sich nicht gebessert, sie schmerzten immer noch sehr. Die dunkelroten Blasen waren weiterhin unverletzt und sahen wirklich grotesk aus. Aber zum Glück hatte sich nichts entzündet, und ich hoffte, die Sache würde bald abheilen.

Nach dem Abendessen kroch ich in meinen Schlafsack und setzte mich hin, um in mein Tagebuch zu schreiben. Ich mußte an den Eisbären-Paß denken. »Wie froh werde ich sein, wenn wir diesen Ort erst hinter uns gelassen haben«, schrieb ich. »Wir haben heute die Spuren von mindestens acht Tieren gekreuzt, und bei jeder einzelnen ist mir angst und bange geworden. Charlie findet es herrlich, wenn er auf Spuren stößt. Er hat dann nichts anderes im Sinn, als ihnen nachzulaufen und das Tier aufzuspüren, das sie hinterlassen hat. Eisbären sind die herrlichsten Tiere, die ich je gesehen habe, aber im Augenblick hoffe ich von Herzen, ich werde nie im Leben wieder einen zu Gesicht bekommen. Dies ist die erste Expedition, die ich unternommen habe, auf der ich ab und zu Anlaß habe, an meinem Überleben zu zweifeln. Aber ich habe natürlich gar keine andere Wahl, als am Leben zu bleiben. Schließlich warten Bill und meine Eltern auf mich, und außerdem muß ich natürlich Charlie sicher wieder nach Hause bringen.«

Ich streckte mich in meinem Schlafsack aus und dachte an Bill und meine Eltern. Ihre Liebe und Freundschaft war mir jetzt besonders wichtig. Ich freute mich darauf, Charlie mit nach Hause zu nehmen und als neues Mitglied der Familie einzuführen. Ich hatte ihn sehr schnell lieben gelernt und wußte, daß jeder seinem Charme erliegen würde. Ich hoffte nur, unsere anderen drei Hunde würden es nicht übelnehmen, wenn dieser große, schwarze Bursche das Regiment übernahm. Ich wußte, daß Charlie sich nie mit einer anderen Position als der des Rudelführers zufriedengeben würde.

Nach einer Weile schob ich die Gedanken an meine Familie weg. Dies war nicht der richtige Moment, um in Heimweh zu versinken. Ich war mutterseelenallein hier draußen in der Wildnis, mitten in einem von Eisbären dicht bevölkerten Gebiet, da durfte ich nur an Dinge denken, die mir guttaten. Alles andere mußte ich ignorieren. Von Bären umgeben, auf dem Weg über den Eisbären-Paß und weiter zum Pol, hielt ich mir wieder einmal vor, daß es für mich und mein Überleben das Wichtigste war, Herrin meiner Gefühle zu bleiben. Alles wäre ganz anders gewesen, wenn jemand dagewesen wäre, mit dem ich hätte reden können und der mit mir gemeinsam nach Bären Ausschau gehalten hätte. Dann jedoch gewann mein Realitätssinn wieder die Oberhand, und ich sagte laut vor mich hin: »Tatsache ist, daß ich allein bin und zu Fuß unterwegs bin. Ich werde alles so nehmen, wie es kommt.«

Nachdem ich mir das laut und deutlich gesagt hatte, war mir sofort lockerer und optimistischer zumute.

Ich beschloß, vor dem Schlafengehen noch einmal zu Charlie hinauszuschauen. Ich ging zu ihm hinüber und rief seinen Namen. Er hob den Kopf ein wenig, öffnete verschlafen ein Auge, senkte dann den Kopf wieder und schob die Nase unter seinen Schwanz. Tja, dachte ich, hier ist nicht mehr viel los, da kann ich eigentlich auch gleich zu Bett gehen. Ich streichelte ihn noch einmal und ging dann in mein Zelt zurück.

Der Wind hatte sich gelegt. Es war eine klare Nacht, und ich freute mich wieder einmal über mein Glück mit dem Wetter. Es sah auch für den morgigen Tag gut aus. Bevor ich wieder hineinging, wollte ich der »Toilette« einen letzten Besuch abstatten. Da derartige Einrichtungen natürlich fehlten und die Kälte mörderisch war, verließ ich mich auf Reißverschlüsse an den strategischen Stellen. Wenigstens brauchte man Störungen der Privatsphäre nicht zu befürchten.

FÜNFTER TAG

An diesem Tag hoffte ich, die fünfzehn Meilen von meinem Lagerplatz am Black Point bis zum Rapid Point zu bewältigen. Der Weg führte quer über Goodsir Inlet, den Meeresarm, der mit fünfzehn Meilen Breite neun Meilen tief in die Ostküste von Bathurst einschneidet. Und um Rapid Point zu erreichen, mußte ich die Ausläufer des Eisbären-Passes durchqueren, ein weites, tiefes Tal, das sich zwischen der West- und Ostküste von Bathurst über etwa zwanzig Meilen ausdehnt und die Insel in ungleiche Nord- und Südhälften zerschneidet. Das lange geschützte Tal liegt etwa siebenundzwanzig Meter über dem Meeresspiegel. Viele Bäche und Flüsse fließen aus den Bergen, die das Tal umgeben, in den großen Goodsir River, der in der Zeit der Sommerschmelze rasch nach Osten strömt, um in das Goodsir Inlet zu münden. Das geschützte Tal ist die Heimat vieler arktischer Tiere. Man findet dort unter anderem die weiblichen Eisbären, die hier mit ihren Jungen in Höhlen Unterschlupf suchen, den Moschusochsen, das Peary Karibu, den Lemming, den Schneehasen, den Polarfuchs und das Hermelin. Doch im April ist der Fluß gefroren, und das Tal dient den Eisbären als Verbindung, über die sie vom Meer aus auf der einen Seite Bathursts zum Meereis auf der anderen gelangen. Daher der Name Eisbären-Paß.

In den ersten fünf Tagen meiner Expedition und meines ständigen Ausschauhaltens nach Eisbären hatte ich in Alteisgebieten wie zum Beispiel der Landschaft von Eisbuckeln, die ich am dritten Tag durchquert hatte, niemals Eisbärenspuren gesehen. In Gebieten brüchigen und zerklüfteten Eises und rund um Druckkämme, insbesondere in der Nachbarschaft niedrigerer Kämme, hatte ich viele Spuren gesehen. Ganz eindeutig waren jene Gebiete, in denen die Robben ihre Atemlöcher hatten, die Jagdgründe der Eisbären.

Der Tag fing gut an. Ich beschloß, die klare Sicht auszunutzen und quer über die Bucht zu wandern, anstatt der Küste zu folgen. Ich stieß auf eine Folge von Eisschollen, manche an die hundert Meter breit, von zerklüftetem Eis umgeben, das durch den Aufeinanderprall der Schollenränder entstanden war. Sobald ich das Ende eines Eisfelds erreicht hatte, kletterte ich über den zerklüfteten Rand hinüber zur nächsten glatten Scholle, die nur ein paar Schritte entfernt war. Ich kam gut voran, obwohl ich einige hohe Eiswälle umgehen mußte, die sich mir in den Weg stellten. Alle hatten sie unterschiedliche Formen, alle leuchteten sie in den nun schon vertrauten Tönen blassen Blaus. Wir überquerten einige Sprünge im Eis, manche waren nur haarfein, andere klafften etwa fünfzehn Zentimeter auseinander. Diese breiteren Sprünge mochte Charlie gar nicht. Jedesmal zögerte er, gehorchte dann aber einem kräftigen Ruck an der Leine. Er hatte Angst, ins Wasser zu fallen. Es hätte mich interessiert, ob der Polarhund instinktiv vor dem eiskalten Wasser Respekt hat, da er weiß, daß ein Bad tödlich sein kann. Wir durchquerten die Ausläufer des Eisbären-Passes, und während ich so auf meinen Skiern dahinglitt, sagte ich zu Charlie: »Hätten sie das hier doch Eichhörnchen-Paß genannt. Damit könnte ich umgehen.«

Seit unserem Aufbruch früh um sieben Uhr hatte ich zwei Bärenspuren entdeckt. Inzwischen war es kurz vor zehn und fast schon wieder Zeit zu essen. Vor uns erhob sich ein größerer

Eisbuckel, vielleicht sechs Meter hoch. Er sah aus wie ein kleiner Eisberg. Ich beschloß, auf der anderen Seite anzuhalten und eine Rast einzulegen.

Vielleicht sechs Meter vor dem Eisberg blieb Charlie plötzlich mit gesträubtem Fell stehen und begann laut zu knurren. Für mich gab es keine Zweifel, daß wir es mit einem Bären zu tun hatten. Ich zog meine Skier aus, löste die Schlittenleinen von meinem Geschirr, packte das Gewehr und die Leuchtpistole und wartete mit Charlie, der immer noch an meinem Geschirr befestigt war. Böse knurrend stand er an der straffgespannten Leine und starrte unverwandt auf die Mauer aus Eis. Meine Nerven waren bis zum Zerreißen gespannt.

Plötzlich erschien hinter dem Eisberg ein ausgewachsener männlicher Bär, zögerte kurz, rannte dann mit unglaublicher Geschwindigkeit direkt auf meinen Schlitten zu. Mit einem einzigen kräftigen Schlag seiner großen Vorderpranke stürzte er das störende Objekt um, so leicht, als handelte es sich um einen Zahnstocher. Ich stand vor Angst wie angewurzelt. Charlies Knurren dröhnte mir in den Ohren. Jetzt erst, nur noch sechs Meter entfernt, schien der Bär mich zum ersten Mal zu bemerken und richtete sich halb auf den Hinterbeinen auf. Ich kam mir wie ein Zwerg neben ihm vor. Er ging zum Angriff über, und der Schreck mobilisierte mich endlich. Automatisch bewegte sich mein rechter Daumen, der auf dem Verschluß von Charlies Kette ruhte, abwärts. Charlie war frei. Ich ließ die Leuchtpistole fallen und hob das Gewehr, um einen Warnschuß abzugeben, und im selben Moment stürzte sich Charlie auf das rechte Hinterbein des Bären und verbiß sich in ihm.

Bei meinem Schuß ließ der Bär sich auf alle viere zurückfallen, und die Kugel zischte über seinen Kopf hinweg. Mit aufgerissenem Maul versuchte er jetzt alles, um an Charlie heranzukommen, aber der ließ nicht locker und verstand es, sich immer wieder diesen gefährlichen Zähnen zu entziehen. Wie die Wilden drehten sie sich im Kreis, bis der stärkere Bär sich schließlich von Charlie losriß und, von Charlie hitzig verfolgt, ins ferne Eis davonrannte.

Unendlich glücklich, noch am Leben zu sein, sah ich dem Bären und Charlie nach, die in der Ferne verschwanden. Aber meine Erleichterung war von kurzer Dauer. Charlie war weg. Würde er zurückkommen? Wie sollte ich ihn finden? Es hatte keinen Sinn, ihm nachzulaufen. Würde der Bär ihn vielleicht verletzen? So viele Fragen und keine Antworten. Ich war vollkommen verzweifelt. Nie in meinem Leben hatte ich solche Angst gehabt, dennoch war ich wie gelähmt. Ich stellte meinen Schlitten wieder auf und setzte mich, immer noch mit dem Gewehr in der Hand. Ich betete darum, daß Charlie zurückkommen würde. Nach einer Weile begann ich herumzulaufen, um warm zu bleiben, und spähte in die Ferne, immer in der Hoffnung, irgendwo Charlie zu sehen. Ich hatte keine Ahnung, wie lange ich warten konnte. Ich brachte es nicht über mich, darüber nachzudenken, was ich tun würde, wenn er nicht zurückkehren sollte. Ich dachte an den Bären. Keiner der anderen Bären, denen wir bisher begegnet waren, war so aggressiv gewesen. Er hatte sich schnell und lautlos bewegt, bis auf einen kurzen Moment unmittelbar vor seinem Angriff. Ich war mir ziemlich sicher, in diesem Augenblick ein Fauchen aus seinem offenen Maul gehört zu haben.

Plötzlich sah ich in der Ferne einen schwarzen Fleck. Konnte das Charlie sein? Er mußte es sein. Der schwarze Fleck wurde schnell größer. Es war tatsächlich Charlie. In langen anmutigen Sätzen flog er über das Eis direkt auf mich zu. Ich ließ mein Gewehr fallen und rannte ihm entgegen. Zwanzig Meter vom Rastplatz entfernt trafen wir zusammen, ein einziges Gewirr aus schwarzem Fell, Umarmungen und Küssen. Er hechelte heftig. Ich vergrub mein Gesicht in seinem dichten Nackenhaar und hätte am liebsten vor Freude geweint, aber das wagte ich nicht. Ich hatte meine Lektion am zweiten Tag gelernt, als ich geweint hatte und mir die Augen zugefroren waren. Statt dessen kehrten wir zu meinem Schlitten zurück und feierten mit Crackern und Erdnußbutterpralinen. Auf dem Rückweg hob ich mein Gewehr wieder auf.

Ich setzte mich auf meinen Schlitten, fütterte Charlie und dachte über den Zusammenstoß mit dem Bären nach. Die Szene schien mir eine Ewigkeit gedauert zu haben, es konnten jedoch nicht mehr als fünf Minuten gewesen sein, wahrscheinlich sogar weniger. Als ich den Schuß auf den Bären abgegeben hatte, war ich überzeugt gewesen, zum letzten Mittel greifen zu müssen, um mein Leben zu verteidigen; jetzt war ich froh, daß der Bär sich auf alle viere hatte fallen lassen und so der Kugel entkommen war. Es war besser so. Der Bär war unverletzt geblieben, und Charlie hatte ihn fortgejagt.

Ich fragte mich, was geschehen wäre, wenn ich mit meinem Schuß die Brust des Bären getroffen hätte. Ich wußte jetzt mit Sicherheit, daß es sehr gefährlich war, einen Bären aus nächster Nähe zu verwunden. Dieser Bär hatte mehr Kraft, Wut und Geschwindigkeit an den Tag gelegt, als ich mir je vorgestellt hatte. Wie er sich plötzlich aufgerichtet hatte, das hatte mich überrascht. Ich konnte nur den Kopf schütteln, als ich mir überlegte, wie gering meine Möglichkeiten waren, mich gegen einen Bären zu wehren, der plötzlich aus nächster Nähe aus dem Eis auftauchte und angriff. Charlie hatte keine Spur von Angst gezeigt. Er hatte regelrecht darauf gebrannt, zu zeigen, was er konnte. Als er zu hecheln aufgehört hatte, schien er mir triumphierend zu grinsen. Ja, so etwas machte ihm Spaß. Mir allerdings nicht. Meine Hände zitterten immer noch. Alle Kraft hatte mich verlassen. Mir war entsetzlich übel.

Ich hatte mir offensichtlich einen schlechten Platz für die Rast ausgesucht, darum packte ich jetzt schnellstens zusammen, um wieder aufbrechen zu können. Etwas später passierten wir den Eisberg, wo ich zu meiner Überraschung nicht weit von einem Atemloch entfernt eine halb zerfleischte Robbe liegen sah. Der Kopf war intakt, sah jedoch aus, als wäre er zerdrückt worden. Haut und Fettschicht des Rückens waren aufgefressen worden. Offensichtlich hatten wir diesen Bären beim Mahl gestört. Kein Wunder, daß er so wütend gewesen war.

Charlie knabberte an der Robbe herum. Ich ließ ihn als Belohnung ein paar Minuten ungestört fressen. Dann fiel mir ein, daß der Bär vielleicht zurückkommen würde, um sein Mahl zu beenden. Keinesfalls wollte ich noch einmal mit ihm zusammentreffen.

Ich zog Charlie also weg, worauf er sehr sauer reagierte. Er versuchte, die Robbe mitzuschleppen, und ich konnte mir vorstellen, wie er dachte, »so eine Verschwendung«. Aber wir mußten hier schleunigst weg, und wenn nötig auch ohne Charlies Robbe. Wir setzten unseren Marsch durch die Ausläufer des Passes fort. Es war schon fast Mittag, und wir hatten erst die Hälfte hinter uns gebracht. Ich sah mich immer wieder nervös um. Diese wilde, gewaltsame Szene wollte mir einfach nicht aus dem Sinn.

In der Mitte des Meeresarms etwa erreichten wir das Ende der glatten Eisschollen. Während der kurzen Sommerschmelze ergießt sich der Fluß mit voller Kraft in den mittleren Teil des Meeresarms und schiebt das Eis zu einem wirren Durcheinander zusammen. Aber nach einer Stunde hatten wir das Schlimmste hinter uns und waren wieder auf einer glatteren Fläche. Jetzt allerdings lag die gleißende Nachmittagssonne über dem Eis und begrenzte die Sicht auf etwa eine Meile. Ich bemühte mich, in der Ferne Rapid Point zu erkennen, aber ich konnte nur ahnen, wo es lag. Meiner Karte zufolge war es eine flache Landzunge, etwa auf Meereshöhe gelegen, die drei Meilen landeinwärts ungefähr dreißig Meter anstieg. Wir waren also noch fünf Meilen von der Landzunge entfernt. Es schien dort eine große Flußmündung zu geben, so daß ich mit zerklüftetem Eis rechnen mußte.

Auf meinen Skiern fuhr ich von Eisscholle zu Eisscholle. An

einer Stelle wurde das Eis zu einer glatten Fahrbahn, und in der Ferne konnte ich eine hohe, schlanke Eissäule erkennen, die sich dort erhob. Sie befand sich auf einer Linie mit Rapid Point, darum visierte ich sie direkt an, und im Nu hatten wir sie erreicht. Sie war mindestens zehn Meter hoch, schneeweiß, von einer anmutigen Schönheit. Ich machte Rast, um etwas zu essen und zu fotografieren. Ich stellte meinen Schlitten und Charlie vor der Säule auf und befestigte meinen Fotoapparat auf dem Stativ, das ich mitgenommen hatte. Ich stellte den Selbstauslöser ein und rannte zu Charlie. Ich hatte meine Maske abgenommen und lächelte in die Kamera, aber es rührte sich nichts. Der Apparat war wieder einmal eingefroren. Das sind die Freuden des Fotografierens in der Arktis. Nach einigen weiteren Versuchen gab ich schließlich auf und machte mit schmerzenden, eiskalten Fingern ein Foto von Charlie allein.

Um fünf Uhr, als im Westen die Sonne unterging, konnte ich Rapid Point sehen. Das Land war so flach, daß ich das Meereis nicht vom Landeis unterscheiden konnte. Ich schlug einen Bogen um die Landzunge und gelangte in eine trostlose, schrecklich einsam wirkende Mondlandschaft, die mich tief beeindruckte. Die starken Meeresströmungen sprudelten um die Landzunge und wurden in die Bucht hineingezogen, die wir soeben passiert hatten. Riesige Eisplatten, sicherlich an die dreißig Meter breit, wurden hochgehoben und übereinandergeschoben. Manche hatte es während dieses Prozesses aufgestellt, und nun hoben sich ihre zackigen Enden scharf gegen den Himmel ab. Ich konnte, während wir uns unseren Weg um die Landzunge herum suchten, nur ahnen, wo das Land begann. Krachend und knirschend protestierte das Eis gegen die grobe Behandlung, die ihm von den Meeresströmungen widerfuhr. Ich blieb auf den weniger schrägen Schollen, dennoch rutschten meine Skier immer wieder seitlich ab. Charlie machte das alles überhaupt keinen Spaß. Die vielen Sprünge und Spalten im Eis waren ihm ausgesprochen unsympathisch.

Aber wir marschierten tapfer weiter, bis das Eis wieder flacher wurde. Ich wollte nicht auf dem unsicheren Eis in unmittelbarer Nachbarschaft dieser schnellen Strömungen campieren und war froh, diese merkwürdige, geisterhafte Landschaft hinter mir zu lassen.

Es war sechs Uhr. Es war ein langer Tag gewesen, der mich emotional völlig erschöpft hatte. Ich wollte nur noch in meinen Schlafsack kriechen und schlafen, damit mein Geist und meine Seele sich erholen konnten. Charlie war jetzt, da wir das zerklüftete Eis rund um Rapid Point hinter uns gelassen hatten, glücklich, aber müde. Sobald wir haltgemacht hatten, rollte er sich zusammen und schlief ein, sogar noch bevor er sein Abendessen bekommen hatte.

Er wachte erst auf, als ich das Zelt aufgebaut, das Abendessen gekocht und meinen allabendlichen Funkspruch an die Basis losgelassen hatte. Da stürzte er sich dann mit Begeisterung auf sein Abendessen, verschlang zum Nachtisch drei Cracker und rollte sich sofort wieder zusammen. Auch für ihn war es ein langer Tag gewesen. Es war harte Arbeit, Eisbären zu vertreiben und mich zu beschützen. Mit einem letzten zärtlichen Klaps und einem »Gute Nacht, Charlie« kroch ich in mein Zelt, schob mich in meinen Schlafsack und schlief tief, ohne einen einzigen Traum von Bären.

4
Ein arktischer Sturm

SECHSTER TAG

Es war bereits nach neun Uhr, als ich erwachte und aus meinem Zelt kroch. Ich bemühte mich, von der Kälte keine Notiz zu nehmen, die so intensiv war, daß mir mein Körper brüchig erschien. Sorgfältig schaute ich mich nach Eisbären um. Ich konnte keine entdecken. Aber die Windböen, die mit einer Geschwindigkeit von zwanzig Meilen pro Stunde alle zehn oder fünfzehn Minuten über das Eis fegten, genügten, die dünne Schneeschicht aufzuwirbeln und somit die Sicht auf wenige Meter zu beschränken. Zwischen den Böen gab es immer wieder Momente der Windstille, in denen der Schnee ruhig und unberührt lag. Der Wind wehte immer noch aus Norden, und der Himmel war klar, aber ich fragte mich, ob diese heftigen Böen nicht Vorboten einer Veränderung waren.

Charlie stand auf, als ich zu ihm kam. Sein Rücken, der dem Wind zugewandt gewesen war, war mit einer dünnen Schneeschicht überkrustet. Charlie schien ausgeruht und hatte sichtlich Appetit auf das Frühstück. Wieder einmal staunte ich über seine Bereitwilligkeit, so völlig ungeschützt draußen auf dem Eis zu liegen. Er rollte sich einfach mit dem Rücken zum Wind und machte das Beste aus der Situation. Hoch oben in der arktischen Wüste gibt es nicht einmal genügend Schnee, der die Hunde zudecken und vor der Kälte schützen würde. Trotz der kargen Kost aus gefrorenem Seehund und Eis schaffen sie es irgendwie, zu überleben, wenn auch viele von ihnen jung sterben. Dieses harte Leben über viele Generationen hinweg hat die Hunde der Arktis stark und zäh gemacht. Sie sind im wahrsten Sinne des Wortes Überlebenskünstler.

Es war spät, und ich ärgerte mich, daß ich so lange geschlafen hatte. An zwei Fingern meiner rechten Hand waren die Blasen aufgeplatzt, rote, offene, nässende Wunden waren zurückgeblieben. Ich klebte Heftpflaster darüber, aber der Druck war zu stark, darum nahm ich das Pflaster wieder ab und versuchte es mit einer Mullbinde. Die Verbesserung war nur geringfügig. Der Schmerz wurde noch größer, als ich meine Handschuhe überzog. Meine Finger waren angeschwollen, und die Handschuhe saßen so fest, daß sie die Binde verschoben, was scheußlich weh tat. Aber irgendwie würde ich eben zurechtkommen müssen, bis alles verheilt war.

Nach einem raschen Frühstück packte ich sorgfältig zusammen und achtete dabei darauf, daß der Wind nichts wegwehte. In einem kalten Klima braucht man auch für die einfachsten Dinge länger als normalerweise, und wenn Wind weht, braucht man noch ein wenig länger. Alles muß gut verankert sein, sonst sieht man es nie wieder. Meine schmerzenden Finger behinderten mich, aber kurz vor Mittag war ich endlich zu meinem bisher spätesten Aufbruch bereit.

Das Eis vor uns war eine glatte, nur von einer dünnen Schneeschicht bedeckte Straße, auf der sich hier und dort einige starrgefrorene Schneeverwehungen befanden. Die Küste, vierhundert Meter zu meiner Linken, war eine flache eisige Ebene, die sich wie bei Rapid Point weit ins Landesinnere erstreckte. Sie wies viele schmale, gefrorene Buchten auf, war sonst jedoch ziemlich nichtssagend. Der Himmel, nahezu weiß vom Widerschein des Eises, wölbte sich endlos und berührte rundherum den Horizont. Es war, als bewegte man sich in einer riesigen weißen Schüssel.

Dieser Teil der Insel Bathurst heißt Scoresby Hills, nach William Scoresby benannt, dem Kapitän eines Walfängers, der im Jahr 1820 das Buch *Account of the Arctic Regions* schrieb.

An dieser Küste von »hills« (zu deutsch: Hügel) zu sprechen, war etwas übertrieben, auch wenn es laut meiner Karte im Landesinneren, außerhalb meines Gesichtskreises allerdings, ein paar Erhebungen gab, die eine Höhe von bis zu zweihundert Metern erreichten.

Ich war mutlos und niedergeschlagen, als ich mit Charlie an der Seite den Marsch gegen den Wind antrat. Meine Hände waren fast unbrauchbar, im eisigen Wind begann meine Maske schnell festzufrieren, ich hatte noch immer dreihundert Meilen vor mir, und da begann ich meinen Tag erst zur Mittagszeit. Ich war mißmutig und ungeduldig.

Ein paar Minuten nach dem Aufbruch stieg Charlie über das Seil auf der rechten Seite, das zum Schlitten führte, und seine Leine verhedderte sich mit dem Seil. Das war schon vorher ein paarmal passiert, aber es war nie ein Problem gewesen. Immer hatten wir nach ein paar Minuten alles wieder entwirrt. Diesmal jedoch verlor ich die Fassung und schrie Charlie an. »Du dummer Hund, gebrauch endlich dein Hirn und verheddere dich nicht dauernd!«

Er reagierte sehr direkt. Er duckte sich, legte sich aufs Eis, senkte den Kopf auf die Pfoten und sah mit traurigen Augen zu mir auf.

Meine wütende Stimme, die in der Stille noch lauter klang, und der Anblick Charlies, der so unterwürfig vor mir lag, brachten mich wieder zur Vernunft. Wie konnte ich ihn nur so anschreien! Ich schämte mich. Er war mir ein liebevoller, treuer Freund geworden und hatte mir gestern sogar das Leben gerettet. Ich mußte mich schleunigst bei ihm entschuldigen.

»Es tut mir leid, Charlie«, sagte ich und beugte mich zu ihm hinunter, um ihn zu streicheln.

Die Wirkung war umwerfend. Mit einem Satz war er auf den Beinen, leckte meine behandschuhte Hand und wedelte begeistert mit dem Schwanz. Ich umarmte ihn und sagte ihm, wie sehr ich ihn liebte. Er brauchte mir nicht zu sagen, daß er mich liebte, ich konnte es sehen. In diesem Moment nahm ich mir fest vor, nie wieder so mit Charlie umzugehen, gleichgültig, was geschehen würde. Wesentlich besser gelaunt fuhr ich wieder los, an meiner Seite einen glücklichen Charlie. Kein Mißmut mehr, und Charlie paßte auf.

Meiner Karte zufolge war Baring Island im Osten etwa fünfundzwanzig Meilen entfernt, zu weit, als daß ich es von meinem niedrig gelegenen Standort aus über den Eisteppich hinweg, der sich bis zu seiner Küste erstreckte, hätte sehen können. Im Westen winkte immer noch die Küste Bathursts, meine ständige Begleiterin. Meine Karte zeigte mir, daß die nächsten fünfzehn Meilen, die vor mir lagen, eine Fortsetzung der weiten Küstenebene waren, die ich linker Hand sah, so eintönig, daß man kaum das Landeis vom treibenden Meereis unterscheiden konnte. Eine trostlose Weite.

Auf dem glatten Eis kam ich so schnell vorwärts wie bisher auf der ganzen Reise noch nicht. Vielleicht konnte ich jetzt den verspäteten Aufbruch wieder wettmachen. Die heftigen Böen hörten auf, und der Wind stabilisierte sich bei einer gleichmäßigen Geschwindigkeit von fünfzehn Meilen pro Stunde. Bei zweiundvierzig Grad unter Null lag die Windtemperatur bei etwa achtundsechzig Grad unter Null. Da ich gegen den Wind lief, war meine Gesichtsmaske bald von einer Eiskruste bedeckt, die sich auch vorn an meiner Jacke ausbreitete. Nach einer Stunde war auch Charlies Gesicht mit einer dünnen Eisschicht bedeckt. Es wäre so viel angenehmer gewesen, wenn wir den Wind im Rücken gehabt hätten, aber so etwas wagte ich nicht einmal zu denken. Ein Südwind würde nur Sturm mit sich bringen. Immer noch blieb ich etwa alle zehn Minuten stehen, um hinter uns nach Bären Ausschau zu halten. Aber ich entdeckte keine. Seitdem wir uns südlich von Rapid Point befanden, hatte ich nicht einmal mehr eine Spur gesehen.

Es war drei Uhr, als ich haltmachte, um etwas zu trinken.

Charlie und ich ließen uns hinter meinem Schlitten nieder, wo wir vom Wind geschützt waren. Ich nahm meine Maske ab und stellte fest, daß sie mit einer dicken Eisschicht bedeckt war. Nachdem ich ein paar Walnüsse und Cracker gegessen und etwas Warmes getrunken hatte, wollte ich sie wieder anziehen. Sie war steif gefroren. Ich zertrümmerte das Eis mit meinem Pickel und brach den Rest weg. Dennoch war ich froh, sie wieder aufsetzen zu können. Sie schützte mein Gesicht und meine Nase wenigstens vor dem eisigen Wind. Es tat mir jetzt leid, daß ich nur eine Maske mitgenommen hatte. Bei zweien hätte ich wenigstens wechseln können; so mußte ich sehen, wie ich mit einer zurechtkam, die immer entweder naß oder gefroren war. Aber, sagte ich mir, eine kalte, gefrorene Maske war besser als gar keine. Immer wenn ich in Versuchung war, sie nicht aufzusetzen, mußte ich mir nur die Gesichter ins Gedächtnis rufen, die ich gesehen hatte: erfrorene Nasen, nur weil keine Maske getragen worden war.

Ich begann Charlie das Eis vom Gesicht zu wischen, hörte aber gleich wieder damit auf. Vielleicht wirkte bei ihm das Eis wie eine Maske und schützte ihn vor dem Wind. Ich konnte jetzt nur noch eine halbe Meile weit sehen. Der Wind blies den Schnee fünf, sechs Meter hoch in die Luft, so daß die Küste dahinter fast nicht mehr zu erkennen war. Ich tauschte die Skibrille gegen eine Sonnenbrille aus, weil ich glaubte, dann vielleicht bessere Sicht zu haben, aber dort, wo der kalte Kunststoff meine Haut berührte, gefror sie sofort, und ich griff schnell wieder zu meiner Schneebrille. Diesen Geistesblitz konnte ich also vergessen.

Wir waren etwa sechs Meilen weit gekommen, als plötzlich Charlie seinerseits einen Geistesblitz hatte. Er hatte herausgefunden, daß er sich nur leicht an mich zu lehnen brauchte, um durch die Gleitbewegung meines rechten Beins beim Skilaufen automatisch gestreichelt zu werden. Anfangs dachte ich, wie süß, aber das änderte sich bald; auf einmal nämlich lehnte er sich so fest an mich, daß er mich mit seinen fünfundvierzig Kilo Lebendgewicht einfach umstieß. In diesem Augenblick war ich froh, daß wir allein waren, froh, daß niemand mich sehen konnte. Es war höchst peinlich, wie ich dalag, ein wirrer Haufen Beine, Skier und Schlittenseil zu Füßen eines großen schwarzen Hundes, der mir verwundert ins Gesicht starrte.

Nachdem ich mich freigeschaufelt hatte, ging es weiter in nördlicher Richtung. Diese Expedition, das war inzwischen klar, mochte vieles sein, langweilig war sie sicherlich nicht. Dafür sorgten schon Charlie und die Eisbären. Als er von neuem begann, sich an mich zu lehnen, erfand ich einfach eine neue Lauftechnik; ich warf mein rechtes Knie ruckartig nach außen, um Charlie wissen zu lassen, wann er sich allzu schwer an mich lehnte. Mit der Zeit entwickelten wir einen guten, wenn auch recht unorthodoxen Rhythmus. Nun, ich hoffte eben, wenn Charlie statt eines Streichelns einen unsanften Stoß abbekam, würde ihm das sein kleines Spiel verleiden.

Nach acht Meilen zeigte meine Karte eine Sandbank, die der Insel Bathurst eine Dreiviertelmeile vorgelagert war. Das einzige, was ich davon erkennen konnte, war eine knapp einen Meter hohe Erhebung aus zerklüftetem Eis, die aussah, als versuchte dort etwas von unten an die Oberfläche durchzustoßen. Strömungen umspülten die Sandbank, rauhten das Eis auf, und ich konnte es leise murmeln hören. Es war ein müdes, trauriges Geräusch, so als sehnte sich das Eis nach einem Frieden, den ihm die schnellen Strömungen niemals gönnten.

Vor mir, zu meiner Linken, befand sich noch eine Sandbank, die sich von der Küste ins Meer schob, und sie bewirkte, daß das Eis hier noch unebener und rauher wurde. Ich lief auf meinen Skiern zwischen den beiden Sandbänken hindurch, um auf deren Nordseite, die vom aufgeworfenen, geräuschvollen Eis frei war, mein Lager aufzuschlagen. Wir hatten zehn Meilen zurückgelegt – sehr respektabel für einen so späten Start. Es war sechs Uhr, der Wind blies mit über zwanzig

Meilen in der Stunde, und ich hatte nicht mehr als zweihundert Meter Sicht. Die Küste konnte ich durch den ständig wirbelnden Schnee kaum erkennen. Die heftigeren Windstöße stoben mit einem lauten Pfeifen vorüber, das dann in der Ferne erstarb.

Ich pflockte Charlie nur knapp zwei Meter vom Zelt entfernt an. Ich hoffte, so würde er einigermaßen vor dem Wind geschützt sein und trotzdem einen Bären noch rechtzeitig sehen oder hören können, um mich zu warnen. Das Zelt aufzubauen war eine Qual. Meine Hände waren in einem schlimmen Zustand. Im Lauf des Tages waren beim Skifahren weitere Blasen aufgegangen, aber ich sah mir die Bescherung erst an, nachdem ich alle meine Arbeiten erledigt hatte. Ich befürchtete, wenn ich es vorher täte, würde ich über deren Zustand entsetzt sein.

Noch qualvoller war es, die Radioantenne aufzustellen. Es war wichtig, sie genau auf das Basislager im Süden auszurichten. Wies sie nach Osten oder Westen, so war das Signal zu schwach, um das Lager zu erreichen. An diesem Abend gelang es mir trotz mehrfacher Versuche nicht, zur Basis durchzukommen; vermutlich weil ich die Antenne nicht richtig ausgerichtet hatte. Nachdem meine Rufe immer nur mit Schweigen quittiert worden waren, funkte ich: »Expedition Kiwi sendet ins Ungewisse.« Das war die traditionelle Aufforderung an jeden, der den Funkspruch hörte, sich zu melden. Mein Signal wurde von Peter, dem Leiter eines Touristenlagers in Eureka, dreihundert Meilen im Nordosten, aufgefangen. Er gab meine Position an das Basiscamp in Resolute weiter.

Beim Anzünden des Kochers hätte ich schreien können vor Schmerzen. Aber ich mußte wenigstens etwas Eis schmelzen, um Wasser zu haben. Ich wußte, daß ich essen und trinken mußte, wenn ich überleben wollte, aber ich aß nicht sehr viel an diesem Abend. Als ich den Kocher endlich angezündet hatte, war mir kalt geworden, und die ganze Kocherei wurde mir schnell zu einer großen Mühe. Ich erlag der Versuchung, mir den Aufwand zu sparen, obwohl die Vernunft mir sagte, daß dies falsch war. Aber ich hatte in diesem Augenblick einfach keine Lust, auf meine Vernunft zu hören; ich aß deshalb nur eine kleine Schale Reis und trank zwei Tassen heiße Schokolade.

Nach dem kärglichen Abendessen zog ich meine Unterhandschuhe aus. Mir wurde übel von dem, was ich sah. Sämtliche Blasen waren aufgegangen; neun Finger bestanden von der Spitze bis zum zweiten Gelenk nur noch aus rohem Fleisch, das ständig eine mit Blut gemischte wäßrige Flüssigkeit absonderte. Einzig mein linker kleiner Finger war mir Erinnerung daran, wie gesunde Finger aussahen. Ich badete die anderen im warmen Wasser, das vom Essen übriggeblieben war, verband sie mit Mull und schob meine Hände in große flauschige Fausthandschuhe. Dann setzte ich mich in mein Zelt und bemitleidete mich gründlich. Es war ein scheußlicher Abend. Nach dem kärglichen Mahl war ich immer noch hungrig und durstig, mir war kalt, und meine Hände machten mir ernsthafte Sorgen.

Aber ich wußte, daß Selbstmitleid mich nie zum Pol bringen würde. Ich mußte das Negative so schnell wie möglich durch Positives ersetzen, und schon als ich begann, über meine Situation nachzudenken, konnte ich eine ganze Reihe positiver Dinge aufzählen. Zunächst einmal würden ja meine Hände nur vorübergehend unbrauchbar sein. Das Fleisch war gesund und durchblutet. Abgestorbene Finger wären schwarz geworden. Meine Finger hatten eine Tönung zwischen rot und rosig, und auch der Schmerz bewies, daß jeder von ihnen quicklebendig war. Ich hatte große Mengen Proviant und Brennstoff bei mir. Ich hatte meinen Nahrungsvorrat so angelegt, daß er im Notfall für vierzig Tage reichen würde. Ich hatte mich ferner bereits mit dem Problem der Koexistenz mit Eisbären auseinandergesetzt, und obwohl ich nie zuvor im Leben größere

Angst gehabt hatte, hatte ich es geschafft, mit jedem Bären, der mir über den Weg gelaufen war, auf diese oder jene Weise fertigzuwerden.

Bei diesem Gedanken löste sich das Selbstmitleid auf einmal auf, und ich war wieder hoffnungsvoll und zuversichtlich. Dies war eine Reise voller Tiefen und Höhen. Und jedesmal, wenn ich in eine Tiefe geriet, mußte ich mich schleunigst am eigenen Schopf wieder in die Höhe ziehen.

Ich trug beim Schlafen immer Handschuhe, nicht nur, um meine Hände warm zu halten, sondern auch, um gewappnet zu sein, falls ein Eisbär auftauchte und ich Hals über Kopf aus dem Zelt stürzen mußte, um ihn zu empfangen. Aus dem gleichen Grund ließ ich beim Schlafen meine Hüttenschuhe an. In einem Notfall keine Schuhe an den Füßen zu haben, konnte man sich hier nicht leisten. Um noch sicherer zu sein, daß ich jederzeit blitzschnell das Zelt verlassen konnte, zog ich den Reißverschluß an meinem Schlafsack nie ganz zu. Der Reißverschluß an der Zelttür hatte eine besonders lange Zugschlaufe, die ich greifen konnte, ohne erst lange suchen zu müssen. Die Leuchtpistole lag immer neben meinem Schlafsack. Das Gewehr jedoch legte ich leicht erreichbar draußen vor die Tür. Ich konnte es nicht im Zelt behalten, da sich bei Wärme am Zündmechanismus Kondenswasser gebildet hätte, das außerhalb des Zelts schnell gefroren wäre. Das Gewehr wäre damit unbrauchbar gewesen. Meine große Sorge war jeden Abend, ob ich schnell genug aus dem Schlafsack kommen würde, um einem Bären entgegenzutreten. Ich hatte nicht die Absicht, ihn im Zelt zu empfangen.

Inzwischen war es neun Uhr geworden. Der Wind, obwohl immer noch stark, schien nicht mehr ganz so heftig an den Zeltwänden zu rütteln. Ich lugte aus der Zelttür zu Charlie hinüber. Er hatte sich bereits zusammengerollt. Sein Schlitten und das Zelt gaben ihm ein wenig Schutz vor dem Wind. Es war mir nicht recht, ihn dort draußen lassen zu müssen, aber er war mein bester Schutz, wenn ein Eisbär sich in die Nähe wagen sollte. Es fiel mir schwer, die von Schuldgefühlen bestimmten Gedanken an Charlie wegzuschieben, aber schließlich schlief ich über dem rhythmischen Schnalzen der Zeltwände im Wind ein.

Um zwei Uhr erwachte ich und horchte nach dem Wind. Er hatte sich völlig gelegt. Alles war still. Ich warf einen Blick aus dem Zelt, es war bereits wieder hell. Bei Beginn dieser Reise war die graue Dämmerung abends um acht gekommen. Jetzt hielt sich das graue Licht nur ungefähr sechs Stunden, von etwa einundzwanzig Uhr bis drei Uhr morgens. Bald würde es vierundzwanzig Stunden lang hell sein. Ich sah nach Charlie. Er schien friedlich zu schlafen, und bald schlief auch ich wieder ein.

SIEBTER TAG

Es war kalt und sonnig, als ich aus meinem Zelt trat, um den neuen Tag zu begrüßen. Sieben Tage hintereinander mit klarem Himmel, das war mehr, als ich erwartet hatte. Es war richtiggehend überraschend, wenn man die Launen des Wetters in der Arktis bedachte. Aber es war selbstverständlich kein Anlaß zur Beschwerde. Die Strahlen der frühen Morgensonne stießen durch einen feinen Nebel aus Eiskristallen. Die Andeutung eines Hofs umgab die Sonne. Mir war ein wenig unbehaglich. Bedeuteten diese kaum wahrnehmbaren Zeichen, daß ein Wetterumschwung bevorstand? Ich hoffte es nicht.

Charlie war schon wach. Als ich zu ihm ging, wälzte er sich wie gewöhnlich auf den Rücken, streckte alle viere von sich und wartete darauf, daß ich ihm den Bauch kraulen würde. Ich fand diese Haltung für einen grimmigen Eisbärenjäger und Wachhund nicht gerade angemessen. Charlie sah eher aus wie ein großer, zärtlicher Haushund, der nichts Besseres zu tun hat, als sich seine Streicheleinheiten zu holen. Ich kniete bei ihm nieder und kraulte ihm die weiße Blesse, die sich über seinen ganzen Bauch bis zur Brust hinaufzog. Ich tat es mit den Knöcheln, weil meine Fingerspitzen zu sehr schmerzten. Ich drückte fest und tief, und er fand es herrlich. Genießerisch schloß er die Augen und entschwebte vorübergehend in das Hundeparadies.

Ich war so hungrig, daß ich fast zwei Schalen Müsli aß; die zweite allerdings teilte ich mit Charlie, sehr zu seiner Freude. Dann war es Zeit, das Lager abzubrechen und die nächste Etappe unserer Reise anzugehen. Wie immer lag mir daran, eine möglichst große Strecke zu schaffen. Ich war längst zu dem Schluß gelangt, daß es mein bester Schutz vor Eisbären war, so schnell wie möglich den Pol zu erreichen und dann nach Hause zurückzukehren. Aber zuerst mußten wir den Pol eben erreichen.

Heimat und Familie schienen sich mit jedem Tag weiter zu entfernen. Ich war viel zu sehr mit dem eigenen Überleben beschäftigt, um richtiges Heimweh zu bekommen, aber ich dachte oft an alle, die ich zurückgelassen hatte, und freute mich darauf, sie wiederzusehen. Da ich Bill und meine Eltern gut kannte, bedrückten mich zunehmend Überlegungen, wie sehr sie um mich bangen mußten. Und da mich das von Tag zu Tag mehr belastete, beschloß ich, von nun an bei meinen Berichten an die Basis sorgsam auszuwählen, was ich sagen und was ich verschweigen würde. Sorgen würden sie sich immer um mich machen, das wußte ich, aber es genügte, ihnen die ganze Geschichte zu erzählen, wenn ich wohlbehalten wieder zu Hause war.

Die Küste war, wie ich beim Aufbruch an diesem Tag bemerkte, immer noch flach und eintönig, ohne besondere Merkmale. Meiner Karte zufolge war die Mündung des Moses Robinson River etwa sechs Meilen voraus. Nun, das war wenigstens ein Ziel. Ich hatte festgestellt, daß sich der Tag nicht so lange hinzog, wenn ich meinen Marsch in einzelne Etappen unterteilte.

Der Eisnebel wurde immer dichter. Ich mußte mich anstrengen, um die Küste, die nur eine halbe Meile vor mir lag, überhaupt erkennen zu können. Aber wenigstens mußte ich mich nicht mit dem Wind herumschlagen.

Als der Eisnebel noch undurchdringlicher wurde, umhüllte uns das reflektierte Sonnenlicht mit einem blaßgoldenen Vorhang, so zart wie der feinste Chiffon. Ohne zu überlegen, streckte ich die Hand aus, um ihn zu berühren, griff jedoch ins Leere. Ich stand allein mit Charlie in einer goldenen Welt, die sanft und freundlich war, und ich wünschte, jeder könnte sie sehen und das Gefühl inneren Friedens erfahren, das sie mit sich brachte. Im Zusammenspiel von Sonnenlicht und Eiskristallen hatte sich diese rauhe, erbarmungslose Eiswüste in eine Oase ruhiger, goldfarbener Schönheit verwandelt. Während ich langsam auf meinen Skiern dahinglitt, wünschte ich, ich könnte diesen Moment ewig dauern lassen.

Das Terrain, das vor mir lag, war von Feldern dicht zusammengeballten Schnees übersät, von denen einige bis zu fünfzig Metern breit waren. Dazwischen erhoben sich immer wieder kammartige Schneeverwehungen, teilweise bis zu sechzig Zentimeter hoch. Auf dem festen Schnee zwischen den Kämmen hatten meine Skier gute Bodenhaftung. In der Arktis preßt der Wind die feinen, weißen Körnchen des spärlichen Schneefalls zu einer dicken, festen Kruste zusammen, und Charlie und ich zogen unsere Schlitten mühelos voran.

Die Küste war beinahe im dichten Nebel verschwunden. Sie taugte nicht mehr als Wegweiser, darum merkte ich mir von jetzt an genau, in welche Richtung jeweils mein Schatten wies. Auf meiner Uhr war es acht Uhr dreißig vormittags, und ich ging genau nach Norden. Die Sonne stand im Osten und bewegte sich langsam in südlicher Richtung. Mein Schatten wies nach Nordwesten und würde seinen Winkel jede Stunde um fünfzehn Grad verändern. Solange die Sonne den dichten Nebel durchdringen konnte, würde ich einfach der Richtung meines Schattens folgen.

Die Temperatur schien zu steigen. Diese Tatsache, im Zusammenhang mit dem Nebelvorhang und dem Hof um die Sonne gesehen, überzeugte mich, daß ein Wetterumschwung zu erwarten war. Ich lief schneller, um wenigstens an diesem Tag noch eine ordentliche Strecke zurückzulegen, falls Sturm im Anzug sein sollte. Noch immer regte sich kein Lüftchen, doch die Stille hatte etwas Bedrohliches. Um halb zehn war der goldfarbene Vorhang, der uns eingehüllt hatte, zu einem weißen, dichten Nebel verblaßt. Der Zauber des frühen Morgens hatte sich verflüchtigt, als hätte es ihn nie gegeben. Ich lief immer noch meinem Schatten nach, der jetzt nur noch ein grauer Fleck auf Eis und Schnee war. Ich wußte, daß sich die Insel Bathurst irgendwo westlich im Nebel befand, aber in diesem Augenblick existierte sie für mich nicht.

Nach Bären Ausschau zu halten war schwierig. Ich konnte nur hoffen, daß ihr cremigweißes Fell sich von dem Weiß rundherum abheben würde. Aber wie immer war es am besten, wenn ich mich einfach auf Charlie verließ. Anstatt angestrengt zu versuchen, in diesem Eisnebel einen Bären zu entdecken, beobachtete ich aufmerksam seine Reaktionen. Wir bewegten uns in einer Welt, die nur wenige Meter umfaßte. Ich bemühte mich, nicht darüber nachzudenken, was jenseits dieser wenigen Meter wartete.

Auch mit der Tiefenwahrnehmung hatte ich Schwierigkeiten. Die Sichtverhältnisse in dieser weißen Welt waren so schlecht, daß ich mich langsamer fortbewegen mußte, um die Mulden und Kämme im Packeis unterscheiden zu können. Ab und zu passierte es mir, daß ich mit meinen Skiern direkt in einen flachen Kamm hineinfuhr und stolperte, noch ehe ich ihn gesehen hatte; oder ich versank unversehens in einer Mulde. Ständig war ich damit beschäftigt, die Balance zu halten, und somit unfähig zu fließender, raumgreifender Bewegung.

Es drang immer noch so viel Licht durch den Nebel, daß ich einen Schatten warf. In einem richtigen Schneesturm strahlt das Licht mit gleicher Stärke aus allen Richtungen und wirft keine Schatten. Der Horizont verschwindet, und der Raum, selbst der, welcher sich dicht vor einem befindet, besitzt keine Tiefe mehr. Es ist unmöglich, festzustellen, wo die Oberfläche ist, und jeder, der bei solchem Wetter zu Fuß unterwegs ist, stolpert umher, als hätte man ihm den Boden unter den Füßen weggezogen. Ich fragte Charlie, wie wohl Eisbären mit solchen Wetterbedingungen umgingen. Er selbst hatte keine Probleme damit. Manchmal stolperte ich direkt in ihn hinein, aber er nahm das mit gewohnter Würde hin. Dennoch wunderte er sich gewiß über meine plötzliche Unfähigkeit, auf meiner Seite der Straße zu bleiben.

Etwa gegen ein Uhr mittags begann der Nebel langsam dünner zu werden. Ich blieb plötzlich wie angewurzelt stehen. Nur drei Meter vor mir schien ein glatter, abgerundeter Felsen, der sich leicht gekrümmt nach links schwang, etwa sechs Meter in die Höhe zu ragen. Woher konnte der gekommen sein? Ich schaute auf meine Karte, um festzustellen, wo ich falsch gegangen war. Sie zeigte ein flaches Küstengebiet mit ein paar kleineren Flußmündungen an den Rändern. Die Eislandschaft um uns herum war holprig und uneben; rauhkantige Eisplatten und -blöcke ragten schräg in die Höhe, dünne Sprünge und Risse zogen sich im Zickzack durch das Eis. Zuerst glaubte ich, ich müßte nach Westen gedreht haben und im Nebel, ohne es zu merken, die Küstenlinie von Bathurst überquert haben. War ich in der falschen Richtung gegangen, bis ich schließlich auf diesen Felsen im Landesinneren gestoßen war? Nein, das konnte ich mir nicht vorstellen. Ich hatte absolutes Vertrauen in meine Methode, nach der Sonne und meinem Schatten zu navigieren.

Ich schaute mich genau um. Die vielen Risse und gebrochenen Eisschollen sagten mir, daß ich mich noch immer auf dem Packeis befand. Wenn ich genau hinhörte, konnte ich sogar das feine Knirschen des Treibeises unter meinen Füßen wahrnehmen. Aber woher konnte dieser Felsen gekommen sein? Vielleicht war er eine Insel, die nicht auf der Karte eingezeichnet war. Ich versuchte noch, dieses Rätsel zu lösen, als sich plötzlich der Nebel lichtete und mein »Felsen« sich wie durch Zauberei auflöste. An seiner Stelle sah ich jetzt etwa eine Viertelmeile von mir entfernt eine niedrige, vereiste Küstenebene, die sich nach links ausdehnte. Das Packeis unter meinen Füßen war durch die Strömung eines zur Zeit zugefrorenen Flusses uneben und durcheinander. Ich war sprachlos. Ich hatte mich täuschen lassen. Es gab an diesem nebligen Tag in einer vollkommen weißen Welt keine Kontraste oder Orientierungspunkte, mit deren Hilfe man Höhe oder Entfernung hätte messen können. Das ist in der Arktis ein vertrautes Phänomen. Es gibt viele eigenartige Geschichten von Jägern in der Arktis, die verbissen einem fernen Riesentier nachjagen, nur um dann zu sehen, daß es sich um einen Polarfuchs oder einen Schneehasen handelt, der die ganze Zeit nur ein paar Schritte entfernt war. Vilhjalmur Stefansson schrieb in *My Life with the Eskimo* von solchen Erlebnissen, und Geschichtsbücher erzählen uns davon, wie frühe Forscher »Inseln« und gewaltige »Felsen« in ihre Karten eintrugen, nur um plötzlich festzustellen, daß ihre Entdeckungen nichts weiter waren als große, in die Höhe ragende Eisstücke.

Ich war erleichtert zu sehen, daß mein »Felsen« verschwunden war. Der Nebel waberte, lichtete sich langsam, so daß die Sicht etwas besser wurde. Ich konnte erkennen, welche Richtung ich einschlagen mußte und wo ich mich befand. Ich war in nördlicher Richtung an der Küste entlanggewandert, bis zu einer Stelle, wo das Land sich nach Osten ausdehnt und eine Bucht bildet. Im Nebel war ich direkt auf diese Bucht zugegangen. Meinen Schätzungen nach mußte ich mich in der Nähe der Mündung des Moses Robinson Rivers befinden. Ich wandte mich nach Nordosten und folgte der Krümmung des Landes und erblickte etwa nach einer halben Stunde tatsächlich eine große zugefrorene Flußmündung. Der Moses Robinson kam von einem etwa zweihundert Meter hohen Plateau im Landesinneren und ergoß sich über ein weites Gebiet, das, kaum höher als das Meereis, von der Küste aus ins Meer ragt. Im Winter und Frühling war der Fluß gefroren, aber ich konnte mir vorstellen, wie das Wasser in den späten Sommermonaten von dem Plateau herabströmte und das Meereis zu einer brüchigen, zerklüfteten Landschaft aufrührte.

Das Rätsel des Tages war gelöst, aber ich mußte noch ein Stück Weg hinter mich bringen. Ich steigerte mein Tempo und setzte meinen Weg die Küste entlang fort, während der Nebel sich langsam auflöste. Ich war dankbar für die bessere Sicht. Nach einer weiteren halben Stunde wurde das Eis wieder glatt, und ich kam die folgenden fünf Meilen gut voran. Nach etwa drei Meilen war das Küstengelände steiler geworden. Ein ungefähr dreißig Meter hohes Felsmassiv zog sich anderthalb Meilen weit am Rand der vereisten Küste entlang, ein starker Kontrast zu dem flachen Land, das ich auf den letzten Meilen durchwandert hatte. Dann flachte es wieder zu einer Küstenebene ab, die sich bis zu einem Ort namens Airstrip Point erstreckte. Ich konnte mir denken, wie dieser Ort zu seinem Namen gekommen war. Wahrscheinlich hatte ein dankbarer Pilot hier einen flachen Landeplatz gefunden, als er ihn dringend gebraucht hatte.

Es war sechs Uhr abends. Ich beschloß, noch etwa eine halbe Meile zu marschieren und dann mein Lager aufzuschlagen. Charlie und ich hatten elf Meilen zurückgelegt, trotz Nebels und zerklüfteten Eises. Aber als ich mein Zelt aufbaute, machte ich mir immer größere Sorgen wegen des Wetters. Die Temperatur hatte sich auf minus fünfunddreißig Grad erwärmt, und es gab keinerlei Anzeichen dafür, daß es kälter werden würde – wie normalerweise am Abend. Ein leichter Nordwind strich um das Zelt, brachte das Material kaum in Bewegung. Der Nebel hatte sich aufgelöst, und ich hatte jetzt in alle Richtungen klare Sicht. Waren dies die Vorboten eines Sturms aus dem Süden? Unruhig wie ich war, befestigte ich das Zelt mit zwei zusätzlichen Eisheringen für den Fall, daß der Wind stärker werden sollte.

Ich versuchte, nicht auf meine Hände zu achten, als ich mir das Essen kochte. Die Gasleitung am Kocher festzumachen war eine Qual gewesen, aber es gelang mir schließlich mit List und Tücke, den Schlauch in die kleine Öffnung des Kochers zu schieben. Charlie leistete mir Gesellschaft. Er hatte sich nicht wie sonst gleich nach seinem Abendessen hingelegt, um zu schlafen. Statt dessen hatte er gewinselt und gejammert, bis ich ihn zum Zelteingang mitgenommen hatte, so daß er in meiner Nähe sein konnte, während ich kochte. Ich wußte genau, was er wollte. Er wollte etwas von meinem Essen bekommen. An seiner Kette, die an einem Eishering befestigt war, legte er sich in den Zelteingang. Den Kopf auf den Vorderpfoten, beobachtete er jede meiner Bewegungen. Als ich heißes Wasser in meine Reisschale gab und den Löffel zu meinem Mund führte, sprang Charlie augenblicklich auf und begann zu betteln. Sein Blick war unwiderstehlich. Ich kapitulierte und legte ihm zwei Löffel Reis aufs Eis. Die kleine Portion war im Nu verschlungen. Ich drehte ihm den Rücken zu, weil ich hoffte, so mein Abendessen in Ruhe beenden zu können, aber ich hatte noch lange nicht aufgegessen, als mein Blick wie von einem Magneten wieder in Charlies Richtung gezogen wurde. Er hatte sich, soweit es seine Kette erlaubte, an mich herangepirscht und war nur noch ein paar Zentimeter von mir entfernt. Seine braunen Augen sprachen eine deutliche Sprache. »Willst du mir nicht wenigstens noch ein kleines bißchen abgeben?«

Es war natürlich unmöglich, nein zu sagen. Ich gab ihm die

Hälfte dessen, was ich noch übrig hatte, danach eine Handvoll Cracker und etwas Milchpulver. Als es für ihn Zeit wurde, an seinen Wachplatz zurückzukehren, mußte ich ihn wegziehen. Er blickte dabei sehnsüchtig zum Zelt zurück. Es war klar, daß es sein nächstes Ziel sein würde, mich dazu zu bewegen, ihn ins Zelt hineinzulassen. Ich beschloß, unerbittlich zu sein und strenge Disziplin zu wahren, weil ich wußte, daß der beste Wachplatz für Charlie draußen vor meinem Zelt war, etwa sechs Meter entfernt. Ich wußte aber auch, daß dies eine echte Kraftprobe werden würde. Charlie verfügte über beträchtliche Überzeugungskünste, die möglicherweise stärker waren als mein Wille zur Disziplin.

Zur gewohnten Zeit nahm ich Kontakt zur Basis auf und erkundigte mich besorgt nach der Wettervorhersage. Terry sagte mir, daß in den nächsten ein, zwei Tagen die Möglichkeit von Stürmen gegeben war.

Die Temperatur blieb konstant bei fünfunddreißig Grad unter Null, der Wind war immer noch nur ein Wispern. Ich umarmte Charlie ein letztes Mal, um ihm eine gute Nacht zu wünschen, warf einen letzten Blick in die Runde, um mich zu vergewissern, daß keine Bären in der Nähe waren, und kroch dann in mein Zelt. Ich hatte feste Skistiefel an, die auszuziehen zu jeder Zeit schwierig war. Mit meinen wunden, schmerzenden Händen war es nahezu unmöglich. Aber die Stiefel mußten herunter. Wenn ich sie im Schlafsack anließ, würde ich mir die Füße erfrieren. Es dauerte ungefähr eine Viertelstunde, um sie herunterzubringen, und ich freute mich nicht auf den Kampf, wenn ich sie wieder anziehen mußte. Aber darüber beschloß ich mir erst am Morgen den Kopf zu zerbrechen. Auch meine Hände konnten bis zum Morgen warten. Ich zog die warmen, winddichten Überhandschuhe aus und ließ nur die leichten Unterhandschuhe an. Dann schlüpfte ich in meinen Schlafsack. Ich legte mich nieder und beobachtete die sanften, schwankenden Bewegungen der Seitenwände des

Zelts in der leichten Brise. Es war ganz still im Eis. Ich konnte leicht einschlafen.

ACHTER TAG

Der Südwind, den ich so gefürchtet hatte, war gekommen. Irgendwann in der Nacht, während ich geschlafen hatte, hatte der Wind gedreht, und nun stand ich vor dem Zelt und hielt Ausschau nach den ersten Anzeichen des Sturms, den, wie ich wußte, ein Südwind bringen konnte. Es war gutes Wetter, aber ich beschloß, für alle Fälle zeitig aufzubrechen. Nachdem ich Charlie gefüttert hatte, brach ich das Lager ab und belud so schnell es ging meinen Schlitten. Ich sah, daß sich die Riemen um Charlies Futtertüten gelockert hatten, und machte sie rasch wieder fest. Als letztes galt es, die Stiefel wieder anzuziehen. Da ich mich bemühte, meine schmerzenden Finger nicht zu gebrauchen, wurde wiederum ein mühsamer Kampf daraus. Mein einziger Trost war, daß es einfacher werden würde, wenn meine Hände langsam heilten.

Punkt sieben Uhr brachen wir auf, und obwohl ich wußte, daß Südwind Sturm heißen konnte, genoß ich es erst einmal, den Wind im Rücken zu haben. Bisher hatte er uns stets ins Gesicht geblasen. Charlie hatte es nie gestört, wenn wir gegen den Wind gewandert waren, aber mich. Jedesmal war meine Maske zu einem steifen Klumpen gefroren, meine Wimpern waren zu Eis erstarrt, und, schlimmer noch, ich hatte aufpassen müssen, daß mir nicht die Augen zufroren, wenn ich die Schneebrille nicht tragen konnte, weil die Gläser beschlugen. Ich bemühte mich, die Schneebrille soviel wie möglich zu tragen, aber wenn der Dunst auf den Gläsern gefror, mußte ich sie abnehmen, um nach Bären Ausschau halten zu können. Dann waren natürlich meine Augen dem Wind ungeschützt ausgesetzt. Die Kapuze meines Parka wurde mir bei starkem

Gegenwind immer wieder vom Kopf geblasen, und ich war dauernd damit beschäftigt, sie zu packen und wieder aufzusetzen. All diese Probleme gab es jetzt, da wir den Wind im Rücken hatten, nicht mehr.

Wir wandten uns leicht nach Osten, um Airstrip Point zu umrunden. Das Eis dort war stark durcheinandergerüttelt. Im Sommer floß ein kleinerer, namenloser Fluß über das flache, öde Land des Kaps und ergoß sich dort ins Meer. Jetzt war er zugefroren, und das Land lag unter einer dicken Eisdecke verborgen.

Am Ende des Kaps wandten wir uns wieder nach Norden. Vor uns konnte ich hohe Küstenberge erkennen, die sich in die Ferne erstreckten. An manchen Stellen erhoben sie sich fast senkrecht aus dem eisbedeckten Meer und erreichten eine Höhe von bis zu sechzig Metern. Eine dicke Eisschicht bedeckte die Felsspitzen wie glänzender weißer Zuckerguß, und die Wände waren mit langen Streifen bläulich-weißen Eises gemasert, die bis zum Meereis hinunterreichten. Jeder Sims, ob breit oder schmal, war mit glitzerndem Eis überzogen, während der nackte Fels blaß sandfarben aussah. Die zerklüfteten Felsen bildeten einen effektvollen Kontrast zu dem flachen Land, das wir hinter uns gelassen hatten. Vögel konnte ich nirgends in diesen Bergen entdecken. Es war noch immer zu früh und zu kalt. Die Felsen standen lautlos und kahl da.

Der Wind frischte auf. Er wirbelte die dünne Schneeschicht hoch und trieb sie in Fahnen, die wie lange, nach Norden weisende Finger aussahen, vor uns her. Um zehn Uhr waren wir eine halbe Meile von der Küste entfernt, im Schatten der turmhohen Felsen. Ich hielt an, um ein paar Cracker zu essen und etwas Warmes aus meiner Thermosflasche zu trinken. Es war der richtige Moment, um den Schlitten neu zu beladen. In der Eile des morgendlichen Aufbruchs und um meine wunden Finger zu schonen, hatte ich offenbar zuviel Gewicht auf eine Seite des Schlittens gepackt. Die Ladung hing jetzt so weit über, daß etwas getan werden mußte. Ich ärgerte mich, daß ich nicht sorgfältiger gearbeitet hatte. Es war viel einfacher und ging schneller, im Lager zu packen als unterwegs bei unwirtlichem Wind.

Als ich endlich die Stricke gelöst und die gesamte Ladung neu verteilt hatte, war der Wind so stark geworden, daß er den Schnee von der Eisfläche blies und rund um den Schlitten fegte. Der feine Schnee wirbelte hoch in die Luft und verringerte die Sicht bestimmt um fünfzig Prozent. Am frühen Morgen, als wir um Airstrip Point herumgegangen waren, hatte ich die verschwommenen Konturen der Des-Voeux-Insel acht Meilen im Osten gesehen. Jetzt war die Insel hinter einer Mauer wirbelnder Schneewolken verschwunden.

Ängstlich besorgt schaute ich mich nach dem herannahenden Sturm um. Im Osten dehnte sich, soweit ich sehen konnte, eine dunkelgraue Schnee- und Wolkenbank, die Bathurst im Westen unsichtbar machte. Noch befand sie sich einige Meilen im Süden, aber bald würde sie uns einholen.

Ich fütterte Charlie mit ein paar Crackern und nahm mir selbst noch ein paar, ehe ich weiterging. Ich hatte keine Ahnung, wie schnell der Sturm näher kam. Vielleicht konnten wir noch ein paar Meilen schaffen, ehe er uns einholte. Ich fühlte mich sehr verletzlich allein hier draußen und vom Sturm verfolgt. Falls diese Wolkenbank hinter uns von schnellen Winden getrieben wurde, mußte ich darauf achten, rechtzeitig anzuhalten, um mein Zelt aufbauen zu können. Bei starkem Wind würde aus dem Zelt schnell ein Segel werden, mit dem ich allein, das wußte ich, nicht umgehen konnte.

Die Windgeschwindigkeit nahm allmählich zu. Obwohl es wärmer war als am vergangenen Tag, durchdrang mich die Kälte des Windes bis ins Innerste. Ich trug eine Mütze mit Ohrenklappen, wie sie die Sherpas zu tragen pflegen. Sie war unter dem Kinn zu binden. Jeden Tag war das Band unter meinem Kinn gefroren und hatte hart auf meine Kehle gedrückt. Das war schon übel genug gewesen, aber heute wurde es mir endgültig zuviel. Das Band war so dick mit Eis verkrustet, daß es mir tatsächlich in die Haut schnitt, wenn ich den Kopf drehte. Ich blieb stehen und durchtrennte die gefrorenen Riemen mit meinem Taschenmesser. Damit war das Problem augenblicklich gelöst.

Durch das Schneetreiben spähte ich vorwärts und konnte eine Spitze erkennen, die sich über die Küstenberge erhob. Es war Cockscomb Peak, einhundertzehn Meter hoch, der bisher höchste Punkt, den wir auf unserer Wanderung passiert hatten. Mein Bergsteigerinstinkt meldete sich, und ich hätte gern gewußt, wie es oben auf dem Gipfel aussah. Er schien breit und abgerundet zu sein. Der Aufstieg schien nicht schwierig zu sein. Der Nordhang fiel steil zur flachen, eisbedeckten Ebene des vor uns liegenden Sargent Point ab.

Ich hielt an, um die Windgeschwindigkeit und die Temperatur zu messen. Der Wind blies mit einer Geschwindigkeit zwischen zwölf und fünfzehn Meilen pro Stunde, und die Temperatur lag bei minus dreißig Grad. Der Sturm schob wärmere Luftmassen vor sich her. Es war erst ein Uhr mittags, und er hatte uns noch nicht eingeholt, deshalb marschierte ich weiter. Ich hoffte, es wenigstens bis Sargent Point zu schaffen. Vielleicht konnte ich in einer Bucht auf der Nordseite des Kaps Schutz vor dem Sturm finden.

Im Schneetreiben kam ich langsamer vorwärts. Ich konnte die Schneeklumpen nicht sehen, die nur darauf zu warten schienen, mich ins Stolpern zu bringen. Die Sicht wurde immer schlechter, wieder spielte mir die beeinträchtigte Tiefenwahrnehmung Streiche. Ich wollte über einen Eisklumpen hinwegsteigen und merkte dann, daß er sich mehrere Schritte vor mir befand. Alles rundherum sah grau und trostlos aus.

Endlich zeigte sich Sargent Point hinter den wogenden Schneewolken. Während ich über Eisklumpen und scharfe Kanten stolperte, konnte ich eine flache Ebene erkennen, die einer anderen Welt, einer grauen und sehr fernen Welt, angehörte. Alles erschien unwirklich in diesem Moment, da die Tiefenwahrnehmung ausgeschaltet war. Der Sturm hatte uns jetzt eingeholt und hüllte uns in einen grauen Dunst wirbelnden Schnees, in dem nichts zu hören war als das Geräusch des Windes und in dem nichts zu sehen war als unregelmäßig geformte Eisbrocken und die tiefliegende Küste, die so unglaublich fern erschien. Entfernung hatte keine Bedeutung. War die Küste einen oder hundert Meter entfernt? Ich hielt an und sah mich um. Ich fühlte mich zutiefst unbehaglich, so als sei ich der einzige Mensch in einer schnell schrumpfenden, grauen Welt. Das ganze Land bekam etwas Mystisches, und langsam kroch die Angst in mir hoch. Ich ging noch ein paar Meter weiter, um mich mit den neuen Bedingungen vertraut zu machen und etwas Realitätssinn zurückzugewinnen. Ich legte meine Hand auf Charlies breiten Rücken. Wenigstens war er wirklich, und nach und nach kehrte auch mein Sinn für die Realität zurück und verdrängte die Angst. Ich bemühte mich, die Angst in den Griff zu bekommen, indem ich mich an der Realität festhielt; so konzentrierte ich mich beispielsweise auf meine Lauftechnik und die Navigation und bemühte mich ständig, noch schneller vorwärts zu kommen.

Aber im Grunde gibt es kein Mittel, sich auf die Emotionen vorzubereiten, die einen überfallen, wenn man ganz allein in der gewaltigen Eiswüste ist. Es gibt nichts Vertrautes, woran man seine Emotionen stabilisieren kann. Man steht mitten in einer weißen Welt, der alle Farben, Geräusche und vertrauten Dinge der Zivilisation fehlen. Wenn diese fremde, einsame Welt durch einen Sturm, bei dem Entfernung keine Bedeutung hat und vertraute Gegenstände nicht existieren, zu einem kleinen grauen Fleckchen Erde schrumpft, kann dies eine traumatische Wirkung haben. Allein in einer unendlichen Weite, in der der Mensch nicht leben kann, in ständiger Angst vor Eisbären, konnte ich mich keinen Augenblick wirklich entspannen. Ständig mußte ich meine Gefühle und Gedanken unter Kontrolle halten. Davon hing mein Leben ab.

Der Wind war nicht stärker geworden, aber Sicht und Tiefenwahrnehmung existierten so gut wie nicht mehr. Ich stolperte über versteckte Eisklumpen und kam nur langsam voran. Es war Zeit, das Lager aufzuschlagen. Charlie schien alles recht zu sein. Er war von oben bis unten mit Schnee verkrustet, aber er war mit dieser Witterung vertraut, sie schien ihn nicht im geringsten zu stören. Sein ruhiges Selbstvertrauen tat mir gut.

Ich stand mit dem Blick nach Norden und öffnete gerade die Schnalle meines Schlittengeschirrs, als ich ein kleines Tier sah, das von der Küste auf das Meereis hinauslief. Angestrengt spähte ich durch die graue Düsternis, während ich versuchte zu erkennen, um was für ein Tier es sich handelte. Ich warf einen Blick auf Charlie. Er beobachtete das Tier mit konzentriertem Interesse, aber ohne sonderliche Besorgnis. Es muß ein Polarfuchs sein, dachte ich, aber wo ist sein langer, buschiger Schweif? Er hatte keinen Schwanz. Da kam mir plötzlich eine Idee. Natürlich, es war ein Bärenkind. Hastig schaute ich mich nach der Mutter um, aber von ihr war keine Spur zu entdecken. Vielleicht war sie tot. In meinem Kopf ging alles drunter und drüber. Ich konnte so ein kleines hilfloses Wesen doch nicht einfach ganz allein dort draußen im Schneesturm lassen.

»Wie, um alles in der Welt, soll ich es fangen?« fragte ich Charlie. »Und wie soll ich es, wenn ich es eingefangen habe, auf meinem Schlitten halten, bis ich Kontakt mit den Leuten vom Tierschutz aufnehmen kann?«

Zum Pol konnte ich das kleine Tier nicht mitnehmen. Was sollte ich ihm denn zu fressen geben? Ich sah, wie es auf das Eis hinauslief und sich dann aufrichtete, um uns in Augenschein zu nehmen. Ich nahm das als gutes Zeichen. Wenigstens hatte es keine Angst vor uns. Charlie gab keinen Laut von sich. Auch das war ein gutes Zeichen.

Das kleine Bärenkind tat mir leid. Ich schlüpfte aus meinem Geschirr, zog die Skier aus und band Charlie am Schlitten fest, damit er mir nicht in die Quere kommen konnte. Langsam entwickelte sich der Plan. Wenn ich mich ganz vorsichtig annäherte, würde der kleine Bär vielleicht freiwillig zu mir kommen. Er war ja noch so klein, er wollte bestimmt nichts anderes, als nur seine Mutter finden.

Im grauen Licht, vom Schneetreiben umweht, ging ich etwa zwanzig Schritte mit einladend ausgestreckter Hand auf das Bärenkind zu. Es bewegte sich mit mehreren schnellen Schritten nach rechts, während im selben Moment der Wind und das Schneetreiben etwas nachließen. Im wechselnden, täuschenden Licht wurde vor meinen Augen aus dem niedlichen kleinen Bärenjungen plötzlich ein ausgewachsener Eisbär, und ich stand völlig unbewaffnet da und versuchte, ihn anzulocken und einzufangen, um ihn auf meinen Schlitten zu verladen und in Sicherheit zu bringen. Ich war vor Schreck und Entsetzen erstarrt. Ich konnte mich jetzt nicht einfach umdrehen und davonlaufen, um meine Leuchtpistole zu holen. Das hätte auf den Bären wie eine Aufforderung gewirkt, mich zu jagen, und ganz bestimmt würde ich in so einem Fall das Rennen verlieren. Ich war ja infolge der schlechten Sicht und der Probleme mit der Tiefenwahrnehmung nicht einmal sicher, wie weit er noch entfernt war, aber ich vermutete, daß es ungefähr dreißig Meter sein mußten.

Mit hämmerndem Herzen wich ich langsam zurück, halben Schritt um halben Schritt, und hielt dabei den Blick unverwandt auf den Bären gerichtet. Nach einer Ewigkeit, wie mir schien, konnte ich endlich meine Leuchtpistole und das Gewehr hinter mir auf dem Schlitten ertasten. Vorsichtig zog ich sie auf dem Schlitten nach vorn und wartete darauf, was der Bär als nächstes tun würde. Charlie stand an der gespannten Kette und starrte, leise vor sich hinknurrend, den Bären an. Der Bär blieb rechts von uns stehen, drehte sich herum und musterte uns von neuem. Dann machte er zwei, drei Sätze in unsere Richtung, hielt aber an, als Charlies Knurren lauter wurde. Schließlich machte er kehrt und trottete ohne einen Blick zurück in Richtung Norden davon. Bald war er im grauen Dunst, der uns umgab, verschwunden.

Noch lange nachdem der Bär verschwunden war, stand ich reglos da. Ich konnte einfach nicht glauben, was ich soeben hatte tun wollen. Absurd! Einen tonnenschweren Eisbären hatte ich fangen und auf meinen Schlitten setzen wollen? Nun, diese Geschichte würde ich bestimmt keinem Menschen erzählen. Man würde mich für verrückt halten. Ich überlegte, was dem Bären wohl durch den Kopf gegangen war, als er dieses merkwürdige zweibeinige Wesen mit ausgestreckter Hand auf sich zukommen sah. Ich war wahrscheinlich der erste Mensch, den er je gesehen hatte, und vielleicht trabte er jetzt mit verwundertem Kopfschütteln davon. Was mich anging, so hatte ich etwas Wichtiges gelernt. Auf dieser Expedition würden für mich alle Tiere ausgewachsene Eisbären sein, bis das Gegenteil bewiesen war.

Ich weiß nicht, ob Charlie durch fehlende Tiefenwahrnehmung ebenso getäuscht worden war wie ich. Ich bin überzeugt, er wußte von Anfang an, daß wir es mit einem Bären zu tun hatten. Er spürte wahrscheinlich auch, daß der Bär eher neugierig als aggressiv war. Ich war inzwischen völlig sicher, daß er instinktiv die unterschiedlichen Stimmungen der Eisbären aufnehmen konnte.

Es war drei Uhr geworden, und der Sturm hatte sich nicht verschlimmert. Der Südwind hatte sich bei etwa fünfzehn Meilen pro Stunde stabilisiert, und die Temperatur war rasch auf minus achtundzwanzig Grad gestiegen. Ich baute das Zelt auf und fütterte Charlie, nachdem ich ihn etwa sechs Meter vom Zelt entfernt angebunden hatte. Da ich nicht sicher war, wie lange der Sturm andauern würde, hackte ich mehrere Stücke Eis für Wasser und legte sie in Reichweite an die

Zelttür. Ich wollte für den Fall versorgt sein, daß der Wind stärker wurde; dann Eis zu hacken, wäre nämlich kein Vergnügen gewesen. Ich freute mich darauf, in den Schutz des Zeltes zu kriechen. Der aufgewirbelte Schnee rieselte mir in die Kleider wie feiner Sand. Während ich das Zelt aufbaute und meinen Schlitten entlud, geriet in alles Schnee hinein, sogar in meinen Schlafsack.

Ich schaute noch einmal nach Charlie. Er befand sich mit seinem Schlitten gut geschützt auf der Südseite. Ehe ich in mein Zelt kroch, hielt ich, wie mir das schon zum Ritual geworden war, noch ein letztes Mal Ausschau nach Bären. Im Süden entdeckte ich etwas, das sich bewegte. Wieder war es schwierig zu sagen, wie weit entfernt diese Bewegung war. Gedanklich versuchte ich, die graue Decke aus wirbelndem Schnee zu lüften, um im dämmrigen Licht mehr erkennen zu können. Zuerst glaubte ich, es seien zwei Schneemobile, Seite an Seite. Zwei Tage zuvor hatte ich über Funk gehört, daß eine australische Expedition mit Schneemobilen von Resolute Bay zum magnetischen Nordpol aufgebrochen war. Die Australier rechneten damit, mich innerhalb des nächsten Tages einzuholen. Aber dafür war es jetzt noch zu früh, vor allem in Anbetracht der unerwartet schlechten Schneeverhältnisse, die ich vorgefunden hatte und die die Expedition aufhalten würden. Eingedenk meiner letzten Lektion, argwöhnte ich einen Eisbären. Ich stellte mich neben den wachsamen Charlie, Gewehr und Leuchtpistole schußbereit.

Und dann erkannte ich im Grau auch schon den Bären. Er kam direkt auf uns zu, mit dem für die Bären typischen Gang: mit einwärtsgedrehten Vorderpfoten. Darum hat es im dämmrigen Licht auch so ausgesehen, als bewegten sich dort zwei Teile nebeneinander. Als er sich bis auf knapp fünfzig Meter genähert hatte, gab ich zwei Warnschüsse aus meinem Gewehr ab und feuerte danach in schneller Folge eine ganze Serie von Leuchtkugeln vor ihm ab. Er blieb nicht einmal stehen, sondern kam entschlossenen Schrittes weiterhin direkt auf uns zu. Er wollte nach Norden und war offensichtlich nicht bereit, uns oder das Zelt zu umrunden. Die Warnschüsse und die Leuchtkugeln hatten ihn überhaupt nicht gestört. Er war ein mächtiges Tier, sah jedoch magerer aus als die anderen, denen ich bisher begegnet war. Das konnte bedeuten, daß wir es hier mit einem hungrigen Bären zu tun hatten, der glaubte, leichte Beute gefunden zu haben. Als er nur noch etwa fünfundzwanzig Meter entfernt war, wurde es langsam ernst. Zielstrebig kam er auf uns zu, nichts konnte ihn aufhalten, wie es schien. Ich war verzweifelt. Mir mußte etwas einfallen, und zwar sofort. Noch zwei, drei Leuchtkugeln, dann mußte ich alles weitere Charlie überlassen. Die nächste Leuchtkugel, die ich abschoß, hätte beinahe die linke Vorderpranke des Bären getroffen, sie landete so dicht vor ihm, daß ihm nun doch etwas unwohl wurde. Er machte einen Sprung und drehte sich nach rechts. Die nächste Kugel landete direkt vor seiner Nase, und er vollführte einen erschreckten Satz nach rückwärts. Charlie zerrte zähnefletschend und knurrend an seiner Kette und hätte sich am liebsten auf den Bären gestürzt. Ich schoß ein ganzes Feuerwerk von Leuchtkugeln ab, die alle dicht vor den Vorderpranken des Bären aufkamen. Meine Treffsicherheit war größer geworden, und die Kugeln landeten genau dort, wo ich sie haben wollte. Die Taktik wirkte. Angesichts einer wahren Flut rotglühender Kugeln zu seinen Füßen wich der Bär in weitem Bogen nach Osten zurück. Er hatte schon wieder nördlichen Kurs aufgenommen, als er noch einmal stehenblieb, als widerstrebte es ihm, einfach aufzugeben. Noch einmal schoß ich vier Leuchtkugeln ab, die dicht vor seinen Pfoten landeten. Das war zuviel. Er verzog sich ohne Abendessen.

Charlie riß wutschäumend an seiner Kette. Sein Gebell klang beinahe heiser. Als ich die Leuchtpistole niederlegte, zitterten meine Hände so stark, daß ich sie beinahe fallen gelassen hätte. Das war gerade noch einmal gutgegangen. Nach dieser knappen Sache würde ich bestimmt nicht so schnell vergessen, wie gefährlich Eisbären waren. Während ich versuchte, mich zu beruhigen, und mich wieder einmal fragte, ob es überhaupt möglich war, diese Expedition zu überleben, stand ich noch fünfzehn Minuten lang im eisigen Wind und spähte scharf in die Dämmerung, für den Fall, daß der Bär zurückkommen sollte. Ein ausgehungerter Bär würde vielleicht nicht so schnell aufgeben. Er konnte sich bei diesem Wetter leicht nah heranpirschen, ohne bemerkt zu werden. Doch Charlie hatte sich beruhigt, er schien sicher zu sein, daß der Bär weg war. Ich kniete auf dem kalten, harten Eis nieder und streichelte ihn. Hätte ich ihn von der Leine gelassen, so wäre er jetzt noch immer mit dem Bären dort draußen in der Finsternis gewesen. Ich war froh, daß das nicht notwendig geworden war.

Noch einmal vergewisserte ich mich, daß Charlie vor Wind und Wetter gut geschützt war, dann kroch ich in mein Zelt. Ich zitterte vor Kälte und wollte endlich dem Wind entkommen, der mittlerweile stärker geworden war und mir Schnee in Gesicht und Augen trieb.

Bevor ich ins Zelt hineinkroch, drehte ich mich ein letztes Mal nach Charlie um. Er hatte sich noch nicht auf dem Eis zusammengerollt. Statt dessen beobachtete er mich aufmerksam, und sein Blick sagte klar und deutlich: »Und ich soll ganz allein in dieser Kälte bleiben?«

Der gesunde Menschenverstand sagte mir, daß Polarhunde ihr Leben lang draußen in der Kälte leben, selbst den schlimmsten Wetterbedingungen schutzlos preisgegeben. Dann aber sagte ich mir, das ist doch nicht einfach irgendein Polarhund, das ist Charlie. Vielleicht kann er nur dieses eine Mal ausnahmsweise im geschützten Vorzelt schlafen. Morgen soll er dann wieder auf seinem gewohnten Platz im Freien schlafen.

Ich ging zu ihm zurück, machte die Kette los und sagte: »Okay, Charlie, heute nacht darfst du ausnahmsweise im Zeltvorraum schlafen.«

Ich hatte noch nicht einmal ausgesprochen, da sauste er schon schnurstracks auf das Zelt zu. Und er hielt nicht etwa im Vorraum an, sondern kroch gleich in meinen Schlafsack, den ich mir zurechtgelegt hatte, damit ich, durchgefroren wie ich war, nur noch hineinzuschlüpfen brauchte. Ich rannte hinter ihm her.

»Nein, Charlie, das ist mein Platz«, sagte ich streng. »Du schläfst im Vorraum.«

Aber da hatte er sich schon im Schlafsack zusammengerollt.

Das wollte ich mir nun auf keinen Fall gefallen lassen. »Charlie, geh da runter«, befahl ich. Statt einer Antwort schob er seine Nase nur noch weiter unter den eingerollten Schwanz. Ich zerrte am Halsband. Keine Reaktion. »Warte nur, ich zieh dich da raus«, drohte ich. Ich kniete neben ihm nieder und zog noch einmal. Aber da bewegte sich gar nichts. Ich versuchte, ihn hinauszuwälzen. Wie sollte ich einen fast fünfzig Kilo schweren Hund, der sich plötzlich in einen nassen Sack verwandelt hatte, aus meinem Schlafsack hinausbefördern?

Die Antwort wußte ich bereits. Gar nicht. Am besten gleich aufgeben und sich irgendwie mit den Gegebenheiten einrichten. Mir war so kalt, daß ich die Schmerzen in meinen Händen kaum noch wahrnahm, als ich meine Stiefel und meine Überjacke auszog.

»Charlie, so geht das auf die Dauer nicht«, sagte ich, als ich mich in die Ritze neben ihm quetschte. »Wenn ich mich aufgewärmt habe, mußt du verschwinden.«

Bequem war es nicht, aber wenigstens wurde ich auf diese Weise schneller warm, und schon eine halbe Stunde später fröstelte ich nicht mehr. Ich fing an, mir verschiedene Strategien auszudenken, um Charlie loszuwerden. Ich kroch aus dem Schlafsack und bereitete ihm ein gemütliches freies Plätzchen im Vorraum. Dann setzte ich mich, steckte meine Füße in den Schlafsack und schob sie langsam unter Charlies Körper. Prompt öffnete er die Augen. Diese zwei wackelnden Dinger, die er da unter sich spürte, paßten ihm gar nicht, aber ich machte so lange weiter, bis er sich endlich mit einem tiefen Seufzer aufsetzte. Blitzschnell rutschte ich auf meinen Platz und machte mich so breit wie möglich. Das genügte. Er gab auf und ging. Der Sieg war mein. Ich stand noch einmal auf und führte ihn am Halsband zu seiner neuen Unterkunft im Vorraum. Er rollte sich sofort zu einer dicken Kugel zusammen und schlief ein. Wenigstens hatte er einen Versuch gemacht.

Ich kochte mir etwas zu essen und funkte dann die Basis an. Es war bereits acht Uhr. Die Temperatur war weiter gestiegen, betrug nur noch minus zweiundzwanzig Grad, doch der Wind war stärker geworden und blies jetzt mit einer Geschwindigkeit von siebenundzwanzig Meilen pro Stunde. Ich hatte es eilig, den Wetterbericht zu hören. Er war nicht gut.

»Sie müssen sich auf weitere starke Winde aus Süden gefaßt machen«, sagte Terry und erzählte mir dann, daß die Australier mit ihren Schneemobilen umgedreht waren, als der Sturm sie etwa fünfzig Meilen von mir entfernt überrascht hatte. Sie waren mit vier Schneemobilen unterwegs gewesen, zwei davon hatten sich im Schneesturm verfahren. Ich fand das durchaus verständlich. Es war gefährlich, bei so schlechter Sicht zu reisen.

Der Gedanke, daß sich jemand da draußen im zerklüfteten Eis im immer heftiger werdenden Sturm verfahren hatte, beunruhigte mich, aber wenigstens war jetzt ein Problem gelöst. Die Australier hatten vorgehabt, mit ihren Schneemobilen zu mir zu stoßen, und ich hatte befürchtet, daß mein Ziel, einen Alleingang zum Pol durchzuführen, durch solch ein Rendezvous gefährdet werden würde. Ein Grund dafür, daß ich diese Expedition allein unternommen hatte, war mein Wunsch, zu lernen, ausschließlich auf mich gestellt in dieser weiten Polarwüste zu existieren. In Gruppen oder zu zweit zu reisen ist etwas völlig anderes als ein Alleingang ohne jegliche menschliche Gesellschaft. Ich sah es als einzigartige Chance, einen echten Alleingang, noch dazu zu Fuß, zum Pol zu erleben. Und jetzt, da ich der einzige Mensch war, der zum magnetischen Nordpol unterwegs war, konnte ich mein Ziel verwirklichen. Dennoch bedrückte mich natürlich die Vorstellung, daß in einem Sturm wie dem, der draußen vor meinem Zelt wütete, jemand die Orientierung verloren hatte. Bevor wir unser Funkgespräch beendeten, versprach mir Terry weitere Nachricht für den morgigen Tag. Ich hoffte von Herzen, für die Australier werde es gute Nachricht sein.

Um dafür zu sorgen, daß mein kleines »Haus« in dieser Nacht nicht weggetragen werden würde, schlüpfte ich in meine Jacke und ging noch einmal nach draußen, um mich zu vergewissern, daß die Spannschnüre und die Seilzüge straff waren und alles gesichert, damit wir den Sturm in Ruhe aussitzen konnten. Der Wind wehte mir so heftig ins Gesicht, daß mir die Luft wegblieb. Ich lehnte mich in den Wind, um auf den Beinen zu bleiben, und drehte zwei Eisheringe wieder fest, band dann meinen Schlitten mit einem zusätzlichen Strick an, damit er sich nicht losreißen konnte. Schon nach wenigen Sekunden war meine Jacke über und über mit Schnee bedeckt, sogar unter die Jacke drang er ein. Als ich ins Zelt zurückkroch, war mir schon wieder kalt. Und ich machte mir immer noch Sorgen wegen der Bären. Der Wind fegte stürmisch über das Eis und rüttelte an meinem Zelt. Die Geräusche des Windes und der flatternden Zeltwände waren so laut, daß ich einen Bären niemals gehört hätte. Es war der erste Sturm auf unserer Reise, und ich fragte mich, ob Charlie bei diesem entsetzlichen Lärm einen Bären wittern konnte.

Ich entfernte den Schnee, so gut es ging, von meinen Kleidern und setzte mich aufrecht in meinen Schlafsack, um auf Bären zu lauschen. Aber es war so kalt, daß ich beschloß, es darauf ankommen zu lassen. Vielleicht würden die Bären bei solch einem Sturm wegbleiben. Ich schlüpfte in meinen Schlafsack, betete um gutes Wetter für den morgigen Tag und streckte noch einmal den Arm aus, um Charlie zu streicheln. Auch wenn das mit meinen Prinzipien von Disziplin kaum zu vereinbaren war, war es schön, ihn in der Nähe zu haben.

NEUNTER TAG

Ich brauchte nicht hinauszuschauen, um zu wissen, daß der Sturm immer noch anhielt. Ich griff über den schlafenden Charlie hinweg zum Thermometer, das vor dem Zelt von einer Spannschnur herabhing. Es zeigte minus zwanzig Grad, und ich war überrascht, wie rasch die Temperatur seit dem gestrigen Morgen gestiegen war. Das Sausen des Windes klang wenig einladend, aber ich mußte wissen, ob eine Chance bestand, heute überhaupt weiterzugehen. Ich kroch aus meinem warmen Schlafsack und kämpfte mich in meine Überjacke. Sie war kalt und steif von Eis. Ich hatte sie am vergangenen Abend nicht über meinem Kocher enteist. Ich hatte nur noch den Wunsch gehabt, in meinen warmen Schlafsack zu kriechen, um der eisigen Kälte zu entgehen.

Das Enteisen war mir inzwischen zur allabendlichen Routinearbeit geworden. Jeden Tag bildete sich, wenn ich ein paar Stunden unterwegs gewesen war, eine dicke Eisschicht auf meiner Maske, auf der Vorderseite meiner Jacke, und gestern war sogar der Kragen vereist, so daß es mir schwergefallen war, überhaupt den Kopf zu drehen. Den Reißverschluß hatte ich mit bloßen Händen überhaupt nicht öffnen können. Ich hatte mit meinem Eispickel erst den Schnee herunterkratzen müssen, ehe ich die Jacke überhaupt ausziehen konnte. Nach dem dritten Marschtag hatte ich mir jeden Abend extra Zeit genommen, um meine Maske und meine Jacke zu enteisen, sobald ich gegessen und mein Funkgespräch mit der Basis geführt hatte. Jeden Abend hockte ich über meinen Kocher gebeugt und taute meine Kleider auf, was so unangenehm gar nicht war, da ich dadurch etwas zusätzliche Wärme mitbekam.

An diesem Morgen kämpfte ich mich also in meine noch immer gefrorene Jacke. Der Reißverschluß jedoch funktionierte überhaupt nicht. Ich ließ die Jacke offen, setzte meine Mütze auf und kroch in meinen Hüttenschuhen zur Tür hinaus. Charlie lag noch zusammengerollt im Vorraum, und ich forderte ihn auf, mit mir nach draußen zu kommen, aber er reagierte nicht.

Er war schlau. Sobald ich mich draußen vor dem Zelt aufrichtete, packte mich der Wind mit voller Wucht. Er riß mir die Jacke auf und fuhr mir unter Pullover und Unterkleidung. Sein eisiger Atem drang mir bis auf die Knochen. Ich packte meine Jacke und drückte sie an mich, um so den Wind abzuhalten. Blind im Schneetreiben, stolperte ich rund um das Zelt und versuchte, die Spannleinen und Seilzüge zu überprüfen, aber es war unmöglich, dabei meine Jacke geschlossen zu halten. Stechend trieb es mir den Schnee in die ungeschützten Augen. Vornübergebeugt ertastete ich mir den Rückweg und tauchte durch die Öffnung ins Zelt, froh und erleichtert, dem heulenden Sturm entkommen zu sein. Ausgeschlossen, heute weiterzugehen.

Ich zog Mütze und Jacke aus, beide schneebedeckt, und schlüpfte in meinen dicken Parka. Er war so groß, daß er mich wie ein kleiner Schlafsack einhüllte. Ich war enttäuscht, daß wir nicht weitergehen konnten. Immerhin, auch wenn es jetzt nicht sehr verheißungsvoll aussah, würden wir vielleicht am Nachmittag aufbrechen können. Auf jeden Fall wollte ich bereit sein, um sofort losgehen zu können, wenn das Wetter umschlug.

Als erstes nahm ich das Frühstück in Angriff. Charlie schaute nicht einmal auf, als ich ihm einen Napf mit Futter hinstellte. Er lag noch immer fest zusammengerollt an seinem Platz, die Nase irgendwo in dem schwarzen Fell versteckt. Es beunruhigte mich etwas, daß ich überhaupt keine Antwort von ihm bekam. Ich entschloß mich zu einem kleinen Experiment. Ich legte zwei Erdnußbutterpralinen auf seinen Schwanz, etwa dort, wo ich seine Schnauze vermutete. Wie durch Zauberei verschwanden beide sofort in den Tiefen des dichten schwarzen Fells. Kein Grund zur Sorge. Charlie ging es gut. Er hatte sich so fest zusammengerollt, um Körperwärme zu konservieren. Während ich ihn betrachtete, dachte ich an die anderen Hunde, die ich in Resolute gesehen hatte. Auch sie pflegten sich einfach zusammenzurollen und das Ende eines Sturms abzuwarten. Ich überprüfte Charlies Kette, lockerte sie ein wenig, damit er aufstehen und sich strecken oder auch hinausgehen konnte.

Dann zündete ich den Kocher an und schmolz Eis. Sobald das Wasser warm war, mischte ich es mit Müsli und Milchpulver und gab zur Abwechslung ein paar Erdnußbutterpralinen dazu. Es schmeckte gar nicht schlecht, auch wenn ich es nicht als besonderen Leckerbissen für Feinschmecker empfehlen würde.

In den vergangenen zwei Tagen hatte ich mich redlich bemüht, meine Hände einfach zu ignorieren, weil ich meinte, wenn ich den Schmerz verdrängte, würden sie auch nicht so weh tun. Jetzt jedoch, da ich Zeit hatte, konnte ich vielleicht etwas für meine Hände tun. Meine Finger boten einen erbärmlichen Anblick. Die oberste Hautschicht hatte sich gelöst; sie waren offen und blutig, und an ihren Spitzen bildeten sich Risse. Die kalte, trockene Luft und die Tatsache, daß ich meine Hände nicht schonen konnte, machten alles noch schlimmer. Wie konnten sie unter diesen Umständen heilen? Der Schmerz änderte sich nicht, ob ich sie nun bandagierte oder nicht. Aber wenigstens war nirgends eine Entzündung zu sehen, folglich, sagte ich mir, würden sie wohl keinen dauernden Schaden davontragen. Die meiste Zeit trug ich zum Schutz mindestens ein Paar Unterhandschuhe.

Der Kocher bullerte noch immer auf vollen Touren, und ich beschloß, die Gelegenheit zu nutzen, um meine Kleider aufzutauen. Ich spannte eine dünne Schnur unter dem Zeltdach, auf der ich meine Jacke, die Maske und die Oberhandschuhe aufhängte. Dann schob ich das Ende meiner Schlafmatte, auf dem der Kocher stand, direkt unter die Kleider. Das klappte ganz gut, bis das geschmolzene Eis herunterzutropfen begann, direkt auf den Kocher, und das Feuer zu löschen drohte. Aber das war leicht zu regulieren, und danach funktionierte die Sache sehr gut.

Mein Zelt war gerade groß genug für mich, Charlie und meine Ausrüstung. Wenn der Kocher angezündet war, mußte ich aufpassen, daß ich ihn nicht umstieß. Ein Zeltfeuer hier draußen wäre eine Katastrophe gewesen. Nicht nur hätte ich dann mein schützendes Dach verloren, sondern ich hätte auch verletzt oder getötet werden können, wie schon viele andere vor mir.

Ich hatte Zeit zum Hausputz. Durch das ständige Hin und Her war eine Menge Schnee ins Zelt getragen worden. Ich hatte keine Zeltbürste mitgenommen und schrieb jetzt in mein Tagebuch: »Nächstes Mal eine kleine Zeltbürste mitnehmen.« Ich versuchte, mit ein paar Handschuhen zu fegen, aber das klappte nicht besonders gut; ich mußte sie hinterher enteisen, und das kostete extra Brennstoff. Auf den Brennstoffverbrauch mußte ich genauestens achten. Ich hatte eine zusätzliche Gasflasche auf dem Schlitten, aber die wollte ich mir für einen Notfall aufheben.

Während meine Kleider langsam auftauten, bildete sich durch den Dampf im Zelt ein Eisnebel, der sich am Zeltdach absetzte und dort wie Rauhreif hängenblieb. Jedesmal, wenn ein besonders starker Windstoß das Zelt erschütterte, rieselte der Reif wie Schnee von der Decke. Ich fühlte mich klein und unbedeutend und sehr verletzlich, wie ich so in meinem Zelt saß und dem Fauchen des Windes lauschte, der an den Wänden meiner Behausung rüttelte. Während ich unter diesem schützenden Dach saß, dessen Wände so dünn waren, daß man beinahe hindurchsehen konnte, und auf das Ende des Sturmes wartete, schien alles Leben jenseits des Sturms unendlich fern, nicht länger zu mir gehörig. Zu Hause war auf einem anderen Stern. Familie und Freunde konnten mir hier nicht helfen. Es hatte keinen Sinn, an sie zu denken. Ich bemühte mich sogar, nicht einmal an meine Umgebung außerhalb der Zeltwände zu denken. Ich wollte nicht wissen, was dort draußen geschah. Es war besser, mich auf meine eigene kleine Welt innerhalb meiner vier Zeltwände zu konzentrieren.

Meine Kleider waren aufgetaut, und ich schaltete den Kocher aus. Nur noch das Heulen des Windes und das Klatschen und Knattern des Zelts waren jetzt zu hören. Es war beinahe Mittag, aber meine Zeit richtete sich nach dem Sturm. Sobald er vorüber war, konnten wir weitergehen. Bis dahin waren wir machtlos. Charlie hatte die richtige Einstellung. Er verschlief den Sturm einfach. Ich kuschelte mich tief in meinen Schlafsack, um mich in meine eigene warme Welt zurückzuziehen, und schlief ebenfalls ein.

Als ich wieder erwachte, war es fünf Uhr nachmittags. Der Wind tobte immer noch. Das hintere Ende des Zelts stand dem Wind entgegengerichtet, und die Wand wurde vom Gewicht des Schnees, der sich draußen aufstaute, langsam nach innen gedrückt. Ich stemmte meine Füße gegen die Innenwand, um so die Schneeladung außen wegzudrücken. Das meiste bröckelte ab. Dann fiel mir auf, daß der Wind immer mehr Schnee unter der Zeltklappe aufschob und sich damit ein erheblicher Druck auf die Hauptwand des Zelts aufbaute. Ich fürchtete, daß unter diesem zusätzlichen Gewicht die Nähte platzen und das Zelt auseinanderreißen würde. Wenn das geschehen sollte, blieb mir nur mein Schlitten als Zuflucht. Keine berauschende Aussicht, aber im Notfall würde ich keine andere Wahl haben.

Ich wußte, daß ich hinausgehen und nach der Antenne und

dem Zelt sehen mußte. Ich hatte überhaupt keine Lust dazu und suchte nur nach einem guten Grund, es nicht zu tun, aber ich fand keinen. Höchst widerwillig kroch ich also aus meinem Kokon und griff nach meiner Jacke. Wenigstens konnte ich sie jetzt zumachen. Ich zog mir die Mütze tief ins Gesicht und setzte die Skibrille auf. Danach hielt ich einen Moment das Anemometer aus dem Zelt, um die Windstärke zu messen. Konstant vierzig Meilen pro Stunde mit Böen bis zu sechsundvierzig Meilen in der Stunde. Die Temperatur lag bei minus neunzehn Grad. Deprimierend. Wie lange würde das noch so weitergehen? Frühlingsstürme aus dem Süden können lang und grimmig sein.

Ich schob mich vorsichtig nach draußen und bemühte mich dabei, keinen Schnee ins Zelt hineinzulassen. Aber es trieb ihn dennoch hinein. Als ich mich in den Wind drehte, um nach der Antenne zu sehen, die sich hinter dem Zelt befand, riß es mich beinahe um. Mit hochgezogenen Schultern und eingezogenem Kopf ging ich in die Hocke, aber der Wind schüttelte mich immer noch so durch, daß ich schnell auf die Knie sank und auf allen vieren um das Zelt herumkroch, wobei ich mich an den Spannseilen festhielt. Der Wind trieb mir mit Wucht den Schnee ins Gesicht und gegen den Körper. Es war unmöglich zu atmen. Jedesmal, wenn ich das Gesicht in den Wind drehte, wurde mir die Luft weggesogen.

Als ich endlich hinter dem Zelt angelangt war, stellte ich mit Erleichterung fest, daß die Antenne noch vorhanden war und sich auch in der richtigen Position befand. Danach kroch ich um die Rückseite des Zelts herum und schob Schnee zusammen, um damit das Loch unten an der Klappe zu verstopfen und so zu verhindern, daß noch mehr Schnee hineingetrieben wurde, der den Druck auf die Innenwand verstärkt hätte. Es war unmöglich, den leichten Pulverschnee festzupressen. Ich schob ein kleines Häufchen zusammen und kroch dann weiter. Ich konnte nur hoffen, daß dies genügen würde. Als ich die andere Seite des Zelts erreicht hatte und wieder nach vorn kroch, hatte ich den Wind im Rücken. Er trieb mir die Kälte bis ins Mark. In aller Eile überprüfte ich die anderen Seile und Heringe und kroch hastig wieder ins Zelt zurück.

Fröstelnd tauschte ich die Jacke mit dem dicken Parka, hockte mich zusammengekauert auf meinen Schlafsack und wartete darauf, daß mir wieder warm werden würde. Nachdem ich kräftig von dem warmen Gebräu in meiner Thermosflasche getrunken hatte, kehrte langsam wieder Leben in meinen kalten Körper zurück. Ich goß heißes Wasser aus einer zweiten Thermosflasche in eine Schale mit Fertigreis. Zum Nachtisch gab es ein paar Walnüsse und Cashewnüsse.

Als ich mich in großer Hast zurück ins Zelt gestürzt hatte, war ich über Charlie gestolpert, und der war erwacht. Nachdem er sich kräftig gestreckt und gegähnt hatte, war er zu mir gekommen. Jetzt hockte er neben mir vor der geschlossenen Zelttür und wartete darauf, daß ich sie ihm aufmachte. Ich griff hinüber und öffnete sie gerade so weit, daß er hinausschlüpfen konnte. Er warf nur einen Blick hinaus und zog den Kopf ganz schnell wieder zurück. Einen Moment lang starrte er durch die Öffnung nach draußen, dann ging er mit unverkennbarem Widerwillen hinaus, um sein Geschäft zu erledigen. Er tat das sehr schnell. Innerhalb von Sekunden war er wieder da, bedeckt von Schnee, den er mit einem ordentlichen Schütteln im ganzen Zelt verteilte. Auch mein Schlafsack wurde nicht verschont. Danach kaute er auf dem Hundefutter herum, das ich ihm hingestellt hatte, verspeiste eine Handvoll Cracker und ließ sich dann mit einem lauten, zufriedenen Grunzen nieder, um sich wieder dem Schlaf hinzugeben.

Es war erst halb acht Uhr abends. Da ich nichts anderes zu tun hatte, beschloß ich, die Basis heute früher anzufunken.

»Die starken Winde werden noch ein, zwei Tage anhalten«, meldete mir Terry. »Wir haben hier auch schlechtes Wetter. Tut mir leid, daß ich keine besseren Nachrichten für Sie habe.«

Bemüht, fröhlich und zuversichtlich zu wirken, antwortete ich: »Kein Problem, wir machen es uns eben hier gemütlich.«

Danach schaltete ich aus, weit weniger heiter, als ich zu sein vorgegeben hatte. Aber mit Hilfe meines warmen Parka erwachte mein Körper langsam wieder zum Leben, und ich beschloß, das zu tun, was Charlie tat – einfach zu schlafen und den Sturm bis zum Morgen zu vergessen.

ZEHNTER TAG

Jedesmal, wenn ich in der Nacht erwachte, zerrte und rüttelte der Wind an den Zeltwänden. Und als ich dann gegen acht Uhr morgens wieder erwachte, blieb ich einfach liegen und dachte darüber nach, welch eine Strecke ich jetzt schon hinter mir haben könnte. Aber leider konnte ich nichts anderes tun, als über meine mißliche Lage nachzudenken.

Ich weiß, daß es in der Arktis im Frühjahr schwere Stürme geben kann. Im Winter liegt ein Hochdrucksystem über dem geographischen Nordpol, das sich auch über das gesamte Polargebiet erstreckt. Mit dem Frühjahr kommen die Südwinde und die wärmeren Temperaturen. Die als Folge davon entstehenden Stürme werden von heftigen Winden begleitet und können von langer Dauer sein. Anders als in den Bergen gibt es auf dem Packeis keine Möglichkeit, sich zu verstecken. Der Schnee ist nicht so tief, daß man eine Höhle graben könnte, den einzigen Schutz findet man hinter den Druckkämmen, ein sehr unsicherer Aufenthaltsort, wenn das schwimmende Packeis in Bewegung gerät. Druckkämme entstehen, wenn die Kanten der Eisschollen bei starken Winden aufeinanderprallen und dabei von der ungeheuren Schubkraft des treibenden Eises in die Höhe geschoben werden. Doch so ein Druckkamm kann auch jederzeit auseinanderbrechen und einen langen Spalt offenen Wassers zurücklassen. Bei Sturm lagert man am besten in der Mitte eines flachen Gebiets aus altem, dickem Eis, das keine Sprünge oder Kammbildungen zeigt. Und selbst hier kann es passieren, daß das Eis unerwartet auseinanderbricht oder sich unter extremem Druck hebt und ein neuer Kamm entsteht.

Man kann einen arktischen Sturm nur überleben, wenn man eine Möglichkeit findet, sich vor ihm zu schützen. Große Quader oder rechteckige Blöcke, die aus dem vom Wind zusammengepreßten Schnee herausgeschnitten werden, sind ein guter Windschutz. Dieser Form des Unterstands bedient man sich häufig im Gebirge. Aber da in der Arktis nur wenig Schnee fällt, gibt es einfach nicht genügend festen Schnee, der tief genug wäre, um ganze Blöcke aus ihm herauszuschneiden. Manchmal versucht man es statt dessen mit Meereis. Aber es ist sehr schwierig, das stahlharte Meereis zu zersägen, und wenn man es tut, so wird dabei eine große Menge Energie verbraucht, besonders wenn es sich um vieljähriges Eis handelt, das heißt Eis, das mehr als zwei Jahre alt ist.

Der Iglu der Eskimos, aus Schneeblöcken gebaut, war der klassische Schutzbau der Arktis, bis er durch die Erfindung des Schneemobils unnötig wurde. Die Inuit und die übrigen Bewohner der Polargebiete jagen heutzutage vor allem mit dem Schneemobil. Mit diesem Fahrzeug können sie eine Siedlung jederzeit verlassen, um einen Tag lang in einem bevorzugten Revier zu jagen, und innerhalb von vierundzwanzig Stunden wieder zurückkehren. Für längere Jagdausflüge sind Zeltlager üblich geworden. Ein stabiles, niedriges Zelt, das so konstruiert ist, daß es den Wind abhält und rundherum mit Eisheringen im Eis verankert ist, ist auf dem arktischen Meereis eine zuverlässige Unterkunft.

Bisher hatte mein Zelt dem wütenden Toben dieses Sturms widerstanden, der auch um neun Uhr morgens keinerlei Anzeichen einer Beruhigung zeigte. Hinten am Zelt häufte sich immer noch der Schnee, aber es war nicht so viel, daß er zum

Problem zu werden drohte. Da ich den Eindruck hatte, daß alles gut verankert sei, beschloß ich, mir weitere Inspektionen zu sparen. Ich frühstückte lustlos und dachte über Eisbären und verlorene Zeit nach.

Es schien mir berechtigt, anzunehmen, daß Eisbären bei diesem Wetter keinen allzu großen Jagdeifer zeigen würden, aber sicher war ich nicht. Falls einer vorbeikommen sollte, war ich für ihn ein gefundenes Fressen. Der Wind würde jedes Geräusch eines sich nähernden Bären übertönen, und Charlie würde ihn vielleicht gar nicht wittern, wenn wir uns nicht in der richtigen Windrichtung befanden. Wenn ich nur gewußt hätte, wie lange dieser elende Sturm noch dauern würde. Ich kam mir vor wie eingesperrt in einer winzigen Zelle, die gerade ein paar Schritte breit war, umgeben von einer undurchdringlichen Mauer aus feinsten Schneekörnchen, die wie Schrotkügelchen durch die Luft rasten. Mein Gefängniswärter, der heulende Wind, würde mich so lange daran hindern, von hier fortzugehen, bis er irgendwann, ganz nach eigenem Belieben, beschloß, es genug sein zu lassen.

Ich saß in meinem Schlafsack, meine Karte auf den Knien ausgebreitet, und überlegte, wie ich die verlorene Zeit wieder aufholen konnte, sobald wir unsere Reise fortsetzen konnten, als plötzlich ein lautes Krachen draußen vor dem Zelt mich in die Höhe riß. Die Landkarte flog in die eine Richtung, der Schlafsack in die andere, als ich aufsprang, das Gewehr packte und den Reißverschluß an der Zelttür öffnete. Das Schneetreiben war so stark, daß ich überhaupt nichts sehen konnte. Dicht hinter der Zelttür zusammengekauert, um mich nicht dem Wind auszusetzen, wartete ich gespannt. Ein Bär, dachte ich, kann doch unmöglich ein solches Geräusch machen. Charlie war so erschrocken aufgesprungen wie ich und aus dem Vorraum ins Zelt gekommen. Auch er wirkte hellwach und angespannt, verhielt sich jedoch nicht so, als wäre ein Bär in der Nähe. Was also ging da draußen vor?

Einen Augenblick später bekam ich die Antwort. Wieder sprang ich erschrocken in die Höhe, als es ein zweites Mal ohrenbetäubend krachte. Und im selben Moment, als ich das Geräusch hörte, sah ich, wie anderthalb Meter vor meinem Zelt plötzlich ein Sprung durch das Eis lief. Jetzt begriff ich, was geschah. Durch den Sturm war das Packeis in Bewegung geraten und brach unter der starken Spannung auf. Ich packte Jacke, Mütze und Schneebrille, stürzte nach draußen und kroch zu dem Sprung. Er war ungefähr sieben Zentimeter breit, sein Anfang und sein Ende waren irgendwo draußen im Schneetreiben verborgen. Mit Erleichterung stellte ich fest, daß er nicht breiter wurde. Knapp zwei Meter jenseits des ersten Sprungs entdeckte ich jetzt einen zweiten. Er war etwas breiter, aber auch er vergrößerte sich nicht.

Nun, wenigstens war es kein Eisbär, dachte ich. Doch was war draußen auf dem Eis los? In Panik, daß es immer weiter aufbrechen könnte, rannte ich zum Zelt zurück und begann zu packen, um gewappnet zu sein, falls das Eis rund um das Zelt und vielleicht sogar darunter abbröckeln sollte. So konnte ich, wenn nötig, wenigstens sofort die Flucht ergreifen und verhindern, daß meine Ausrüstung im Wasser versank.

Alle Langeweile des Abwartens war verflogen. Erneut war ich von Furcht angetrieben, als ich hastig zu packen begann. Charlie war auf den Beinen und machte ein ängstlich besorgtes Gesicht. Das Krachen des zerbrechenden Eises hatte auch ihm einen gehörigen Schrecken eingejagt. Ich kauerte draußen vor der Zelttür nieder, hob den Schlitten aus dem Schnee und zog ihn ins Zelt. Das wurde zwar eng, aber hier konnte ich ihn wenigstens bepacken und so dafür sorgen, daß ich jederzeit zum Aufbruch bereit war. Charlie saß mit gespitzten Ohren hinter dem Zelt und beobachtete alles. Mir fiel sein Schlitten ein. Auf ihm befand sich der größte Teil seines Hundefutters. Noch einmal ging ich in den heulenden Wind hinaus und zog den Schlitten dicht an die Zelttür heran. Danach packte ich fertig und zog mich an. Charlie hatte sein Schlittengeschirr bereits um. Es hatte einen bequemen, lockeren Sitz, darum trug er es immer. Nun waren wir beide zum Aufbruch bereit. Aber im Augenblick konnten wir nur abwarten.

Ich befand mich etwa eine halbe Meile von der Küste der Insel Bathurst entfernt. Es war möglich, daß der Sturm das Meereis vorübergehend vom Küsteneis losriß oder daß die Winde das Meereis an der Küste entlangschoben. Dies würde bewirken, daß die Eisdecke dort, wo Meer- und Küsteneis zusammengeschweißt waren, auseinanderbrach. Ich war ziemlich zuversichtlich, daß diese Spalten und Sprünge sich nicht zu breiten Wasserrinnen entwickeln würden, weil ich bei meinem Weg über das Eis nirgends Wasserrinnen gesehen hatte. In diesem Gebiet entstehen normalerweise keine breiten Rinnen; ich befand mich allerdings am Rand der Penny Strait, einer Meerenge, deren Gewässer von der Nordküste der Insel Bathurst zu einem Punkt nördlich unseres Standorts am Sargent Point fließen. Die Gewässer der Penny Strait haben eine rasche Strömung, und das bewirkt, daß das Eis in Unruhe gerät und an manchen Stellen im Norden sehr dünn wird. Hier, in diesem Gebiet, konnten starke Winde schon eher Sprünge und Brüche im Eis verursachen als in dem südlichen Gebiet, das ich vor kurzem durchwandert hatte. Ich hoffte, wir wären hier sicher. Aber ich blieb angespannt, bereit, augenblicklich die Flucht zu ergreifen, wenn das Eis unter dem Zelt anfangen sollte, sich zu bewegen. Ich zog Charlie nahe zu mir. Ich würde ihn keinesfalls zurücklassen, wenn wir schnell fliehen mußten.

Eine halbe Stunde später war ich vor lauter untätigem Herumsitzen völlig verkrampft und durchgefroren. Der Wind blies so heftig wie zuvor, das ständige Knallen der Zeltwände und das Heulen des Sturms gingen mir auf die Nerven. Beim Kramen in meiner Provianttasche fand ich einen kleinen Beutel Walnüsse. Ich bot Charlie ein paar davon an, aber sie sagten ihm nicht zu, also knabberte ich sie. Im Eis war es stiller geworden, der kritische Moment schien vorbei zu sein, ich fand, es sei an der Zeit, alles für die Nacht vorzubereiten. Gerade wollte ich Charlie in seinen Vorraum zurückführen, als ich es plötzlich drei-, viermal hintereinander laut knallen hörte, so als hätte jemand mehrere Gewehrschüsse abgegeben. Ich stürzte zur Zelttür, um zu sehen, was los war. In unmittelbarer Nähe des Zelts hatten sich keine neuen Sprünge aufgetan. Als ich jedoch hinausstolperte, entdeckte ich drei neue, die sich messerscharf von Norden nach Süden durch das Eis zogen. Der nächste, eine bleistiftdünne Linie, war nur etwa sechzig Zentimeter von der Seite unseres Zelts entfernt; die anderen beiden, jeweils mehrere Zentimeter breit, waren ungefähr drei Meter entfernt. Während ich gebückt im Wind kauerte und versuchte, mich vor dem peitschenden Schnee zu schützen, hörte ich aus der Ferne neues Krachen, als das Packeis unter der Gewalt des Sturms aufbrach.

Ich rannte in den Schutz des Zelts zurück, um dem Wind zu entkommen, und überlegte krampfhaft, was ich tun sollte. Der arme Charlie war sehr nervös. Ich legte meinen Arm um ihn, um ihm ein Gefühl der Sicherheit zu geben, und versuchte, meine eigene Angst vor ihm zu verbergen. Meine Nerven waren genauso brüchig wie das Eis rund um mich herum. Würde sich vielleicht der nächste Riß genau unter dem Zelt öffnen? Ich wollte nur noch fort von diesem schrecklichen Ort mit dem wütenden Sturm und dem krachenden Eis. Doch solange der Sturm tobte und die Sicht so schlecht war, konnte ich unmöglich aufbrechen. Ich hatte keine andere Wahl, als in Deckung zu bleiben, mich warm zu halten und das Beste zu hoffen. Ich wußte, daß der Sturm nicht ewig dauern konnte.

Es war fast Zeit zum Funkspruch an die Basis. Ich hatte Angst, sie würden mir ein weiteres Unwetter prophezeien. Nachdem ich die Batterien herausgesucht hatte, stopfte ich sie in eine Innentasche, um sie zu erwärmen, während ich vorn im Zelt das Radio aufstellte. Ich konnte nur hoffen, daß die Antenne noch immer richtig ausgerichtet war. Nachdem ich die Batterien eingesetzt hatte, schaltete ich das Gerät ein. Der Empfang war gut. Terry meldete sich und fragte mich besorgt über den Sturm aus.

»Es ist ziemlich schlimm hier draußen«, sagte ich sachlich. »Was sagt der Wetterbericht?«

»Heute nacht soll eine Besserung eintreten«, antwortete sie zu meiner Erleichterung. »Wie geht es Charlie?«

»Er schläft die meiste Zeit«, antwortete ich.

»Typisch«, sagte sie. Dann teilte sie mir zu meiner Freude mit, daß die Schneemobilexpedition sicher nach Polaris zurückgefunden hatte. Wegen des starken Sturms hatten die Australier ihre Pläne aufgegeben. Terrys Stimme tat mir gut – wie immer. Sie wünschte uns eine gute Reise, und wir verabschiedeten uns bis zum folgenden Abend voneinander.

Ich konnte unmöglich die ganze Nacht wach bleiben und dem Krachen und Knacken des Eises lauschen, daher ließ ich den Schlitten bis auf einiges, was ich für die Nacht brauchte, bepackt. Charlie kehrte ins Vorzelt zurück und rollte sich sofort zusammen. Mein Abendessen bestand aus ein paar Cashewnüssen und einem heißen Getränk aus meiner Thermosflasche. Ich wagte es nicht, den Kocher anzumachen. Er war so laut, daß ich dann die Geräusche des Eises nicht mehr gehört hätte; außerdem wäre ein brennender Kocher nur ein zusätzliches Problem, wenn wir das Zelt schnell verlassen mußten.

Ich mußte unbedingt noch einen Blick auf die Sprünge im Eis werfen, um ihren Zustand zu prüfen. Ich zog also Mütze und Jacke an und lief hinaus. Die Spalte, die sich dem Zelt am nächsten befand, hatte sich auf etwa fünfzehn bis zwanzig Zentimeter ausgedehnt, dafür hatte die zweite sich geschlossen. Der bleistiftdünne Riß neben dem Zelt war jetzt beinahe dreißig Zentimeter breit geworden, die übrigen Sprünge hatten sich entweder geschlossen oder ein wenig verbreitert. Das Eis bewegte sich also nach wie vor.

Durch Wind und Schnee torkelte ich zum Zelt zurück und beschloß, sicherheitshalber mit Kleidern und Schuhen zu schlafen. Ich zog meinen Schlafsack ganz nahe an Charlie heran, damit ich ihn jederzeit griffbereit hatte. Meine größte Angst war, daß das Eis sich direkt unter dem Zelt öffnen würde. Wenn sich dort eine Spalte auftat, die so breit war, daß wir ins eisige Wasser stürzten, würde unsere Expedition damit auf der Stelle beendet sein. Schlaf war vor dem langen, harten Tag wichtig, der mir bevorstand, aber ich konnte mich nicht entspannen. Ich lag halb in meinem Schlafsack und döste vor mich hin, nur um immer wieder hochzuschrecken und angestrengt zu lauschen, um durch das Heulen des Windes die Geräusche des Packeises hören zu können. Gegen Mitternacht ließ der Wind nach. Das schrille Pfeifen verstummte, die Zeltwände flatterten nicht mehr so stark. Es schien, als sollten meine Gebete erhört werden. Der Sturm zog weiter. Um zwei Uhr warf ich einen hoffnungsvollen Blick zur Zelttür hinaus. Der Wind blies nur noch mit halber Kraft, war jedoch immer noch so heftig, daß ich durch das dichte Schneegestöber nichts sehen konnte. Ich legte mich wieder hin, angespannt und ruhelos, und wartete darauf, daß die Sicht sich bessern würde, damit ich endlich von hier verschwinden konnte.

5
Dünnes Eis

ELFTER TAG

Der Wind flaute weiterhin ab, aber erst um sechs Uhr war die Sicht gut genug, daß ich an Aufbruch denken konnte. In den frühen Morgenstunden hatte sich ein dichter Eisnebel gebildet, der sich jedoch gegen sechs Uhr so weit gelichtet hatte, daß man gut eine Viertelmeile sehen konnte. Vorher hatte ich auf keinen Fall aufbrechen wollen. Das Risiko war mir bei dem brüchigen Packeis zu groß gewesen. Nun jedoch hatte sich der Wind, der uns gefangengehalten hatte, verzogen, die Türen unseres Gefängnisses standen offen, wir waren frei.

Charlie schien mehr als bereit, wieder loszuziehen. Auch er war die ganze Nacht über unruhig gewesen. Immer wieder war er aufgestanden und hatte »Gras getreten«, um sich ein Nest zu machen, ehe er sich wieder niederlegte und zusammenrollte. Gepackt hatte ich bereits, und so marschierten wir nach einem kleinen Frühstück, das aus einer Handvoll Crackern und Walnüssen für mich und einer Portion Hundefutter für Charlie bestand, wieder los. Die zweiundzwanzig Grad minus waren angenehmer als die eisige Kälte der ersten Tage, aber mir war nicht wohl dabei. Hatte das vielleicht zu bedeuten, daß sich ein neuer Sturm zusammenbraute? Obwohl der Wind abgeflaut war, wehte er immer noch aus Süden, und das hieß, daß das Wetter weiterhin unbeständig war und leicht ein neuer Sturm aufkommen konnte.

Schwaches Sonnenlicht fiel durch den dünnen Eisnebel. Der Schnee war vom Wind zusammengefegt worden und hatte sich fest zusammengeballt zu niedrigen Kämmen, manche nur wenige Zentimeter, andere über einen halben Meter hoch. Als ich mich besorgt nach Anzeichen von Sprüngen umsah, entdeckte ich zahlreiche bleistiftdünne Linien, die sich kreuz und quer über das Eis zogen, und mehrere Spalten, die bis zu sieben, acht Zentimeter breit waren.

Als wir die erste dieser Spalten erreichten, trat Charlie vorsichtig an ihren Rand, blickte hinunter in das kalte, schwarze Wasser, machte einen Moment halt und stieg dann nervös über die Spalte hinweg, wobei er das Wasser unter sich nicht aus den Augen ließ.

»Es ist alles in Ordnung, Charlie«, sagte ich in möglichst ermutigendem Ton. Es widerstrebte ihm offensichtlich, über das offene Wasser zu springen, aber mittlerweile hatte er Vertrauen zu mir gefaßt und war bereit, sich meinem Urteil anzuvertrauen.

Nach zwanzig Minuten vorsichtigen Marschierens gelangten wir zu einem besonders brüchigen Teil des Eises, in dem sich klaffende Spalten von nahezu einem Meter Breite in westöstlicher Richtung quer über unseren Weg zogen. Ich blickte hinunter in das pechschwarze Wasser, und mir schauderte bei der Vorstellung, dort hineinzufallen. Der plötzliche Schock durch das eisige Wasser würde lähmen, vielleicht sogar töten. Ich sah Bilder aus den Schauergeschichten vor mir, die man mir erzählt hatte: von Schlittenhunden, die ins Wasser gestürzt waren und die man losgeschnitten hatte, um zu verhindern, daß sie den Rest des Teams mit sich hinunterzogen. Manchmal gelang es ihnen, sich aus dem Wasser herauszukämpfen, aber wenn die Strömung stark war, verschwanden sie einfach unter dem Eis. Kein Wunder, daß Charlie am offenen Wasser so vorsichtig war. Er wußte genau, was es bedeutete, dort hineinzufallen.

Während ich das Labyrinth aus Rissen und Spalten betrachtete, das sich vor uns ausdehnte und durch das wir einen sicheren Weg finden mußten, schoß mir ein bedrückender Gedanke durch den Kopf. Wenn ich einen Fehler machte und Charlie oder ich ins Wasser stürzten, war sein ganzes Vertrauen in mich umsonst gewesen. Zu Beginn unserer Reise war er ein Hund der Inuit gewesen, gewöhnt, ohne Freundlichkeit von Menschen auszukommen. Wie alle Hunde der Inuit hatte er gelernt, im Umgang mit Menschen vorsichtig zu sein. Denn schon der kleinste Fehler konnte mindestens mit einem Tritt in die Rippen geahndet werden, da er den Tod bedeuten konnte. Charlie hatte gewiß keinen Grund, einem Menschen sein Leben anzuvertrauen. Aber mir vertraute er.

Er stand jetzt leicht an mein rechtes Bein gedrückt und wartete auf meine Entscheidung. Er hatte es sich angewöhnt, diesen Körperkontakt zu suchen, wenn er sich in der Nähe von offenem Wasser befand oder nicht wußte, was ich als nächstes vorhatte. Ich meinerseits hatte gelernt, ihm eindeutige Körpersignale zu geben, um ihn wissen zu lassen, wie es weitergehen würde. Seine fragende Haltung der Unsicherheit unterschied sich deutlich von dem selbstsicheren, zielbewußten Beschützerverhalten des Eisbärenjägers, der genau wußte, was er tat. Als ich ihm den Kopf kraulte, sah er zu mir auf, und seine Liebe und sein Vertrauen spiegelten sich in seinen dunklen Augen. Hastig beugte ich mich zu ihm hinunter und drückte ihn fest an mich. Die Vorstellung, daß Charlie etwas zustoßen könnte, lag mir wie ein Bleigewicht auf der Seele. Ich liebte diesen großen, schwarzen Hund, und irgendwie würden wir gemeinsam sicher und wohlbehalten den Pol erreichen. Es war ein kostbares Geschenk, das Vertrauen und die Liebe eines Hundes gewonnen zu haben, der nie zuvor Vertrauen gelernt und nie zuvor menschliche Güte kennengelernt hatte.

Wieder blickte ich zu der von Rissen und Spalten durchzogenen Eisfläche hinaus, die vor uns lag, und versuchte einen Weg zu erkennen, der uns hindurchführen würde, ohne daß wir große Umwege machen mußten. Ich war überrascht, wie dünn das Packeis war. Nur dreißig bis sechzig Zentimeter dick, um einiges dünner als das Eis, über das wir in den letzten Tagen gewandert waren. Das erklärte auch, weshalb es unter der Gewalt des Sturms gebrochen war.

Plötzlich fing das Eis wieder an sich zu bewegen, krachte und knirschte in allen Richtungen. Ich stand wie gelähmt vor Schreck, als die Spalte vor mir sich langsam bis auf wenige Zentimeter zusammenschob. Die Stürme, die seit zwei Tagen über die Arktis fegten, und die Gezeiten rüttelten immer noch an der ausgedehnten Fläche des Packeises. Charlie und ich machten es uns rasch zunutze, daß die Spalte so schmal geworden war, und überschritten sie. Die nächste Spalte, nur wenige Meter entfernt, war breiter und dehnte sich langsam weiter aus. Ich packte Charlie, drängte ihn zur Eile, und wir nahmen auch dieses Hindernis. Aber dann krachte es plötzlich laut und hart, und nur Zentimeter vor meinen Skispitzen raste wie der Blitz ein Riß durch das Eis. Mein Mund war wie ausgedörrt vor Angst. Ich wollte nur weg von hier, so schnell wie möglich. Wir überquerten diesen neuen Riß, um am Rand einer Spalte zu landen, die einen Meter breit war. Ich hatte Angst, sie würde sich ganz plötzlich noch mehr ausweiten. Um es Charlie erlauben zu können, zu springen, ohne von den Zugleinen seines Schlittens nach rückwärts gerissen zu werden, knüpfte ich seinen Schlitten schnell an ein langes Seil. Den Kopf fragend und unsicher zur Seite geneigt, beobachtete er mich, wie ich mich der Spalte näherte. Meine Skier bogen sich zwar in der Mitte beängstigend durch, aber sie waren lang genug, um die Spalte zu überbrücken, und ich gelangte, meinen Schlitten hinter mir herziehend, sicher auf die andere Seite.

Der arme Charlie fühlte sich absolut überfordert. Ein paar Zentimeter waren ja in Ordnung, aber das hier! Ich neigte mich ihm mit ausgestreckter Hand entgegen, rief seinen Namen und bemühte mich dabei, möglichst ruhig und sicher zu wirken. Nachdem er eine Weile in das furchteinflößende Wasser hinuntergestarrt hatte, faßte er sich ein Herz und sprang. Anmutig und leicht flog sein kraftvoller Körper über die Spalte hinweg. Ich streichelte und kraulte ihn, um ihm zu zeigen, wie beeindruckt ich war. Er schien recht zufrieden mit sich zu sein und beantwortete meine Umarmung, indem er mir kräftig über das Gesicht leckte. Ich nahm es als Kuß. Nun mußte ich nur noch seinen Schlitten auf die andere Seite ziehen.

Sehr schnell löste sich der Eisnebel jetzt auf, die Sicht wurde immer besser. Ich blieb stehen, um zu lauschen. Das Eis war wieder ruhig. Vielleicht hatten wir soeben seine letzten Zukkungen erlebt. Ich hoffte es. Wir mußten noch über einige weitere Sprünge und Spalten hinüber, von denen die größte jedoch nicht breiter war als einen Meter. Charlie hielt sich tapfer. Ich hatte seinen Schlitten hinter meinen gebunden. Da ich nun seinen Schlitten zog, war es für ihn leichter, die Spalten im Eis zu überspringen. Er lief in blindem Vertrauen an meiner Seite, während wir uns unseren Weg durch das brüchige, zerklüftete Eis suchten. Nach einigen weiteren Sprüngen zögerte er nicht einmal mehr, sondern sprang mir manchmal sogar voraus. Sein Vertrauen wurde mit jedem Sprung größer. Ich verließ mich darauf, daß Charlie mich vor Eisbären warnen würde; er verließ sich darauf, daß ich ihm über das offene Wasser helfen würde.

Als wir einen völlig harmlos aussehenden, vom Wind zusammengepreßten und abgeflachten Schneehaufen überquerten, gelangten ich, mein Schlitten und Charlie zwar sicher auf die andere Seite, aber Charlies Schlitten brach plötzlich ein, und das Ende hing ins offene Wasser. Ich zog meine Skier aus, um beweglicher zu sein, wenn ich zurückging, um seinen Schlitten herauszuziehen, aber beinahe augenblicklich brach mein rechter Fuß durch die Schneekruste, und mein Bein versank bis zur Hüfte. Panik packte mich. Mein Fuß hing ins Wasser, aber mein wasserfester Stiefel hielt ihn trocken. Nachdem ich ihn vorsichtig wieder herausgezogen hatte, ging ich mit wohlbedachten Schritten zu Charlies Schlitten zurück. Ich zog ihn aus dem Wasser, schlich behutsam zu meinen Skiern, schnallte sie an und ging weiter, noch vorsichtiger als bisher. Es war sicherer für mich, auf Skiern zu laufen. Durch sie wurde mein Gewicht auf eine größere Fläche verteilt, und das bewahrte mich davor, durch den Schnee, der manchmal Sprünge verdeckte, einzubrechen. Ich hielt Charlies Leine kurz, um ihn nah bei mir zu haben und ihm sofort helfen zu können, falls er einbrechen sollte.

Nach einer Meile Marsch gelangten wir wieder auf dickeres Eis, das, wie es schien, ohne Sprünge und Brüche war. Der Sturm hatte uns unglücklicherweise genau in einem Gebiet dünnen Eises erwischt, das von den starken Winden leicht in Bewegung gesetzt und aufgebrochen werden konnte. Ich vermutete, daß die Gezeiten so nahe an der Küste und die starken Strömungen, die Sargent Point umspülten, ebenso wie die rasch fließenden Gewässer der Penny Strait, die ganz in der Nähe war, dazu beigetragen hatten, daß sich nur eine so dünne Eisschicht hatte bilden können. Was immer auch der Grund war, ich war so froh, daß wir dieses gefährliche Gebiet sicher und wohlbehalten überwunden hatten, daß ich nicht einmal anhielt, um zu rasten oder zu essen. Ich band nur schnell Charlies Schlitten von meinem los und machte ihn wieder am Hundegeschirr fest. Ich wollte soweit wie möglich weg.

Nachdem wir die flache, eisige Ebene von Sargent Point hinter uns gelassen hatten, stieg die Küste von Bathurst steil auf etwa dreißig Meter Höhe an. Die niedrigen Felsen waren kahl und sanft gerundet, und durch das Eis schimmerten große Flächen gefrorenen Kieses, der von Winden, die unablässig über dieses unwirtliche Gebiet fegten, glattgeschliffen war. Landeis und Meereis vereinigten sich hier zu einer endlosen, leeren weißen Welt von solcher Weite, daß sie mich und meine Gedanken zu verschlingen drohte. Der Mangel an scharfen Farbkontrasten in dieser weißen, gleißenden Welt raubte mir alles Gefühl für normale Maßstäbe. Ich war nur ein winziges, unbedeutendes Staubkörnchen im weiten Nichts. Ich wollte fort von hier, zurück in eine Umgebung, in der ich mich nicht zur Ameise reduziert fühlte.

Die Felsen, die sich zu meiner Linken befanden, sahen, als ich an ihnen vorüberfuhr, steiler aus, als sie tatsächlich waren. Ich entfernte mich von der Küste, um dieses Gefühl der Winzigkeit loszuwerden, das ihre Größe mir einflößte. Das flache Meereis, das sich vor mir erstreckte, war im Gegensatz zu den Küstenfelsen, die mir so übergroß erschienen, weit und leer. Beides war beängstigend. Ganz allein in dieser grenzenlosen Weite, aller vertrauten Bilder und Geräusche beraubt, war ich mir meiner eigenen Gefühle viel deutlicher bewußt und war wesentlich sensibler für meine Umgebung. Meine Sinne sprachen nicht nur zu mir, sie schrien. Ich war mit jeder Faser bereit, augenblicklich zu reagieren.

Die stets gegenwärtige, den Verstand lähmende Angst vor den Eisbären reiste mit mir, ließ mich niemals aus ihren Klauen. Ich lebte mittlerweile immer nur von einem Tag zum anderen, und wenn ich wußte, daß möglicherweise ein Eisbär in der Nähe war, oder auch, wenn ich relativ frische Spuren kreuzte, lebte ich einfach von Stunde zu Stunde. Es war besser, nicht bis ans Ende der Reise zu denken. Schritt für Schritt gelangt der Bergsteiger zum Gipfel, und genauso würde ich Stunde für Stunde zum Pol vordringen. Ich wußte jetzt, daß ich mein Ziel erreichen konnte. Das einzige, meinte ich, was mich aufhalten konnte, wäre Verletzung oder Tod durch einen Eisbären.

Bald entdeckte ich zu meiner Linken wieder eine flache Ebene, die sich aber nur über ein Gebiet von etwa einer halben Meile erstreckte. Meine Karte zeigte einen namenlosen Fluß, der hier ins Meer mündete, aber er war unter einer Eisdecke verborgen. Es war zehn Uhr. Obwohl wir in dem Gebiet dünnen Eises nur langsam vorwärts gekommen waren, lagen wir gut in der Zeit. Ich setzte mich auf meinen Schlitten, um eine Kleinigkeit zu essen, und sobald ich meinen Proviantbeutel vom Schlitten holte, signalisierte mir Charlie mit wildem Springen und Schwanzwedeln, daß auch er gegen einen Happen nichts einzuwenden hätte. Ich gab ihm etwas Hundefutter, das er jedoch verschmähte, als er sah, was ich verspeiste. Eindeutig wirkte mein Essen mehr als seines. Aber ich blieb hart und bestand darauf, daß er zuerst das fraß, was ich ihm hingestellt hatte. Als er dies nicht tat, setzte ich mich wieder auf meinen Schlitten und ignorierte ihn demonstrativ, indem ich mich abwandte und in weite Fernen blickte. Das kapierte er und fraß nun sein Futter bis auf den letzten Happen, ehe er seine Aufmerksamkeit erneut auf meine Cracker und Walnüsse richtete. Nachdem er die Walnüsse wie üblich verschmäht hatte, bettelte er um Cracker. Ich gab ihm zwei und aß selbst schnell die letzten drei, um nicht Gefahr zu laufen, seinen Überredungskünsten zu erliegen. Die Essenspausen waren mit der Zeit zu einem richtiggehenden taktischen Spiel geworden, aus dem ich immer häufiger als Verliererin hervorging. Charlie war ein so geübter Bettler, daß er inzwischen von den Crackern mehr bekam als ich. Da waren neue Regeln nötig. Charlie mußte erst fressen, was ich ihm hinstellte, ehe er bei mir mitessen durfte. Ich war überrascht, daß es tatsächlich funktionierte und ich den ersten Essenskampf des Tages gewonnen hatte.

Ehe wir wieder aufbrachen, schaute ich mir einen Moment die Karte an, um mir zu überlegen, in welchem Abstand von der Küste wir weitergehen sollten. Drei Meilen östlich von Bathurst lagen drei winzige Fleckchen Land, nicht mehr als eine halbe Meile lang, die Cheyne-Inseln. Der große Fluß, der Cheyne River, ergoß sich genau gegenüber der mittleren Insel von der Küste ins Meer. In der Ferne konnte ich die zackigen Konturen zerklüfteten Eises erkennen, vermutlich durch die Strömungen rund um die Insel und in dem jetzt zugefrorenen

Flußdelta verursacht. Ich entschied mich schließlich für einen nördlichen Kurs mit einem Abstand von zweieinhalb Meilen von der Küste. Ich vermutete, in der Nähe der Flußmündung würde das Eis wahrscheinlich unwegsamer sein als in der Nähe der Inseln. Deshalb würde ich mich von der Küste fernhalten, aber auch von den Inseln mindestens eine halbe Meile Abstand halten.

Als wir wieder losgingen, fiel mir auf, daß der Wind, der aufgefrischt hatte und jetzt mit zehn Meilen pro Stunde blies, immer noch aus Süden über das Eis fegte. Nach einer halben Stunde Marsch befanden wir uns gegenüber der South-Cheyne-Insel. Das einzige, was man oberhalb der Eisbrocken sehen konnte, die an ihren Küsten aufgehäuft waren, war ein winziges Zipfelchen Land, nicht mehr als zweihundert Meter lang, vielleicht fünfzig Meter breit und, meiner Karte gemäß, etwa fünfzehn Meter hoch. Die Oberfläche des Landes war schwarz und steinig, ein eklatanter Kontrast zum glitzernden weißen Eis rundherum. Einem schwarzen Pfeil ähnlich wies die Insel nach Norden. Je näher wir der Insel kamen, desto lauter wurden die Geräusche des Eises, und die glatte Fläche wurde holprig und rauh. Langgezogene Seufzer und schrilles Kreischen stiegen aus den Tiefen des Eises auf, das von den rasch fließenden Strömungen zwischen den drei Inseln und der Küste von Bathurst hin und her geschoben wurde.

Wir kreuzten eine frische Eisbärenspur, und Charlie hätte nichts lieber getan, als ihr zu folgen. Die schwarze Nase über dem Eis, sauste er los und zog mich mit sich. Die Spuren führten nach Norden, in die Richtung also, in der wir wanderten, aber ich hatte nicht die geringste Lust, den Bären einzuholen. Meinetwegen sollte jeder Bär wandern, wohin er wollte, auf das Vergnügen unserer Begleitung mußte er verzichten. Ich riß an Charlies Kette und befahl ihm, dazubleiben, aber er war schon so in Schwung, daß sein Schlitten an mir vorbeisauste, seitwärts von einem sechzig Zentimeter hohen Eisbrocken hinunterkippte und genau über meine Skispitzen donnerte. Das wirkte so, als hätte jemand plötzlich meine Skier abgebremst, und ich stürzte nach vorn. In einem Gewirr auf Stökkern und Skiern landete ich bäuchlings auf dem Eis. Ich sah zu Charlie auf. Sein verwunderter Blick sagte ganz eindeutig: »Was, in aller Welt, machst du denn jetzt schon wieder?«

Es war nicht gerade ein heiterer Moment. Ich befand mich in einer üblen Lage, falls unvermutet ein Bär auftauchen und sich entschließen sollte, mich näher in Augenschein zu nehmen. Zum anderen war es nicht gerade angenehm, mit dem Gesicht aufs Eis aufzuschlagen. Ich spürte, wie Zorn in mir hochstieg. Aber dann fiel mir ein, wie schlecht ich mich das letzte Mal gefühlt hatte, als ich Charlie geschimpft hatte. Mit einem großen Maß an Selbstkontrolle unterdrückte ich meine Gefühle, während ich mich bemühte, mich aus dem Durcheinander von Stöcken und Skiern zu befreien. Schließlich, sagte ich mir, ist es für Charlie das Natürlichste von der Welt, einem Eisbären nachjagen zu wollen. Aber es wäre mir lieber gewesen, das würde ihm nicht gerade einfallen, wenn er seinen Schlitten zog. Um hochzukommen, blieb mir schließlich nichts anderes übrig, als Skier und Schlittengeschirr auszuziehen. Charlie schien keine Ahnung zu haben, daß er die Ursache dieses ganzen Aufruhrs gewesen war, er legte sich gemütlich aufs Eis und ruhte sich aus, während ich mich mühsam wieder hochrappelte.

Da wir nun schon diese Zwangspause hatten einlegen müssen, meinte ich, könnten wir auch etwas essen, ehe wir weitermarschierten. Wir gönnten uns jeder einen Imbiß von drei Erdnußbutterpralinen, dann ging es weiter. Charlie, der ruhig und selbstsicher an meiner Seite lief, zeigte keine Anzeichen von Müdigkeit. Er hatte ein treues, zuverlässiges und liebevolles Wesen. Unsere Freundschaft und die Aufmerksamkeit, die er von mir erhielt, taten ihm offensichtlich gut. Wir hatten gemeinsam alle möglichen Abenteuer bestanden, und das ge-

genseitige Verständnis füreinander war mit jedem Tag gewachsen. Er hatte sich sogar daran gewöhnt, bei seinem Namen gerufen zu werden. Ich konnte mir kaum vorstellen, daß er vor zwei Wochen noch nicht einmal einen Namen gehabt hatte.

Wir machten uns wieder auf den Weg. Beim Überqueren der Flußmündung spähte ich nach vorn, um einen bequemen Durchgang durch das zerklüftete Eis zu entdecken. Zu meiner Linken machte die Küste einen scharfen Knick nach innen, um die Reindeer-Bucht zu bilden. Rechter Hand ließen wir die beiden anderen Inseln der Cheyne-Gruppe liegen. Sie sahen nicht viel anders aus als die erste – klein, flach und schwarz. Die mittlere blieb fast unsichtbar, die dritte war über das Eis hinweg kaum zu sehen.

Ich bemerkte mehrere Bärenspuren, die in alle Richtungen auseinanderstrebten. Manche waren schon vom Wind verwehte, verwitterte Spuren, andere waren höchstens einen Tag alt. Eine Spur, die wir schon früher bemerkt hatten, war noch sehr frisch gewesen, sicher nicht älter als eine Stunde. Der Wind hatte noch keine Gelegenheit gehabt, die Ränder der Abdrücke zu glätten. Sie waren ziemlich groß, stammten wahrscheinlich von einem männlichen Bären, der vor uns in Richtung Norden wanderte. Unmöglich zu sagen, ob der Bär unsere Witterung aufnehmen und uns im zerklüfteten Eis versteckt auflauern würde. Ich fuhr langsam auf meinen Skiern dahin und bemühte mich, durch das Gleißen des Lichts des frühen Nachmittags so weit wie möglich vorauszuschauen.

Charlie zeigte plötzliches Interesse an einigen anderen Spuren. Sie schienen von einer Bärin und zwei Jungen zu stammen. Die Abdrücke der Kleinen folgten dicht auf die größeren der Mutter. Sie führten von der Küste herüber und waren frischer als die Spuren des männlichen Bären vor ihnen. Charlie war Feuer und Flamme, seine Nase machte Überstunden. Ich lief ungefähr noch hundert Meter weiter, dann blieb ich stehen, als ich sah, daß die Spuren der Bärin plötzlich etwa zwanzig Meter in entgegengesetzter Richtung verliefen, also auf uns zu, ehe sie dann wieder von uns wegführten. Voller Nervosität schaute ich mich um, entdeckte aber nirgends einen Bären, und ging dann vorsichtig und wachsam weiter. Charlie hatte mittlerweile aufgehört, an der Leine zu ziehen, um den Spuren nachzujagen. Er war jetzt wachsam und angespannt.

Es sah aus, als hätte die Bärin uns gewittert, ihre Jungen einen Moment allein gelassen, um umzudrehen und Ausschau zu halten, ehe sie vor uns weiter nach Norden wanderte. Hatte sie uns gesehen? Wie weit war sie vor uns? Die Spuren waren so frisch, daß ich überzeugt war, die Bärin und ihre beiden Jungen könnten höchstens ein paar hundert Meter vor uns sein. Der Wind mußte ihr unsere Witterung zutragen, darum ging ich einfach einmal davon aus, daß wir gesehen worden waren. Ich bewegte mich jetzt sehr vorsichtig vorwärts, während ich angestrengt versuchte, im gleißenden Licht das nun schon vertraute cremige Weiß eines ausgewachsenen Bären zu erkennen. Meine Nerven hatten sich von unserer morgendlichen Flucht über das berstende Eis noch nicht erholt, ich war noch nicht bereit, einem Bären gegenüberzutreten.

Charlie lief mir ein wenig voraus, eine Position, die er automatisch einnahm, wenn ein Bär in der Nähe war. Als er anfing, leise zu knurren, fragte ich mich mit wachsender Angst, ob die Bärin vielleicht noch einmal stehengeblieben war. Mein Magen flatterte, und mein Herz schlug mir bis zum Hals. Wenn ich weiter vorwärts lief, würde der Bär mich vielleicht aus dem Hinterhalt überfallen. Aber ich konnte auch nicht einfach anhalten und warten, bis die Bärin weiterging. Bären sind geduldige Tiere. Ich benötigte einen neuen Plan.

Ich beschloß, in Richtung Bathurst zu gehen und nach einer gangbaren Landroute an der Küste entlang zu suchen. Mein Entschluß basierte auf der Vermutung, daß die Bärin auf Robbenjagd war und keinen Grund hatte, an Land zu kommen. Es würde natürlich schwierig werden, meinen Schlitten über den nackten Kies zu ziehen, aber es war einen Versuch wert. Ich hatte überhaupt kein Verlangen danach, in der zerklüfteten Eiswüste, die wir jetzt durchquerten, mit einem Eisbären Verstecken zu spielen. Bei so einem Spiel konnte ich nur allzu leicht verlieren.

Wir befanden uns fast genau gegenüber der Nordspitze der flachen Küste der Reindeer-Bucht. Ich beschleunigte zu höchster Geschwindigkeit und warf ständig nervöse Blicke zurück, während Charlie mit hocherhobener Nase in der Luft schnupperte, um die Witterung der Bärin hinter uns aufzunehmen. Bald waren wir nah an die Küste herangekommen, und da tat sich tatsächlich ein leicht gangbarer Weg zum flachen Gebiet der nördlichen Reindeer-Bucht hinauf auf. Ich hielt darauf zu, froh, keine Kiesbänke zu sehen. Tatsächlich dehnte sich hier eine beinahe ungebrochene Eisdecke über das Land; es sah aus, als könnte man dort mit Skiern gut vorwärts kommen. Das Küsteneis knirschte unter meinen Füßen und splitterte unter meinem Gewicht, aber es war sicher. Einen sanften Hang hinauf stiegen wir an Land. Nach so vielen Tagen auf dem Packeis tat es gut, wieder einmal festen Boden unter den Füßen zu haben.

Nun wandten wir uns erneut nach Norden, überquerten schneebedeckte Kiesbänke, die vom Flußwasser während der kurzen arktischen Sommer aufgehäuft worden waren, und erreichten das Südufer eines namenlosen Flusses, der an dieser Stelle ins Meer mündete. Unsere nächste Aufgabe war es, das gefrorene Flußbett zu überqueren. Dreihundert Meter flußaufwärts fand ich eine leicht gangbare, schräg geneigte Schneerampe, die drei Meter zum Grund des Flusses abfiel. Ich wußte, daß mein Schlitten mich überfahren würde, wenn ich ihn hinter mir her hinuntergleiten ließ, deshalb tat ich das Umgekehrte und ließ ihn langsam vor mir hinuntergleiten. Nachdem ich auch Charlies Schlitten hinuntergelassen hatte, gingen wir los und gerieten beinahe augenblicklich in losen Pulverschnee, der sicherlich einen halben Meter tief war. Ich versank jedenfalls sofort bis zur Hüfte, während der arme Charlie kaum noch heraussehen konnte. Ich nahm ihn fest am Halsband, zog ihn hoch und half ihm, sich an der Oberfläche zu halten. Zum Glück war der Flußgrund an dieser Stelle nur wenige Meter breit, und mit viel Stöhnen und Ächzen hatten wir bald die andere Seite erreicht.

Charlie nahm alles mit Humor, obwohl er sich wahrscheinlich fragte, warum wir nicht auf dem Meereis blieben, wo er herumlaufen konnte, ohne im weichen Schnee zu versinken. Ich klopfte eine dichte Schneeschicht von meiner Kleidung. Ein wenig Schnee hatte sich unter meine Kapuze geschoben und bildete einen kalten Ring um meinen Hals, der langsam schmolz und in kleinen Bächlein meinen Nacken hinunterrann. Charlie schüttelte sich einmal kräftig, um sich von dem unerwünschten Schnee zu befreien, und überschüttete mich dabei mit einem Schneeschauer. Ich wandte mich zwar ab, aber nicht schnell genug, um nicht noch eine ordentliche Ladung abzubekommen.

»Danke, Charlie«, sagte ich.

Der hundertzwanzig Meter hohe Greenwich Hill befand sich eineinhalb Meilen nördlich von uns an der Küste, und um nicht direkt über ihn hinwegklettern zu müssen, beschloß ich, weiter nach Nordwesten, ins Landesinnere, auszuweichen, um wenigstens den steilsten Teil zu umgehen. Dennoch hatten wir – meiner Karte zufolge – einen langen, stetigen Anstieg vor uns. Als ich die Route überdachte, hoffte ich, daß meine Entscheidung, an Land zu gehen, richtig gewesen war; aber ich brauchte mich nur daran zu erinnern, daß auf dem Meereis vielleicht eine Begegnung mit einem Eisbären stattgefunden hätte, um die vor uns liegende Klettertour gleich viel attraktiver zu finden.

Unsere Route führte uns zunächst über fast flaches, schnee-

und kiesbedecktes Gelände, das dann allerdings rasch auf etwa sechzig Meter anstieg. Ich kletterte den Hang diagonal hinauf und zog meinen Schlitten hinter mir her über eine Schicht hartgefrorenen Schnees, der vom Wind an den Hang gepreßt worden war. Nach etwa fünfzehn Metern hielt ich an und schnallte meine Skier ab. Die Schneeschicht schien ziemlich dünn und hart zu sein, da kam man zu Fuß wahrscheinlich besser vorwärts als auf Skiern. Ich hielt die Zugseile des Schlittens fest in der Hand und griff nach meinem Eispickel, um den Schlitten am steilen Hang zu verankern. Ein Ausrutscher, und mein Schlitten und ich würden zum Grund des Flusses abstürzen. Ich wickelte die Seile fest um den Metallschaft und stieß den Pickel dann so weit wie möglich in den harten Schnee. Charlies Schlitten, der nur etwas über einen Meter lang war und jetzt vielleicht noch knapp dreißig Kilo schwer, hielt leicht. Ich legte Skier und Stöcke oben auf meinen Schlitten und machte sie mit zwei Riemen fest. Als das erledigt war, zog ich den Eispickel wieder heraus, hielt ihn in der rechten Hand und nahm den Anstieg von neuem in Angriff.

Es war harte Arbeit. Ich war daran gewöhnt, den Schlitten auf meiner Höhe zu haben, jetzt aber hing er hinter mir am steilen Hang, und ich war gezwungen, mit aller Kraft zu ziehen. Ich gebrauchte meine Eisaxt, um die Balance zu halten, und grub meine Stiefelkanten fest in den harten Schnee, um guten Halt zu haben. Die Muskeln meiner Unterschenkel brannten, als ich auf einer Höhe von etwa sechzig Metern war. Der Hang über uns war nicht mehr ganz so steil und führte zu einem schmalen, flachen Sims hinauf. Schritt für Schritt akkerte ich mich weiter hinauf, immer vom Gewicht des Schlittens hinter mir abwärts gezogen, und legte keine Pause ein, bis ich den kleinen, beinahe ebenen Sims erreicht hatte. Selbst dann war es zu kalt und zu windig, um eine längere Rast einzulegen, darum marschierten Charlie und ich schon bald weiter. Langsam gelangten wir immer höher. Die Schlittenkufen knirschten im trockenen Schnee hinter uns. Charlie, der wie immer an meiner Seite ging, schien seinen Schlitten ohne Mühe zu ziehen. Als wir eine Höhe von neunzig Metern erreicht hatten, hörte ich auf zu steigen und folgte der Westflanke des Greenwich Hill, immer noch etwa dreißig Meter unterhalb des Gipfels. Ich hoffte, irgendwo eine geeignete Stelle zu finden, um über das Meereis nach den Bären Ausschau halten zu können, denen wir aus dem Weg hatten gehen wollen. Doch das Land bildete zwischen uns und der Küste eine undurchsichtige Mauer.

Statt dessen blickte ich nach Westen über die Insel auf eine völlig andere Landschaft als die, die ich in den vergangenen elf Tagen durchwandert hatte. Die kalte Sonne schien von einem klaren Himmel herab, es wehte ein frischer, eiskalter Wind, und vor mir tat sich ein herrlicher Blick auf. Leuchtend weiße, sanft gewellte, runde Hügel und flache Täler dehnten sich in die Ferne, soweit das Auge reichte. In die kleinen Täler eingebettet waren runde Seen, in der Kälte fest gefroren. Keine Menschen gab es hier, keine Spuren menschlicher Anwesenheit, nur das Land und der Himmel waren da, nichts zwischen ihnen. Es gab wieder Unterschiede und Grenzen. Die Hügel unterschieden sich von den Tälern, und die Seen, auch wenn sie weiß und zugefroren waren, hoben sich aus der Landschaft wie Schiffe aus einem Meer. Ich fühlte mich hier oben völlig anders. Ich war wieder lebensgroß, ich war wieder ein Mensch mit eigener Bedeutung.

Es war so kalt, daß man nicht lange hier verweilen konnte. Ich begann bereits zu frösteln. Je höher wir stiegen, desto kälter wurde der Wind. Wir wandten dem Südwind den Rücken und wanderten weiter nach Norden. Meine Stiefel knirschten laut in dem Schnee, der so trocken war, daß eine Schaufel voll davon höchstens ein paar Tropfen, nicht aber mehrere Becher Wasser lieferte. So wie ich zuvor auf meinen Skiern über das unbetretene Meer aus Eis gelaufen war, das wir jetzt vorübergehend verlassen hatten, so wanderte ich jetzt über unbetretenes Land. Ich folgte einer Route über die Hügel, die es mir gestattete, meinen Schlitten die meiste Zeit hinter mir herzuziehen. Nur gelegentlich, wenn es steil abwärtsging, mußte ich ihn vor mir hinunterlassen.

Um drei Uhr, als die Sonne hinter uns nach Südwesten wanderte, mußte ich mich entscheiden, ob ich mein Zelt auf der Insel aufschlagen oder auf das Meereis zurückkehren wollte. Auf der Insel war das Bärenproblem geringer. Normalerweise benutzen Bären das Land nur zum Übergang auf die andere Seite, wenn sie auf Robbenjagd sind. Aber hier wußte ich nicht, wann ich auf nackten Kies stoßen würde, der es mir unmöglich machen würde, meinen Schlitten zu ziehen. Auch der Wind war ein Faktor bei meiner Planung. Wenn es einen Sturm geben sollte, konnte es so weit oben gefährlich sein. Zur Probe hatte ich bereits versucht, einen Zelthering in den gefrorenen, harten Kies zu schlagen. Nachdem ich fünfzehn Minuten lang energisch gegraben hatte, war er gerade anderthalb Zentimeter tief eingedrungen. Ich gab auf. Mir war klar, daß es unmöglich sein würde, mein Zelt an Land so fest zu verankern, daß es starken Winden standhalten würde. Hinzu kam, daß das ständige Auf und Ab in den Bergen eine Menge Zeit und Energie kostete, auch das ein Nachteil. Ich beschloß deshalb, über den ersten gut gangbaren Küstenhang aufs Meereis zurückzukehren.

Bald sah ich einen langen, tiefen Riß, der nach Osten deutete und das Tal vor mir in der Mitte teilte. Es war der Green River. Nach einem langen, gewundenen Weg durch die Hügel im Landesinneren floß er schließlich bei Paine Point ins Meer.

»Charlie«, sagte ich, »da haben wir unseren Weg zum Meer. Wir folgen einfach dem Fluß.«

Aber je näher wir kamen, desto unwirtlicher sah das Ganze aus. Es gab keinen Weg zum Flußbett hinunter. Am Ufer des Flusses türmten sich dreißig Meter hohe Felsen, die starr und stumm zu dem gefrorenen Fluß hinunterblickten. Meiner Karte zufolge war die Schlucht ungefähr zwei Meilen lang, und der Fluß wand sich danach in östlicher Richtung über eine flache weite Ebene zum Meer. Im Westen, eine halbe Meile weiter im Landesinneren, verzeichnete die Karte eine Gabelung im Fluß, und die Konturlinien dort zeigten einen allmählich abfallenden Hang zum Fluß.

Mit Blick auf die gewaltige Schlucht und das schmale, weiße Band gefrorenen Wassers in ihrer Tiefe gab ich den Gedanken auf, über den Fluß zur Küste zu wandern. Dort unten konnten alle möglichen unbekannten Gefahren lauern, und wenn ich erst einmal in der Schlucht war, war ich gefangen. Ich fühlte mich sicherer, wenn ich Raum zum Manövrieren hatte. Enttäuscht wandte ich der Küste den Rücken und stapfte verdrossen landeinwärts, um nach der Flußgabelung zu suchen. Sie war vorhanden, wie die Karte versprochen hatte. Und ein paar Meter weiter fand ich auch eine gute Stelle, um den Fluß zu überqueren.

Während ich langsam die beiden Schlitten hinunterließ, rannte Charlie, der an einem zehn Meter langen Seil hing, bereits voraus, aber an einer steilen vereisten Stelle kam er plötzlich ins Schleudern und landete, alle viere von sich gestreckt, in dem Flußbett. Einen Moment lang sah er leicht überrascht zu mir hinauf, dann schüttelte er sich und kam offensichtlich zu dem Schluß, daß dies ein Heidenspaß sei. Schon rannte er wieder nach oben, drehte um, warf sich bäuchlings aufs Eis und rutschte wieder hinunter. Ich stand mit offenem Mund da und sah mir erstaunt diese Hundeversion vom Schlittenfahren an.

Die Schlitten waren bereits unten, als Charlie wie ein aufgeregtes Kind beim Familienausflug zu seiner dritten Rutschpartie nach oben zurückkehrte. Ich beschloß, einfach mitzumachen. Es schien der beste Weg nach unten zu sein. Charlie neben mir, setzte ich mich hin und rutschte los, auf halbem

Weg kreuzten sich unsere Bahnen, und wir landeten in schöner Gemeinsamkeit unten in dem Flußbett. Ich stand auf, Charlie jedoch, immer noch in Spielstimmung, drehte sich auf den Rücken, wälzte sich, schabte sich den Rücken am harten Eis und bot mir seinen Bauch, damit ich ihn kraulen konnte. Für eine Weile vergaßen wir beide den langen Tag, den wir hinter uns hatten, und auch unsere Erschöpfung.

An diesem Übergang war die Qualität des Schnees anders als beim letzten. Vom Wind fest zusammengeballt und hart, und drüben auf der anderen Seite erwartete uns noch ein langer, steiler Anstieg zu einer Höhe von sechzig Metern. Er sollte uns zu einem weiten, windgepeitschten Plateau namens Organ Heights führen, das laut Karte gangbare Hänge hatte, die zum östlichen Teil der Küste abfielen. Ich begann von dem ewigen Hinauf und Hinunter mit dem schweren Schlitten allmählich müde zu werden, und Charlie, der seine Spiellaune am letzten Übergang zurückgelassen hatte, legte sich bei jeder Gelegenheit nieder, um auszuruhen, und kam erst dann wieder auf die Füße, wenn es unbedingt sein mußte. Seine Botschaft war deutlich: Wann schlagen wir endlich unser Lager auf?

Dieser ungewöhnliche Tag – zuerst das berstende Meereis, dann die Eisbären, das Wandern auf festem Land, die Klettertouren mit dem schweren Schlitten – schien mir mehrere Jahre gedauert zu haben. Es tat mir leid, Charlie zum Weitergehen antreiben zu müssen, und er hat sicherlich nicht verstanden, warum wir nicht anhalten konnten. Aber wir mußten uns trotz aller Müdigkeit zwingen, weiterzumarschieren, bis wir unser Lager auf dem Meereis aufschlagen konnten.

Es war halb sechs Uhr abends, und wir mußten uns erst noch unseren Weg zur Küste hinunter suchen, ehe wir nach einem geeigneten Lagerplatz Ausschau halten konnten. Ich stand hoch oben auf dem Plateau im beißenden Wind und blickte über die weiße Eisdecke, die sich dreißig Meilen über die Penny Strait bis zur Insel Devon in der Ferne erstreckte. Devon mit seinen hohen, zackigen Bergen und der zerklüfteten Küste war das genaue Gegenteil der flachen Inseln, die ich bisher auf meiner Wanderung passiert hatte. Etwa halb über der Meerenge konnte ich Hyde Parker Island erkennen, mit einer langen, schmalen Landzunge, die wie ein schiefergrauer Finger nach Norden wies. Hinter Hyde Parker lag eine beinahe quadratische Insel namens Isle of Mists, Nebelinsel, aber von den Nebeln konnte ich keine Spur erkennen, als ich hinübersah. In Resolute hatte man mich vor den starken Strömungen, dem dünnen Eis und möglichen Wasserrinnen in der Meerenge von Penny Strait gewarnt, und ich ließ meinen Blick jetzt suchend über das Eis schweifen, um eventuelle dunkle Stellen offenen Wassers zu entdecken. Mein Blick stieß schließlich an eine Nebelbank, die sich viele Meilen im Südosten hoch über dem tiefen Schwarz eines Gebiets offenen Wassers erhob.

Über den großen, offenen Wasserstellen, die *Polynyas* heißen und erst kürzlich von der Wissenschaft erforscht worden sind, bilden sich in der kalten arktischen Luft dichte Nebelbänke. *Polynyas*, die dank eines einzigartigen Zusammenspiels von Strömungen, Winden und Quellen das ganze Jahr über eisfrei bleiben, bilden einen wichtigen Lebensraum für überwinternde Säugetiere und Vögel – ein biologisches Paradies in der Arktis. Das *Polynya*, das ich hier sah, befand sich weit abseits von meiner Route und stellte kein Problem dar. Mehr Sorge bereiteten mir einige große, graue Flecken im Norden, einige davon ziemlich nahe an der Küste und mindestens fünfzehn Meter breit, ein Zeichen dafür, daß wir es hier mit dünnem, neugebildetem Eis zu tun hatten. Mein Weg führte direkt über diesen Fleckenteppich aus Grau und Weiß. Zum Glück jedoch lagen die grauen Flecken ziemlich weit auseinander. Vielleicht gelang es mir, sie zu umrunden und auf dem dickeren weißen Eis zu bleiben.

Als ich endlich einen langen, steilen Hang fand, der zur Küste hin abfiel, drehte ich meinen Schlitten herum und band

Charlies daran fest. Mit Charlie an meiner Seite nahm ich dann das Zugseil fest in die Hand und bremste die Zugkraft beider Schlitten ab, als diese rückwärts den Hang hinunterrutschten. Auf halber Höhe etwa veränderte sich die Oberfläche, statt Eis und Schnee gab es hier kleine, graue Steine mit rauhen, scharfen Kanten. Die Schlitten blieben stecken. Ich begann deshalb, sie hinunterzuschieben, und versuchte dabei, den Steinen auszuweichen, die lange Kratzer an den Unterseiten der Kufen hinterließen. Da ich die Kufen auf keinen Fall beschädigen wollte, drehte ich die Schlitten und ging quer den Hügel entlang, auf der Suche nach einer Stelle, wo ich die Schlitten über weniger rauhes Gelände hinunterlassen konnte. Dreihundert Meter weiter fand ich feineren, glatteren Kies und ließ die Schlitten langsam den langen, steinigen Hang hinunter zur eisbedeckten Küste.

Obwohl ich auf dem Meereis mit Eisbären, offenem Wasser und rauher Oberfläche rechnen mußte, war ich froh, zurück zu sein. Trotz der Gefahren kam ich mir hier nach den Hügeln und Schluchten der Insel, die wir hinter uns gelassen hatten, wie auf einem *Highway* vor. Zu Fuß über Land zu wandern und dabei noch einen Schlitten hinter sich herzuziehen, verlangte zu viele Umwege und kostete zuviel Zeit und Energie. Jetzt zog Charlie seinen Schlitten wieder selbst, und wir liefen flott über das zerbrechliche, dünnere Eis an der Küste zum sichereren, glatten Eis eine halbe Meile weiter draußen. Jetzt endlich durfte Charlie Rast machen, und ich beschloß, es für diesen Tag genug sein zu lassen und das Lager aufzuschlagen. Wir waren siebenundzwanzig Meilen gegangen. Noch ehe das Zelt aufgestellt war, hatte sich Charlie schon auf dem Eis zusammengerollt und schlief. Ich konnte mir vorstellen, wie er sich fühlte; ich konnte es kaum erwarten, meine Stiefel auszuziehen und in meinen Schlafsack zu kriechen.

Nachdem ich die letzten Heringe ins Eis gedreht hatte, mit Händen, deren Zustand sich zwar nicht verschlimmert hatte, aber auch nicht wesentlich besser geworden war, richtete ich mich auf und blickte mich, wie es nun schon zur Routine geworden war, aufmerksam nach Eisbären um. Aber mein Blick blieb an etwas ganz anderem hängen: an den linsenförmigen Wolken, die rund und flach vor dem blaßblauen Himmel hingen, der sich bis ins Unendliche dehnte. Solche Wolken hatte ich in den Bergen oft gesehen. Und sie bedeuteten immer nur eines, ein heraufziehendes Unwetter mit heftigen Stürmen. Ein Blick auf diese Wolken genügte mir, und mir wuchsen plötzlich Kräfte, von denen ich gar nicht gewußt hatte, daß ich noch über sie verfügte. In aller Eile schlug ich das Lager auf, verstaute alles einschließlich meiner Skier entweder im Schlitten oder im Zelt und verankerte dann das Zelt mit sämtlichen Heringen, die ich zur Verfügung hatte. Nachdem ich mich vergewissert hatte, daß alles so sicher und fest wie nur möglich war, weckte ich Charlie und trieb ihn zu seiner Freude in den Zeltvorraum, wo er dann frohgemut sein Abendessen verspeiste.

Beim nächsten Blick nach draußen sah ich, daß hohe Zirruswolken, Eisnadelwolken, sich über den Linsenwölkchen am Himmel entlangzuschieben begannen. Der Südwind frischte auf und wirbelte den Schnee vom Eis. Ich funkte die Basis an und berichtete Terry von dem Wetterumschwung. Sie sagte, in Resolute Bay sei das Wetter immer noch stabil. Nachdem ich ihr meine genaue Position durchgegeben hatte, schaltete ich aus. Ich wollte noch etwas schlafen, ehe der Sturm losbrach.

Um einundzwanzig Uhr, als die Sonne langsam hinter dem Horizont versank, ohne wirklich unterzugehen, breitete sich eisige Kälte um uns aus. Um Zeit zu sparen, kochte ich nicht, sondern begnügte mich mit einem sparsamen, aber nichtsdestoweniger schmackhaften Abendessen aus Nüssen, trockenem Müsli und Crackern. Dann genoß ich den wundervollen Moment, auf den ich mich so lange gefreut hatte: Todmüde kroch ich in meinen Schlafsack, um einen langen Tag zu beschließen. Charlie, der an meinem Kopfende im Vorzelt lag, schnarchte bereits, und nicht lange danach lagen wir beide in tiefem, seeligem Schlummer.

6

Der Besuch

ZWÖLFTER TAG

Um ein Uhr nachts erwachte ich vom Heulen des Sturms, der an unserem Zelt rüttelte. Charlie lag immer noch zusammengerollt an seinem Platz, er schien fest zu schlafen, völlig ungestört von dem rasenden Wind. Das Ende des Zelts, gegen das der Sturm prallte, wurde durch den Druck von Wind und Schnee nach innen gepreßt. Es half nichts, von innen gegen die Wand zu treten, ich würde wohl oder übel nach draußen gehen müssen und den Schnee, der sich an der Rückwand häufte und sie einzudrücken drohte, wegschaufeln müssen.

Ich quälte mich in meine Jacke und kämpfte mit dem Reißverschluß, der sich wieder einmal nur zur Hälfte schließen ließ, weil ein kleiner, dünner Eisstreifen sich über den Metallzähnen gebildet hatte. Ich mußte das Eis erst mit dem Nagel meines einzigen gesunden Fingers wegkratzen, um den Reißverschluß zuziehen zu können. Danach unternahm ich einen halbherzigen Versuch, in meine Stiefel zu schlüpfen, gab aber sofort auf, als sich an meinem rechten Zeigefinger ein Riß öffnete. Dann mußten es eben die Hüttenschuhe tun. Ich wechselte die Handschuhe, öffnete die Zelttür, stieg über den noch immer schlafenden Charlie in den Vorraum und holte mir meine Schaufel. Vorsichtig kroch ich hinaus, um die Windstärke zu prüfen. Ein schrilles Heulen empfing mich, und schon packte mich der erste wuchtige Windstoß. Als ich mich gegen den Wind drehte, um hinter das Zelt zu gehen, trieb mich der Wind zurück, und die Schaufel wurde mir beinahe entrissen.

Ich ließ mich auf alle viere fallen und kroch am Zelt entlang nach rückwärts zu jener Stelle, wo der Schnee am dichtesten an der äußeren Rückwand aufgeschichtet war. Eisige Windstöße schnitten mir ins Gesicht, während ich den Schnee zur Seite schaufelte und die Zeltwand von dem wachsenden Druck befreite. Dann kroch ich im Schneetreiben wieder nach vorn und schlüpfte schleunigst ins Zelt, froh, dem heulenden Orkan entronnen zu sein. Mein Zelt bot mir nicht nur Zuflucht, es war der einzige Ort, an dem ich in einer Welt der Einsamkeit und Unsicherheit eine gewisse Geborgenheit fand.

Ich zog meine Jacke aus und glitt in die warmen Tiefen meines Schlafsacks, meines Kokons, in dem es warm und angenehm war. Wenn ich wollte, konnte ich mir den Schlafsack über den Kopf ziehen und mich vor der gnadenlosen Angst vor Eisbären und dem Sturm, der das Zelt umtobte, verstecken. Ich fiel in einen leichten Schlaf, aus dem mich jedoch das Knallen der Zeltwände im Sturm immer wieder weckte.

Um sieben Uhr tobte der Sturm noch immer mit unverminderter Kraft. Resigniert zündete ich meinen Kocher an, um Eis für das Frühstück aufzutauen. Charlie erwachte, streckte sich und spähte mir über die Schulter, um festzustellen, was ich aus dem Proviantbeutel nahm. Kaum sah er die Cracker, schob er sich schon nach vorn, um sich zu bedienen.

»Nein, Charlie!« sagte ich streng.

Er hielt inne, drehte sich dann nach seinem Napf um, behielt mich dabei aber fest im Auge, um nichts zu übersehen, was sich vielleicht später noch stibitzen oder erbetteln ließ. Nachdem er etwa die Hälfte seines Futters gefressen hatte, richtete er sich auf und sah mir verschlafen zu, wie ich Wasser über mein Müsli goß. Dann kam er wohl zu dem Schluß, daß ich nichts abgeben würde; jedenfalls wandte er sich ab, rollte sich zusammen und legte sich wieder schlafen.

Mittlerweile war mir meine Ernährung langweilig, manchmal sogar ziemlich unangenehm geworden, weil ich immer fauler wurde und einfach alles zusammenrührte, Müsli, Reis, Milchpulver, manchmal sogar noch ein paar Cracker. Das machte satt und erfüllte seinen Zweck. Das Kochen hatte beim Zelten noch nie zu meinen Lieblingsbeschäftigungen gehört, nicht einmal bei Sommerwanderungen in den Cascade Mountains. Da nahm ich oft lediglich einen Laib Brot pro Tag mit und ließ das Kochen Kochen sein. Zu Hause war es anders. Da machte es mir Spaß, Mahlzeiten zu planen und zuzubereiten. Aber hier draußen im arktischen Eis, in einem eiskalten Zelt, war das Essen nichts anderes als eine Notwendigkeit zum Überleben. Es gab hier keinen Anreiz zur Kreativität. Dennoch sagte ich mir, als ich mir das lauwarme Durcheinander in meiner Schale ansah, daß ich wenigstens versuchen sollte, die einzelnen Dinge getrennt zu essen. Aber nachdem ich das Problem genauestens durchdacht hatte, gelangte ich zu dem Schluß, daß es klüger war, alles auf einmal zu essen. Man ist dann schneller mit dem Essen fertig und hat weniger Arbeit. Nachdem ich diese Rationalisierung für meine schlechten Eßgewohnheiten gefunden hatte, schob ich den letzten Löffel voll Mischmasch in den Mund und machte es mir auf meinem Schlafsack bequem, um den nächsten Tag zu planen.

Aber da gab es nicht viel zu planen. Bei diesem Wetter konnten wir nicht weitergehen, in dem Zelt war es aufgeräumt, mit meinen wunden Händen konnte ich den Riß in einem meiner Handschuhe nicht stopfen, und das einzige, was ich zu lesen dabei hatte, war eine Miniaturausgabe des Neuen Testaments. Ich verbrachte den Rest des Morgens gewissermaßen im Zeitlupentempo, indem ich abwechselnd las und schlief. Der Unterschied zwischen den Reisetagen, an denen ich ständig bemüht war, noch schneller vorwärts zu kommen, noch größere Strecken zu bewältigen, und einem Tag wie diesem, der mich zur Untätigkeit zwang, war gravierend. Er lehrte mich das gute Wetter schätzen. Mittags wärmte ich Wasser für die nächste Feinschmeckermahlzeit, die ich mit einer heißen Schokolade hinunterspülte. Als ich meine Thermosflaschen wieder auffüllte, fiel mir auf, daß zwischen den Windstößen, die heulend um das Zelt tobten, längere Pausen der Stille eintraten. Der Sturm schien sich zu verziehen. Ich begann sofort zu packen, um zum Aufbruch bereit zu sein, sobald der Sturm vorüber war. Als ich einen Blick ins Freie warf, konnte ich nichts als wirbelndes Schneetreiben sehen und kleine Kämme, die der Wind rund um das Zelt aufgehäuft hatte.

Um drei Uhr war der Sturm weitergezogen, und Charlie und ich genossen die herrliche Stille, die nur ab und zu von einem tiefen Ächzen oder einem schrillen Knirschen aus den Tiefen des Packeises unter meinem Zelt gestört wurde. Die Sicht war praktisch gleich Null. Zwar war jetzt Windstille, aber es schneite, unendlich viele kleine Schneeflocken schwebten träge vom Himmel herab und sanken lautlos auf das Eis.

Frustration stellte sich ein, sogar Zorn auf den Sturm, daß dieser es wagte, so lange anzuhalten. Wie, um alles in der Welt, sollte ich so je zum Pol kommen? Beim letzten Sturm hatte mir wenigstens das berstende Eis die Langeweile vertrieben. Hastig wies ich diesen Gedanken von mir. Lieber Langeweile, als so etwas noch einmal mitzumachen.

Um sieben Uhr abends hörte es endlich auf zu schneien. Dichter Nebel hatte sich gebildet, und die schnell ansteigende Temperatur lag jetzt bei minus zwölf Grad. Ich wanderte ein Stück vom Zelt weg, während ich überlegte, ob wir aufbrechen sollten. Ich war nicht weiter als vier bis fünf Meter entfernt, als ich mich umdrehte und sah, daß ich durch die dichten, weißen Nebelschwaden das Zelt kaum noch erkennen konnte. Daraufhin beschloß ich, mit dem Aufbruch zu warten, bis die Sicht etwas besser war.

Als ich wieder im Zelt war, holte ich mir meine Karte, um mir die Küste, die vor mir lag, anzusehen. Ich war nahe am nördlichen Teil von Bathurst, jener Stelle, an der ich nach

Nordwesten schwenken würde. Ich erinnerte mich der grauen Flecken neuen Eises, die ich gestern gesehen hatte, als ich hoch oben auf den Felsen gestanden war. Diese Flecken lagen noch vor mir, verborgen in dem weißen Nebel, der mich praktisch blind machte. Solange die Sicht nicht so gut war, daß ich diese Flecken erkennen konnte, war es zu gefährlich, weiterzugehen.

Ich wurde von Stunde zu Stunde frustrierter. Dieses tatenlose Herumsitzen nahm mich mehr mit als der harte Fünfzehnstundentag, den ich gestern erlebt hatte. Ich hoffte, der Wind würde nach Norden drehen. In den ersten Tagen meiner Wanderung hatte ich mich über den eisigen Nordwind beklagt, der mir ins Gesicht geblasen hatte; aber wenigstens hatte er für gutes Wetter gesorgt. Nie wieder würde ich mich über ihn beklagen. Immer wieder ging ich nach draußen, um den Wind zu prüfen. Wenn ich doch wenigstens die kleinste Richtungsänderung wahrgenommen hätte! Ich beschwor den Wind beinahe, nach Norden zu drehen. Aber es nützte nichts. Meine Welt war auf die Größe eines durchschnittlichen Wohnzimmers geschrumpft.

Um acht Uhr berichtete ich Terry von dem Temperaturanstieg und fragte sie nach der Wettervorhersage.

»Gestern abend nach Ihrem Funkspruch«, antwortete sie, »hat das Wetteramt uns aus Resolute angerufen. Wir sollen Sie vor starken Winden warnen, die in Ihrer Gegend erwartet werden. Ist bei Ihnen alles in Ordnung?«

»Ja, Charlie und ich sind okay«, erklärte ich. »Die Winde waren schon da und sind auch schon wieder weg. Wie lautet die Vorhersage?«

Terrys Antwort war nicht befriedigend. »Es wird dort oben noch stürmischer werden.«

Ich schaltete das Funkgerät aus und schaute wieder einmal nach draußen. Keine Veränderung; jedoch für den Fall, daß es stürmischer werden sollte, wie Terry vorausgesagt hatte, überprüfte ich die Zeltseile und die Eisheringe. Da durchzuckte mich blitzartig eine, wie mir schien, brillante Idee. Wenn ich die Felle von meinen Skiern entfernte, sagte ich mir, würde ich weitaus schneller vorwärts kommen und auf diese Weise die verlorene Zeit wieder einholen können. Vor dem Sturm hatte das Eis in dieser Gegend schnell und glatt ausgesehen. Auf schnelleren Skiern, überlegte ich mir, würde ich wenigstens einen Teil der Zeit wieder gutmachen, die ich durch das tatenlose Herumsitzen hier verloren hatte.

Gedacht, getan. Ich holte die Skier vom Schlitten, setzte mich ins Vorzelt, zog die Felle ab und rollte sie zusammen. Es beflügelte mich regelrecht, daß ich endlich etwas tun konnte, was mein Vorwärtskommen erleichtern würde. Ich hatte keine Ahnung, daß ich diesen brillanten Einfall noch sehr bedauern würde.

Ich weckte Charlie, der einen Blick auf sein Futter warf, es im Napf hin und her schob und sich dann schläfrig wieder hinlegte. Ich goß etwas warmes Wasser aus einer der Thermosflaschen in seinen Napf, aber er sah mich nur gelangweilt an. Nach ein paar Minuten schüttete ich es aus, ehe es im Napf gefrieren konnte. Bei Charlie schien das ein Signal auszulösen. Er sprang plötzlich auf, ging so weit, bis seine Kette sich spannte, fing an, ein flaches Loch ins Eis zu scharren, und fraß dann die kleinen Eisstückchen, die er ausgegraben hatte. Als er wieder in den Zeltvorraum zurückkam, grub er noch einmal eine leichte Mulde im Eis und legte sich hinein.

Ich wußte, daß Charlie sein Leben lang Eis gefressen hatte und es nicht gewöhnt war, daß ihm jemand eine Schüssel mit warmem Wasser vorsetzte. Schon zu Beginn unserer Expedition hatte er das Wasser nur mit scheelem Blick angesehen, anstatt es zu trinken, und es war schnell im Napf gefroren. Aber mir war schon vor unserem Aufbruch aufgefallen, daß sein Urin genau wie der der anderen Hunde im Dorf dunkel, beinahe orangefarben war, und das bedeutete, daß sie nicht genug Flüssigkeit zu sich nahmen. Ich belud deshalb meinen

Schlitten mit zusätzlichem Brennstoff, um auch für Charlie Eis auftauen zu können. Nach und nach hatte er auf unserer Reise immer häufiger Wasser akzeptiert, zog aber Eis immer noch vor. Nach dem achten Tag war sein Urin heller, und ich wußte, daß es sich gelohnt hatte, ihm zusätzlich Eis zu schmelzen und ihn mit List und Tücke dazu zu bringen, das Wasser zu saufen.

DREIZEHNTER TAG

Nach zwei Uhr nachts schlief ich kaum noch. Das Pfeifen des Windes, der sich zu einem weiteren heulenden Orkan auswuchs, drang in meinen Schlaf ein. Um vier Uhr schwankte und zerrte das Zelt nach allen Richtungen gleichzeitig. Terry hatte recht behalten, der Sturm war noch nicht vorüber. Ich verfluchte den Wind. Wie konnte er es wagen, zurückzukommen? Allein in meiner kleinen Welt, waren Wind und Sturm Feinde, die kein Recht hatten, meine Pläne zu durchkreuzen. Das Schlimmste war meine Ohnmacht, meine Unfähigkeit, etwas zu ändern und die Kontrolle zu übernehmen. Ich hatte mittlerweile gelernt, meine Gefühle zu beherrschen, wenn ich Eisbären sah, wenn das Eis um mich herum barst, wenn meine schmerzenden Hände nach Linderung schrien, wenn die Einsamkeit mich niederdrückte. Aber jetzt hatte Mutter Natur das Heft in der Hand, und das gefiel mir nicht. Aber mitten in dem Gefühlswust aus Wut und Verzweiflung glomm plötzlich ein Fünkchen Einsicht auf und wuchs. Ich war dabei, wieder etwas Neues zu lernen. Ich konnte Herrin der Situation bleiben, wenn ich ruhig blieb und abwartete, bis der Sturm abgeklungen war. Ich würde Kraft sparen, meine Karten für den noch vor uns liegenden Marsch studieren und aufbrechen, wenn Mutter Natur klein beigab. Ich brauchte mir nur an Charlie ein Beispiel zu nehmen, der den Sturm einfach verschlief. Er würde ausgeruht und voller Tatendrang sein, wenn es Zeit war, wieder aufzubrechen. Er war Herr der Situation. Die Arktis und Charlie waren wieder einmal meine Lehrmeister.

Das Frühstück war ein uninteressantes Ereignis. Jetzt, da ich Zeit hatte, fielen mir die Mängel meiner Küche so richtig auf. Wenn ich es morgens eilig hatte, aufzubrechen, und abends hastig etwas hinunterschlang, um möglichst bald in meinen Schlafsack zu kommen, verzehrte ich mein Essen, ohne innerlich dabeizusein. Jetzt beschloß ich, genau auszuwählen, was in die Schale kam und was dazugegeben wurde. Das Mischmasch dieses Morgens, aus Müsli, Milchpulver, einem Stück Butter, Erdnußbutterpralinen, Kokosflocken und Crackern war gewiß nicht das richtige, um einen Tag geduldigen Wartens zu beginnen. Ich beugte mich zu Charlie hinüber und tippte ihn an der Schulter an.

»Möchtest du das hier haben, Charlie?«

Es dauerte einen Moment, ehe er begriff, daß diese Schale voller Köstlichkeiten ihm gehörte. Ich goß es alles in seinen Napf. Er schnappte ein paarmal zu wie ein gieriger Wolf, und schon war alles weg. Dann sah er mich mit fragendem Blick an und wartete auf mehr. Ich beschloß, Frühstück für zwei zu machen.

Als Hauptspeise sollte es Müsli, Milchpulver, etwas Butter und eine Prise Kokosflocken geben; danach zwei Tassen heiße Schokolade, diesmal wirklich mit heißem Wasser aufgegossen, nicht mit lauwarmem wie sonst. Charlie würde sechs dick mit Butter bestrichene Cracker bekommen und danach zwei Erdnußbutterpralinen. Zum ersten Mal auf der Expedition maß ich alle Zutaten genau ab. Die Zeit verging wie im Flug, während ich alles sorgfältig zubereitete und verteilte. Sehr zu seiner Freude und sicherlich auch zu seiner Verwunderung durfte Charlie zum Frühstück auf der anderen Seite meines Schlafsacks Platz nehmen. Ein kleines Stück Toilettenpapier eignete sich perfekt als Serviette. Charlie brauchte keine. Er machte sich auf seiner Hälfte des Schlafsacks genußvoll breit.

Die musikalische Untermalung zu diesem intimen Frühstück für zwei lieferte der Wind, der um das heftig zitternde Zelt herumpfiff und heulte.

Aber wenn auch die Zeit auf diese Weise schneller verging, der Sturm hatte es nicht eilig. Der Vormittag war fast vorbei, aber immer noch rüttelte er an dem Zelt, und sein monotones Brausen fing an, mir auf die Nerven zu gehen. Ich schob Charlie zur Seite und kroch in meinen Schlafsack. Mit einem Brummen trollte er sich zum Zeltvorraum und rollte sich zusammen.

Ich folgte seinem Vorbild und verschlief den Rest des Tages. Am Abend kochte ich mir eine richtige Mahlzeit aus Reis mit Butter und Kartoffelflocken, trank zum Nachtisch eine heiße Schokolade und aß ein paar Walnüsse dazu. Charlie bekam sein Hundefutter und zum Nachtisch Cracker. Der Wind tobte weiter.

VIERZEHNTER TAG

Um acht Uhr morgens war es endlich soweit. Der Wind hatte sich gelegt, die Sicht hatte sich gebessert, so daß ich den Aufbruch wagen konnte. Charlie war spielerischer Stimmung und brannte darauf loszugehen. Vergnügt wälzte er sich auf dem Eis, um seinen Rücken zu kratzen. Ich packte in Rekordzeit, froh, endlich weiterziehen zu können. Es war wohltuend, etwas tun zu können, etwas, das mich dem Nordpol näher brachte.

Aber kaum war ich losgegangen, gab es schon Probleme. Der Wind hatte den Schnee zu steinharten Kämmen zusammengepreßt, manche kaum fußhoch, andere bis zu sechzig Zentimetern hoch. Zwischen ihnen lag tiefer weicher Schnee. Das war etwas ganz anderes als die glatte Schneedecke vor dem Sturm. Ohne die Felle rutschten mir die Skier dauernd nach hinten weg, wenn ich meinen Schlitten die Kämme hinauf- und hinunterzog. Durch die Felle hatten meine Skier die Bodenhaftung gehabt, die ich jetzt gebraucht hätte. Ohne Felle waren sie nutzlos. Ich hielt an und öffnete – wütend auf mich selbst – die Bindungen. Wie hatte ich so dumm sein können! Ich band meine Skier auf den Schlitten und ging zu Fuß weiter. Sehr schnell steckte ich fast bis zu den Knien in dem weichen Schnee zwischen den Kämmen. Meinen Schlitten hinter mir herziehend, stapfte ich mühsam durch jedes Tal, kletterte über jeden Kamm und versank auf der anderen Seite im nächsten Tal. Charlie sank auch ein, aber sein leichterer Körper und das geringere Gewicht seines Schlittens zogen ihn nicht so tief hinunter. Nach dreißig Minuten entschloß ich mich, anzuhalten und die Felle über die Skier zu ziehen. Inzwischen aber hatte der Wind aufgefrischt, und dies würde das Vorwärtskommen schwierig, wenn nicht gar unmöglich machen. Dennoch kämpfte ich mich weiter vorwärts, entschlossen, eine so große Strecke wie möglich hinter mich zu bringen, bevor der Wind so stark wurde, daß ich haltmachen mußte.

Ich hielt einen nördlichen Kurs, wandte mich aber leicht dem Land zu meiner Linken zu. Der Wind hatte sich wieder nach Westen gedreht. Ich war fest entschlossen, wenigstens ein oder zwei Meilen zurückzulegen. Trotz des Windes und des tiefen weichen Schnees tat es gut, sich wieder zu bewegen, aber natürlich kam ich nur langsam vorwärts. Nach einer Stunde harter Arbeit hatte ich nur etwa eine Meile geschafft, und die stürmischen Winde drückten mich nach rechts. Meine linke Körperseite war von Schnee zugeweht. Meine Gesichtsmaske, die mich vor dem eisigen Wind schützte, war mit einer zentimeterdicken Schneeschicht bedeckt. Das linke Glas meiner Skibrille war beschlagen, dann gefroren, so daß ich nur rechts noch etwas sehen konnte. Charlies Kopf war voller Schnee, aber sein Körper hatte nicht allzuviel abbekommen. Er war geschützt, da er rechts von mir lief. Das Spielen war ihm dennoch vergangen. Ernst, mit gesenktem Kopf, stapfte er vor sich hin.

In der folgenden Stunde zwang uns der stetig stärker werdende Wind zum Anhalten. Eine solche Anstrengung, und nur zwei Meilen als Belohnung. Ich hoffte, daß ich mir trotz meiner Entschlossenheit, eine möglichst große Strecke zu bewältigen, noch genug Zeit gelassen hatte, mein Zelt aufzubauen. Ich verankerte meinen Schlitten, machte Charlie an der geschützten Seite fest und nahm dann den Kampf mit dem Zelt auf. Einen Zipfel machte ich im Eis fest, damit nicht gleich das ganze Zelt wegflog, wenn der Wind es mir aus den Händen reißen sollte. Ich packte den wild flatternden Stoff und machte erst die eine Seite mit Heringen im Eis fest, dann die andere. Nach einiger Mühe und Anstrengung hatte ich wieder ein windgeschütztes Zuhause. Ich machte Charlie los, und er stürzte sich sofort ins Zelt. Noch ehe ich auch nur angefangen hatte, meinen Schlafsack und die Kochutensilien auszupacken, hatte er es sich schon hinten im Zelt bequem gemacht.

Nach einer schnellen Mahlzeit gab es wieder einmal nichts anderes zu tun, als darauf zu warten, daß der Sturm sich legte. Es war ein typischer arktischer Sturm. Der Himmel war klar, sogar sonnig, aber der Wind fegte wie wild über das Packeis und wirbelte den Schnee zu einem solchen Gestöber auf, daß man kaum noch die Hand vor den Augen sehen konnte. Nachdem ich Charlie in den Zeltvorraum befördert hatte, kroch ich in meinen Schlafsack, um mich warm zu halten. Schlafen konnte ich nicht. Ich lag nur da und lauschte dem Heulen des Windes und beobachtete die schwankenden Zeltwände.

Um vier Uhr morgens war der Sturm zur schwachen Brise abgeflaut. Ich zog mich an und packte zum Aufbruch. Charlie war wach und lag gemütlich ausgestreckt auf meinem Schlafsack. Selbst im Zelt hielt ich ihn an der Kette, die an einem Eishering vorn an der Tür befestigt war. Ich war guter Dinge und überzeugt, daß der Wind sich endlich ausgetobt hatte und daß es gutes Wetter gab. Ich packte gerade den Kocher ein und informierte Charlie über den Tagesplan, als wir draußen vor dem Zelteingang ein lautes Knirschen hörten. Wir wußten beide sofort, was dies bedeutete. Charlie hob ruckartig den Kopf. Er sprang auf und raste mit einem Knurren, das wie das Gebrüll eines Löwen klang, zur Zelttür hinaus. Ich ließ den Kocher fallen, packte das Gewehr und kroch zur Tür hinaus. Sechs Meter entfernt stand ein Eisbär und starrte uns an. Er war zurückgesprungen, als er sich plötzlich dem knurrenden Charlie gegenüber gesehen hatte. Der tobte an seiner Kette, während ich wie eine Wahnsinnige nach meiner Leuchtpistole kramte. Schließlich gelang es mir, sie aus der Tasche zu ziehen, und ich feuerte mehrere Leuchtkugeln auf die Pfoten des Bären ab. Hastig machte er einen Schritt nach rückwärts und lief dann, ohne uns aus den Augen zu lassen, etwas nach links hinüber. Während ich mit der einen Hand weiterhin Leuchtkugeln abfeuerte, hielt ich in der anderen mein Gewehr schußbereit.

Irgend etwas war an diesem Bären anders, das spürte ich. Immer wieder machte er einen Schritt nach vorn und zog sich erst vor Charlies wütendem Knurren und meinen Leuchtkugeln zurück. Er wirkte mager, und das konnte heißen, daß er hungrig war. Der Mund wurde mir trocken, das Blut dröhnte in meinen Ohren, mir zitterten die Hände. Eben noch, beim Packen, war meine Welt so friedlich und idyllisch gewesen, jetzt lag sie in Trümmern der Angst.

Der Bär wechselte die Richtung und ging, noch immer sechs Meter entfernt, wieder nach rechts hinüber. Obwohl von unserer Verteidigung offensichtlich beeindruckt, war er noch nicht bereit, das Feld zu räumen. Hastig schaute ich nach meiner Munition. Ich hatte immer zwei Jackentaschen voll Leuchtpatronen, das Gewehr war geladen, und in einer Reihe von Schlaufen, die extra für diesen Zweck vorn auf meine

Jacke genäht worden waren, hatte ich weitere Gewehrpatronen.

Der Bär schwenkte wieder nach links und überraschte mich damit, daß er sich umdrehte und – ohne das Tempo zu ändern – sechzig Meter weiter nach links marschierte, zu einigen flachen Eisbrocken, die dort verstreut lagen. Und während ich noch voller Verwunderung dort hinüberblickte, trabten plötzlich zwei reinweiße, junge Eisbären Seite an Seite auf ihre Mutter zu. Sie führte sie zu einer breiten Eisplatte ein paar Schritte weiter weg, hinter der sich ein fast fünf Meter hoher zerklüfteter Eishügel erhob. Dort legte sie sich nieder, den Bauch der Sonne zugewandt, und säugte ihre Jungen.

Einen Moment lang glaubte ich, Halluzinationen zu haben. Ich vergaß sogar meine zitternden Hände und mein klopfendes Herz. Es war ein wunderschönes Bild. Die saugenden Jungen waren dicht an ihre Mutter gedrängt. Vor einem Moment noch hatte die Bärin kampfbereit vor mir und Charlie gestanden, jetzt rief die Mutterpflicht. Ganz offensichtlich hielt sie uns weder für besonders wichtig noch für übermäßig gefährlich. Ich war verwirrt. Ich blickte zu Boden und sah ihren Pfotenabdruck direkt vor dem Zelteingang, nur knapp zwei Meter entfernt. So nahe war sie gewesen und jetzt, keine sechzig Meter entfernt, ignorierte sie uns einfach.

Dennoch beschloß ich, in Verteidigungsstellung zu bleiben. Ich zog den Reißverschluß meiner Jacke zu, setzte meine Mütze auf und schlüpfte in meine Unterhandschuhe. Die dicken Fäustlinge waren zu unförmig, um sie beim Einsatz von Gewehr und Leuchtpistole tragen zu können. Meine Stiefel hatte ich bereits an. Ich holte mir noch drei Packungen Leuchtkugeln und legte sie zusammen mit einer Packung Patronen für das Gewehr auf meinen Schlitten. Dann überprüfte ich Charlies Halsband und den Schnappverschluß an seiner Leine. Es war alles bereit, aber ich war beinahe überzeugt, daß die Bärin sich davonmachen würde, sobald ihre Jungen gesättigt waren. Ich hoffte es von ganzem Herzen. Ich stellte mich neben Charlie und wartete. Meine Hände zitterten nicht mehr, mein Herzschlag hatte sich beruhigt. Ich hatte meine Angst unter Kontrolle. Der nächste Schritt war Sache der Bärin.

Nach ungefähr zwanzig Minuten stand sie auf, gab ihren beiden Jungen einen zärtlichen Nasenstüber und trottete dann nach Süden davon. Die beiden Kleinen folgten ihr dichtauf. Sie schlug einen weiten Bogen und bahnte sich langsam ihren Weg zwischen den verstreut liegenden Eisbrocken hindurch, immer die Nase am Boden, um alles genauestens zu inspizieren. Nur ab und zu hob sie den Kopf in die Luft, als wollte sie die Witterung einer Robbe aufnehmen. Sie schien auf Robbenjagd zu sein und hatte sich anscheinend entschlossen, Charlie und mich in Ruhe zu lassen. Weiterhin inspizierte sie aufmerksam das Eis, bis sie wieder den Eisblock erreicht hatte, bei dem sie ihre Jungen gefüttert hatte. Ein paar Minuten lief sie dort mit ihren Kleinen umher, dann ließ sie die beiden zwischen einigen niedrigen Eishaufen auf der Seite stehen und wandte sich noch einmal uns zu. Mit dem vertrauten Bärentrott, den sie bei der Jagd mit ihren Jungen gezeigt hatte, kam sie auf uns zu und machte etwa dreißig Meter entfernt halt. Charlie, der ihr Tun schweigend verfolgt hatte, begann jetzt wieder zu knurren und an seiner Kette zu zerren.

Mir machte nicht nur diese neuerliche Annäherung Angst, sondern auch die offensichtliche Entschlossenheit der Bärin. Sie war eindeutig in Jagdlaune, und ich schloß daraus, daß sie hungrig war. Glaubte sie vielleicht, ich sei eine leichtere Beute als eine Robbe?

Ich feuerte rasch drei weitere Leuchtkugeln ab; dann schloß ich, in der linken Hand schußbereit mein Gewehr, die rechte Hand um Charlies Halsband und legte den Daumen auf den Schnappverschluß seiner Leine, um ihn jederzeit freilassen zu können. Ich spürte das Zittern von Charlies starken, kräftigen Halsmuskeln, als er wütend knurrte. Die Augen der Bärin waren auf mich gerichtet. Sie war dreißig Meter entfernt, und ich wartete gespannt, was sie als nächstes tun würde. Die Zeit schien stillzustehen, die Welt um mich herum versank. Nur wir beide standen uns hier gegenüber, allein im Kampf ums Überleben.

Ganz langsam machte sie auf einmal einige Schritte rückwärts und blieb stehen. Ich bewegte mich nicht. Ich starrte unverwandt in diese winzigen, schwarzen Augen und wagte nicht einmal zu blinzeln. Sie bewegte ihren Kopf von einer Seite zur anderen und reckte dabei ihre Nase hoch in die Luft, um unsere Witterung aufzunehmen. Dann bewegte sie sich lautlos nach rechts, glitt mit fließendem, ruhigem Schritt über das Eis, ohne mich aus den Augen zu lassen. Sie trabte wieder nach links hinüber, lief dann hinten um das Zelt herum und kam wieder nach vorn. Ich wagte nicht, meine Hand von Charlies Halsband zu nehmen. Ich drehte mich mit ihr, als sie das Zelt umkreiste, und behielt sie dabei ständig im Auge. Langsam zog ich meine Hand von Charlies Halsband weg, blieb aber an seiner Seite stehen, das Gewehr schußbereit. Immer noch bewegte sich die Bärin im Kreis, ohne dabei näher zu kommen oder sich zu entfernen. Meine Nerven hatten den Punkt höchster Anspannung längst überschritten. Sie waren wie betäubt. Wieder sah ich mich dem gleichen schrecklichen Dilemma gegenüber. Sollte ich schießen und es hinter mich bringen, oder sollte ich warten? Ich konnte mir nur vorstellen, was geschehen würde, wenn es mir nicht gelang, sie sofort zu töten. Doch auf ihren nächsten Schritt zu warten, war beinahe zuviel für mich.

Eine zweite bedrückende Frage war, was aus den jungen Bären werden würde, wenn ich ihre Mutter tötete.

Ich war sicher, daß vor allem Charlies wütendes Knurren die Bärin davon abhielt, näher an mich heranzukommen, und ich war sehr versucht, ihn von der Leine zu lassen. Er war ja auch nach der Jagd auf Bär Nummer vier unverletzt zurückgekommen. Aber ich wollte Charlies Leben nicht aufs Spiel setzen, wenn es nicht absolut notwendig war. Solange die Bärin ihre Runden drehte, würde ich warten. Sobald sie jedoch Anstalten machte, die Taktik zu ändern, würde ich Charlie auf sie loslassen. Wenigstens hatte ich jetzt einen Plan. Als sie von neuem das Zelt umrundete, drehte ich mich mit ihr, um ihr zu zeigen, daß ich wachsam blieb. Und ich blieb dicht an Charlies Seite, um sie spüren zu lassen, daß wir eine Einheit waren.

Ewigkeiten schien das nun schon zu dauern. Jetzt mußte sie doch bald aufgeben. Mir begann es kalt zu werden vom Herumstehen, aber ich wagte nicht, mir eine zweite Jacke aus dem Zelt zu holen. Ich fror an den Fingern, aber ich konnte nichts dagegen tun. Immerhin schien meine Taktik zu funktionieren. Die Bärin blieb uns fern. Aber ich war völlig erschöpft von der Anstrengung ständiger Konzentration. Nach einer Unendlichkeit, wie es schien, blieb sie schließlich stehen und starrte mich an, als träfe sie eine letzte Entscheidung. Während ich wartete, senkte ich langsam meine Hand zu Charlies Halsband hinunter. Ich war bereit.

Auf einmal drehte sie sich um und trottete zu ihren Jungen zurück. Nur einmal blieb sie stehen, um sich kurz umzusehen, ehe sie weitertrottete zu ihren Jungen, die ihr entgegensprangen. Nach einer kurzen Begrüßung führte sie sie durch ihre eisige Welt nach Norden davon, den Kopf gesenkt, erneut auf der Jagd.

Ich sah ihr nach, wie sie sich langsam entfernte. Charlie beruhigte sich. Wir wußten beide, daß wir uns das Recht auf Leben erobert hatten. Aber erst als die Bärin außer Sicht war, wagte ich es, aufzuatmen. Von nervöser Erschöpfung übermannt und unfähig, mich länger auf den Beinen zu halten, sank ich auf meinen Schlitten. Ich zitterte am ganzen Körper, und eine Welle der Übelkeit überflutete mich. Ich erbrach neben dem Schlitten, hob den Kopf und sah, daß Charlie mich beobachtete. Wir tauschten einen Blick des Verständnisses.

Wieder hatte er geholfen, einen Eisbären zu vertreiben. Das Band zwischen uns war noch fester geworden.

Ich mußte jetzt langsam meine fünf Sinne wieder zusammennehmen. Der Schreck war vorüber, mein Körper produzierte nicht mehr soviel Adrenalin wie zuvor. Mir war kalt. Ich holte meinen Daunenparka und schlüpfte hinein. Immer wieder spähte ich nach Norden, um mich zu vergewissern, daß die Bärenfamilie nicht zurückkehrte. Immer noch hatte ich Angst. Mir schien, als sei die Zeit stehengeblieben, aber als ich auf meine Uhr sah, stellte ich fest, daß es bereits zehn nach acht Uhr abends war. Vier Stunden lang hatte mich die Bärin in Schach gehalten. Kein Wunder, daß ich mich so schwach fühlte. Plötzlich fiel mir das Funkgerät ein. Die Batterien waren kalt, deshalb zündete ich rasch den Kocher an und hielt sie über das blaue Flämmchen, um sie aufzuwärmen. Um halb neun sprach ich mit Terry und erzählte ihr kurz, wir hätten von einer Bärenmutter und ihren Jungen Besuch gehabt. Ihre Stimme wurde fast schrill, als sie fragte, ob wirklich alles in Ordnung sei.

»Uns beiden geht es gut«, antwortete ich. »Kein Problem.« Ich war froh, daß sie mich nicht ein paar Minuten vorher erlebt hatte.

Jetzt erst gestattete ich mir den Luxus, daran zu glauben, daß die Bären wirklich weg waren und nicht zurückkommen würden. Es war Essenszeit, und ich wollte Charlie einen ganz besonderen Leckerbissen zubereiten. Ich kochte für jeden von uns eine Schale Reis und mischte eine Menge Butter darunter. Danach gab es Cracker und drei Erdnußbutterpralinen. Ich hatte heute einige wertvolle Stunden verloren, aber jetzt wollte ich erst eine Weile schlafen, um beim Aufbruch wieder frisch zu sein. Da es vierundzwanzig Stunden hell war, konnte ich losgehen, wann immer ich wollte.

Ich erwachte vor Mitternacht, warf einen Blick nach draußen und konnte die niedrige Erhebung der Hyde-Parker-Insel erkennen, die acht Meilen östlich lag. Endlich hatte der Wind nach Norden gedreht. Es war ein herrlicher, klarer Morgen, und ich beschloß, das Lager abzubrechen, obwohl es Mitternacht war. Ich hatte genug vom stürmischen Arktiswetter und wollte keine Verzögerungen mehr hinnehmen. Das meiste hatte ich sowieso schon vor dem Besuch der Bärin und ihrer Jungen gepackt. Ich baute mein Zelt ab, stopfte es hinten in meinen Schlitten und legte das Funkgerät obenauf. Meinen Schlafsack breitete ich über dem Schlitten aus und verstaute Batterien und Fotoapparat darunter. Ich stopfte ihn nie in einen Beutel. Dadurch, daß ich ihn einfach lose obenauflegte, sparte ich mir viel Zeit und Energie. Ich zog die Schlittentasche zu. Charlie war schon vor seinen Schlitten gespannt. Wir waren bereit zu einem frühen Start.

Um meinen Zeltplatz herum und eine Viertelmeile voraus waren niedrige Aufhäufungen zerklüfteten Eises, aber in der Ferne konnte ich glattes Eis erkennen. Am Abend hatte ich die Felle wieder auf meine Skier gezogen. Eigentlich brauchte ich sie nicht, aber ich wollte nicht zweimal denselben Fehler machen. Außerdem konnte man ja nie sicher sein, wie das Eis hinter der nächsten Ecke aussah. Ich war nur eine Meile von der Spitze Bathursts entfernt, wo ich mich dann nach Nordwesten wenden würde. Bevor wir losgingen, schaute ich mir die Gegend an. Die dreißig Meter hohen Felsen auf Bathurst zu meiner Linken waren eisbedeckt, dort, wo der Stein durchschimmerte, mit dunklen Flecken gesprenkelt. Im Norden, zwischen den Inseln Bathurst zu meiner Linken und Hyde Parker acht Meilen zu meiner Rechten, entdeckte ich ein weites, leeres Eisfeld, im Mitternachtslicht von einem matten, schattenlosen Weiß. Ich hoffte, ich würde nicht das Gebiet durchqueren müssen, in dem ich die grauen Flecken dünnen Eises gesehen hatte, als ich vor dem Sturm hoch oben auf dem Felsen gestanden war.

Zunächst war das Eis weiß und dick. Soweit also keine Probleme. Aber als ich der Küste zum Cape Kitson folgte, fiel mir nach etwa einer Meile auf, daß das Eis dünner wurde und etwas matschig, und dort, wo es sich neu gebildet hatte, von grauen Stellen durchsetzt war. Auf dem Weg um das Kap herum blieb ich nah an der Küste und hielt ständig Ausschau nach einer Möglichkeit, auf sicheres Land zu gelangen. Ich entdeckte schließlich eine ziemlich breite Wasserrinne, die zu einem hundert Meter hohen Plateau hinaufführte. Von dort konnte ich quer über den Zipfel der Insel gehen, um an der Nordküste sicheres Eis zu finden.

Von dem Plateau aus bot sich mir ein atemberaubender Anblick. Drei Meilen nördlich lag die Loney-Insel, eine ziemlich große Insel, von Bathurst durch eisbedecktes Gewässer abgeschnitten, dem Water Sound, dessen Name zweifellos auf die unsicheren Eisbedingungen zurückzuführen war. Es war fast drei Uhr nachts, die Sonne ging eben am Horizont auf und goß eine Welle goldfarbenen Lichts über das Eis und das Land, auf dem der Mensch noch keine Spuren hinterlassen hatte. Alles war still. Der Wind hatte sich gelegt, und nichts regte sich. Es war ein sehr unpersönlicher Ort, es spielte keine Rolle, ob ich dort war oder nicht. Dieses Land existierte seit Jahrhunderten und würde weiterbestehen, wenn ich, ein Mensch, schon lange gegangen war.

Ich riß mich aus meinen Gedanken und setzte mich wieder in Bewegung. Ich überquerte das Plateau in Richtung Norden, in der Hoffnung, einen gut gangbaren Weg zwischen den Felsen hindurch zur noch unbekannten Nordküste zu finden. Der Schnee hier oben auf dem Plateau war hart und fest, von erbarmungslosen Winden zu beinharten Platten zusammengetrieben. Brauner, scharfkantiger Stein und rauher Kies ragten unter Eis und Schnee hervor. Wenn ich keinen Weg finden konnte, der um dieses Gestein herumführte, würde ich Mühe haben, meinen Schlitten hinunterzubringen.

Schließlich stand ich hoch oben über der Nordküste. Sie war steil und vereist, aber ein wenig weiter westlich gab es einen schräg abfallenden Hang, der unmittelbar vor einer gefrorenen Flußmündung mit dem Meereis zusammentraf. Der Hang war zwar steil, aber es schien mir dennoch der leichteste Weg abwärts zu sein. Ich befreite Charlie von seinem Schlitten, der dies als Aufforderung zum Spiel auffaßte. Ausgelassen rannte er im Kreis herum, eine deutliche Aufforderung an mich, ihn zu jagen. In Sorge wegen unseres Abstiegs war mir nicht gerade nach Spiel und Spaß zumute, aber wie hätte ich ihm widerstehen können? Ich rannte ihm nach, im Vergleich zu seinen flinken Haken und Bogen eher ungeschickt. Stets hielt er knapp außerhalb meiner Reichweite an und zog flink den Schwanz ein, wenn ich danach griff. Nach ein paar Minuten beendete ich das Spiel, um zum ernsteren Geschäft des sicheren Abstiegs vom Hang vor uns zurückzukehren.

Ich band Charlies Schlitten an meinen, drehte beide Fahrzeuge um und ließ sie den Hang hinunter, während ich zurückgelehnt mit meinem Körpergewicht bremste. Diese Technik hatte das letzte Mal gut funktioniert und bewährte sich auch diesmal wieder. Einige Male geriet ich ins Rutschen und fürchtete, die Kontrolle zu verlieren, aber es ging alles gut, und es gelang mir, Charlie und mich mit beiden Schlitten sicher zur Küste hinunterzubringen.

Auf dem Meereis angelangt, hielt ich erst einmal an und aß eine Handvoll Walnüsse, Erdnußbutterpralinen und Cracker. Charlie bekam natürlich auch seinen Anteil. Meine empfindlichen Hände, die das Festhalten des Schlittens beim Abstieg sehr angestrengt hatte, pochten vor Schmerz. Zwar besserte sich ihr Zustand allmählich, aber immer noch war die Haut rissig und platzte leicht auf, und die Finger begannen schnell zu bluten. Wenn das Blut dann gefror, klebten meine dünnen Unterhandschuhe an meiner Haut fest, und es war schwierig, sie auszuziehen, ohne zuerst das Blut aufzutauen.

Das Gebiet vor uns war ein Labyrinth bizarr geformter Schneeverwehungen, fest und steifgefroren, manche bis zu sechzig Zentimeter hoch, vom Sturm zusammengefegt, der beim vergangenen Unwetter, in einem Trichter zwischen der Loney-Insel und den Felsen von Bathurst gefangen, mit Höchstgeschwindigkeit über diese Eisflächen hinweggebraust war. Ich beschloß, ohne Skier weiterzugehen, weil es dann einfacher war, die Kämme zu umrunden, die beinahe kreisförmig angeordnet waren. Nach etwa zwei Meilen passierte ich eine lange, schwarze Kiesbank, die rechts von mir lag, ein Ausläufer der Loney-Insel, der beinah bis nach Bathurst hinüberreichte. Dahinter entdeckte ich eine lange, sechzig Meter hohe Landzunge, die von Bathurst zur Loney-Insel hinüberleckte und einen weiten Hafen bildete. Anstatt um dieses Kap herumzugehen, wollte ich, um Zeit und Weg zu sparen, die sanften Hügel direkt überqueren. Vor uns lag Carey Harbour, ein schmales, fünf Meilen langes, fast völlig von Land eingeschlossenes Eisgebiet, das sich an der Nordküste Bathursts landeinwärts erstreckte. Der Hafen, der nur eine Meile breit war, war zu beiden Seiten von hundertzwanzig Meter hohen Felsen begrenzt. Und es war still hier. Kein Geräusch kam aus dem Eis, kein Geräusch von den Felsen, nirgends eine Spur von Leben.

Ich stand da und sah mir das alles an, und wieder beschlich mich das Gefühl völliger Einsamkeit, das mich daran erinnerte, wie abgeschnitten von Menschen und der Zivilisation ich hier tatsächlich war. Wenn ich über weite, offene Gebiete wanderte, fühlte ich mich nicht ganz so verlassen. Aber wenn hohe Felsen vor mir aufragten, legte sich mir die Einsamkeit wie ein Bleigewicht aufs Herz. Bisher hatte ich hundertsieben Meilen zurückgelegt; Bathurst in seiner ganzen Länge trennte mich von jedem menschlichen Kontakt. Die Route zum Pol würde mich noch weiter von der Zivilisation entfernen.

Ich lief schnell über den harten, hochgewehten Schnee und versuchte, die Felsen, die Stille und die Tatsache, daß Charlie und ich hier die einzigen Lebewesen waren, nicht zu beachten. Ich hielt erst am äußersten Ende des Hafenbeckens an, wo die Felsen sich zum Meer hinabsenkten. Ich wollte etwas essen und Charlie füttern, ehe ich die anderthalb Meilen lange Strecke in Angriff nahm, die meiner Karte nach sanft bis auf sechzig Meter anstieg und dann zu einem Fjord hin abfiel, durch den ich den Felsen und der Insel Bathurst entkommen konnte.

Begierig hoffend, daß ich auf der anderen Seite den Fjord finden würde, stieg ich den Hang hinauf. Oben erhob sich rechts von mir, im Norden, der Saffron-Hügel mit einer Höhe von hundertfünfundsiebzig Metern, ein rauher, zerklüfteter Gipfel, den zu besteigen wenig Freude gemacht hätte. Charlie und ich marschierten weiter, bis ich endlich zu einem langen Fjord hinunterblickte, der sich zweieinhalb Meilen nach Norden erstreckte. Mir rutschte das Herz in die Hose. Carey Harbour war im Vergleich ein Kinderspiel gewesen. Der Fjord, der an manchen Stellen nur hundert Meter breit war, war auf beiden Seiten von hundertfünfzig Meter hohen Felswänden begrenzt, die beinahe senkrecht in die Höhe ragten und einen tiefen Schatten über den Fjord warfen. Die Stille war überwältigend, und wieder überfielen mich Gefühle tiefer Einsamkeit und äußerster Isolation. Mir graute davor, dort hinunterzusteigen, wo ich von allen Seiten eingeengt sein würde, aber es war die logische Route.

Es war ein Uhr nachmittags. Trotz der Verzögerungen beim Wandern über Land hatte ich bereits zweiundzwanzig Meilen zurückgelegt, seit ich um Mitternacht aufgebrochen war. Ich studierte meine Karte und beschloß, den Versuch zu wagen, noch bis zur Insel Allard zu kommen, die dreizehn Meilen entfernt war. Ich wollte alles versuchen, um die Zeit, die ich durch den Sturm verloren hatte, wieder aufzuholen.

Ich kletterte den langen, weißen Hang zum Fjord hinunter, und mein Unbehagen wuchs mit jedem Schritt. An der vereisten Küste stehend, blickte ich mit Grauen auf die schattendunkle Eislandschaft hinunter, die zwischen hohen, starren Felsen eingeschlossen war. Die Förde krümmte sich leicht, so daß ich die Meeresmündung, die zweieinhalb Meilen entfernt war, nicht sehen konnte. Ich schnallte meine Skier an und fuhr los, genau durch die Mitte, um diesen Fjord so schnell wie möglich hinter mich zu bringen.

Plötzlich zog Charlie, der die ganze Zeit ruhig neben mir hergelaufen war, stark nach rechts. Er hatte Eisbärspuren entdeckt, die in unsere Richtung wiesen. Ich hielt an und sah mich überall genau um, konnte aber keine Spur von einem Bären sehen, und Charlie war nur an den Spuren interessiert, witterte offensichtlich keinen Bären in unserer Nähe. Ich vermutete, daß der Bär genau wie wir durch den Fjord zur Küste gewandert war. Die Spuren sahen frisch aus, aber vielleicht war das Tier schon vor einigen Stunden hier vorbeigekommen und befand sich jetzt vor uns. Ich hoffte es, dennoch war ich beunruhigt. Wenn ich zwischen diesen turmhohen Felsen einem Bären begegnete, gab es kein Entkommen. Das Gefühl, völlig allein und isoliert zu sein, verstärkte sich, als wir unseren Weg den Fjord hinunter fortsetzten; allerdings fürchtete ich diesmal, Charlie und ich könnten vielleicht nicht die einzigen Lebewesen in diesem kalten Schattenland sein.

Das Eis hatte einen grünlichen Schimmer und war fast schneefrei. Die Felle machten meine Skier griffig, und ich lief so schnell wie möglich. Charlie, der neben mir hertrabte, geriet ab und zu ins Rutschen, behielt aber die Balance. Hin und wieder schaute ich mich nach Bären um, aber die meiste Zeit hielt ich den Blick geradeaus gerichtet, begierig, endlich das Ende des Fjords zu sehen. Immer schneller schob ich meine Skier über das Eis. Nach einer weiteren Stunde konnte ich die Mündung erkennen, hinter der Licht, Raum und Fluchtmöglichkeiten warteten. Und dann hatte ich endlich den Cracroft Sound erreicht und glitt auf meinen Skiern voll tiefer Erleichterung in die Freiheit.

Ohne anzuhalten, wandte ich mich nach Westen, in Richtung zur Insel Allard. Ich wunderte mich, daß so viele Orte in diesem menschenleeren Gebiet Namen hatten, zumal kein Mensch hier lebte, kaum jemals ein Mensch hierherkam. Draußen im Sund lag Schnee auf dem Eis. Kämme oder zackige Eisbrocken gab es keine, nur Welle um Welle harten, windgepeitschten Schnees, so daß das ganze Gebiet wie ein vom Wind gekräuseltes Meer wirkte. Ich hielt mich in nordwestlicher Richtung. Aus dem Norden wehte eine leichte Brise, und die Sonne, die langsam nach Westen wanderte, warf ihr blendendes Licht über die unendliche Weite aus Schnee und Eis, aber sie spendete keine Wärme.

Wir näherten uns Ricards Island, das rechter Hand lag, als ich voraus eine Landmasse entdeckte, die wie ein vollendet geformter Kegel aus dem eisbedeckten Meer emporragte. Ich hielt an, um auf meine Karte zu schauen. Es war die Insel Allard, ein einsamer Berg von hundertzwanzig Metern Höhe. Diese Insel hatte mir in den letzten Stunden als markanter Orientierungspunkt gedient. Als ich meine Karte wieder wegpackte, sah ich, daß Charlie sich niedergelegt hatte. Es war ein langer Tag gewesen, und er war müde. Ich streichelte ihn und sagte ihm, es sei nur noch ein paar Meilen bis zum Lager. Das schien ihn nicht sonderlich zu beeindrucken, aber er stand doch langsam auf, und wir machten uns auf den Weg zur Insel Allard.

Mit den Felsen im Rücken und einer weiten, offenen Fläche vor mir und um mich herum, verflüchtigten sich die bedrükkenden Gefühle von Einsamkeit und Isolation, die mich im Fjord überfallen hatten. Meine Stimmung besserte sich. Die

Aussicht, an einem einzigen Tag fünfunddreißig Meilen zu schaffen, freute mich. Ich war ausgelaugt, aber so müde wie Charlie schien ich nicht zu sein. Um acht Uhr schließlich, gerade rechtzeitig für den Funkspruch an die Basis, erreichten wir – sehr zu Charlies Erleichterung – die äußerste Spitze der Insel Allard.

Ich zog meine Skier aus, kletterte einen zwei Meter hohen Hang hinauf und fand in der Nähe eine flache Stelle. Es würde angenehm sein, zur Abwechslung einmal an Land zu lagern und nicht dauernd das Krachen und Knirschen des Eises unter meinem Zelt hören zu müssen. Die Sonne tauchte hinter dem Horizont unter, und die Temperatur fiel auf minus neunundzwanzig Grad. Ich stellte die Antenne auf, legte die Batterien ein, die ich in der letzten Stunde der Wanderung in meiner Tasche aufgewärmt hatte, und funkte die Basis an, um unsere neue Position durchzugeben. Bezal war beeindruckt von dem, was wir an diesem einen Tag geschafft hatten. Ich erzählte ihm nicht, daß der Tag zwanzig Stunden lang gewesen war.

7
Siebzig Meilen Leere

SECHZEHNTER TAG

Um vier Uhr morgens riß mich das Knurren Charlies, der draußen vor dem Zelt lag, aus tiefem Schlaf. Automatisch griff ich nach Gewehr und Leuchtpistole und kroch durch die Tür hinaus. Eilig schüttelte ich den Schlaf ab und hielt nach allen Seiten Ausschau, um festzustellen, was ihm nicht paßte. Er riß an seiner Leine, schien schnellstens zum Hauptkegel der Insel zu wollen. Ich konnte nirgends einen Bären erkennen, darum nahm ich an, es sei vielleicht in der Ferne einer auf dem Weg zur anderen Seite der Insel vorbeigekommen. Vorsichtshalber schaute ich mich rund um das Lager nach Bärenspuren um. Ich sah einige, aber es schienen mir alles ältere Spuren zu sein. Gestern abend hatte ich sie in meiner Eile, das Lager aufzuschlagen und zur Ruhe zu kommen, nicht bemerkt. Charlie beruhigte sich langsam, der Bär schien weitergezogen zu sein. Auch ich entspannte mich wieder. Ich hatte zwar auf dem ganzen Weg bis Allard Eisbärenspuren gesehen, aber sie waren immer seltener geworden, je weiter ich an der Küste von Bathurst nach Norden vorgedrungen war. Dennoch würde ich wachsam bleiben müssen. Die Gefahr, daß uns ein Eisbär über den Weg lief, würde uns bis zum Pol begleiten. Dies hier war ihr Revier, nicht meines, ich konnte nicht erwarten, daß sie einfach verschwinden würden.

Nach diesem plötzlichen Erwachen fand ich es sinnlos, zurück in meinen Schlafsack zu kriechen. Die Sonne war schon aufgegangen, der Himmel war klar und blaßblau, und es wehte ein Wind so leicht wie ein Hauch. Ich schlüpfte in meinen Daunenparka und holte meine Karte heraus, um mir meine weitere Route von der Insel Allard aus anzusehen. Als ich mich in Resolute Bay entschlossen hatte, von Allard aus nordwestlich zur Insel Sherard Osborn zu gehen und dann weiter in nordwestlicher Richtung zur König-Christian-Insel, war mir klargewesen, daß das Stück von Osborn bis König-Christian eine Herausforderung für meine Navigationskenntnisse werden würde. Aber diese Route hatte den Vorteil, daß sie durch das Gebiet des magnetischen Nordpols führte und ich dort alles, was ich sah, im Detail für das geplante Schulprojekt festhalten konnte. Außerdem konnte ich auf diese Weise meine eigene Neugier stillen und meinen Wunsch, die Inseln, die die geschätzte Position des magnetischen Nordpols umlagerten, mit eigenen Augen zu sehen und meinen Fuß auf sie zu setzen.

In zweifacher Weise würde ich als Navigatorin gefordert sein. Erstens führte mich die Route durch ein riesiges Meereisgebiet, durch das ich meinen Weg finden mußte, ohne mich an Punkten auf dem Festland orientieren zu können. Und zweitens konnte ich auf dieser Strecke keinen magnetischen Kompaß benützen; der ist so nahe am magnetischen Pol völlig unbrauchbar. Während ich mir die Route auf der Karte ansah und sorgfältig alle Komplikationen bedachte, ging ich im Geist die verschiedenen Navigationsmethoden durch, die ich anwenden konnte, um wie geplant die König-Christian-Insel zu erreichen. Am Abend zuvor, als ich nach Resolute gefunkt hatte, hatte Bezal mir eine erfreuliche Vorhersage der Wetterstation durchgegeben, ein Riesenvorteil, den ich zu nutzen beschloß. Wenn ich die leichtere Route nahm, die weiter westlich verlief, so würde ich, das wußte ich, später stets bedauern, eine einmalige Gelegenheit nicht wahrgenommen zu haben. Ich legte die – mittlerweile etwas mitgenommene – Karte zusammen und steckte sie in meine Tasche. Ich war gespannt auf diese neue Herausforderung.

Ich fütterte Charlie, frühstückte und belud meinen Schlitten. Ich erwog, die Felle von meinen Skiern wieder zu entfernen. Ohne sie konnte ich leicht eine Durchschnittsgeschwindigkeit von zwei Meilen pro Stunde halten. So weit ich sehen konnte, war das Eis schneebedeckt, und jetzt, da mein Schlitten leichter war, würde ich die zusätzliche Bodenhaftung nicht mehr brauchen. Ich beschloß, es zu riskieren, und nahm die Felle ab.

Um fünf Uhr morgens befanden wir uns auf dem Weg nach Nordwesten zur Insel Sherard Osborn, der letzten Insel vor der siebzig Meilen langen Strecke eisbedeckten, namenlosen Wassers. Sherard Osborn, der der Insel seinen Namen gegeben hat, hatte großen Anteil an der Erforschung der Nordküste Bathursts und der Nachbarinseln bis hinauf zur König-Christian-Insel gehabt, die er 1853 als erster sichtete. Erst 1916 jedoch setzte ein anderer Polarforscher, Donald MacMillan, seinen Fuß auf die Insel.

Vier Meilen weit war das Eis gut, mit einer dünnen Schicht festen Schnees bedeckt, dann erreichten wir ein Gebiet verstreut herumliegender Eishaufen, die jeweils sechzig bis neunzig Zentimeter hoch waren. Charlie, der nach dem gestrigen Fünfunddreißig-Meilen-Marsch im wahrsten Sinn des Wortes hundemüde gewesen war, hatte sich gründlich ausgeschlafen und lehnte sich jetzt, während ich mich auf meinen Skiern vorwärts stieß, wie gewohnt an mein rechtes Bein, um sich ein wenig streicheln zu lassen. Flüchtig erschien ein Polarfuchs, flitzte aber sogleich hinter das Eis, um sich vor uns zu verstekken. Charlie wollte ihm nachlaufen. Durch den plötzlichen Ruck an seiner Kette, der für mich völlig überraschend kam, verlor ich das Gleichgewicht und fiel hin. Ich landete ziemlich unsanft auf dem harten Eis und kam sogleich ins Rutschen, während Charlie, der anscheinend glaubte, ich sei so richtig im Jagdfieber, weiterhin wie ein Wilder an seiner Kette riß, um dem Fuchs nachzujagen, der längst aus unserem Blickfeld verschwunden war.

Als ich »Halt, Charlie!« schrie, beugte er sich interessiert über mich und begann gleich ein neues Spiel, das darin bestand, mir auf die Brust zu springen und mir seine feuchte Nase ins Gesicht zu reiben. Um ihn nicht zu enttäuschen, umschlang ich seinen kräftigen Nacken und rang ihn nieder, bis er auf dem Rücken lag. Da lagen wir nun, ein dickfelliger Hund, meine Skier und ich, total ineinander verstrickt. Ich kämpfte mich in sitzende Position hoch, schnallte meine Skier ab, machte Charlie von der Leine los und stand auf. Er wollte weiterspielen, ich rang ihn also noch einmal nieder und kraulte dann seinen Bauch. Wir waren einander schon so nahegekommen, daß einer die Stimmungen des anderen spürte und auf sie eingehen konnte. Ich hatte eine Menge Respekt vor Charlie und wollte in seinen Augen auf keinen Fall als ängstlich oder dumm dastehen. Seine gute Meinung war mir äußerst wichtig.

Das Eis begann unwegsamer zu werden, darum ließ ich die Skier auf dem Schlitten und folgte zu Fuß den schmalen, gewundenen Wegen zwischen den zackigen Eisklötzen hindurch. Wir erreichten Ashington Point an der Ostspitze von Sherard Osborn, wo das Eis von rasch fließenden Strömungen zusammengeschoben war. Weiter draußen wurde das Eis wieder glatt und verschmolz mit der sanft abfallenden Küste. Ich verließ das Meereis und marschierte zwei Meilen an der eisigen Küste entlang bis zum Ufer einer gefrorenen Bucht, die wir überquerten, um Harvey Point auf der gegenüberliegenden Seite, an der Nordspitze der Insel, zu erreichen. Das war vielleicht der kritischste Punkt auf der ganzen Expedition. Von hier aus würde ich mich nach Nordwesten wenden, die Inseln hinter mir lassen und mir ohne Sichtkontakt zum Festland meinen Weg suchen.

Ich schaute hinaus auf die weite, leere Fläche, die sich bar aller Orientierungspunkte vor mir ausdehnte. Das Eis funkelte im grellen Sonnenlicht, während mein Blick einen Fokus suchte. Aber hier war nichts als blankes Eis in allen Richtungen bis zum Horizont. Hier würde ich zu einem mikroskopisch kleinen Stäubchen schrumpfen, einer winzigen Ameise, die versuchte, ihren Weg durch diese weite Leere zu finden.

Ich machte halt und holte die Karte heraus, um meinen Kurs abzustecken. Ich trug zwei Uhren, beide auf die Zeit in Resolute eingestellt. Ich hatte eine Vierundzwanzig-Stunden-Sonnen-Schatten-Uhr, die ich in Verbindung mit meiner Local-Apparent-Noon-Karte benützte. Diese LAN-Karte gab mir den genauen Zeitpunkt an, an dem die Sonne nach Lokalzeit im Süden stehen würde. Eine Sonnen-Schatten-Uhr mag in geringeren Breiten als unzuverlässig gelten, im Polargebiet ist sie ein sehr wertvolles Hilfsmittel.

Nachdem ich mit Hilfe meiner Sonnen-Schatten-Uhr Norden und Süden bestimmt hatte, breitete ich meine Karte flach aus und maß mit meinem Winkelmesser den genauen Winkel westlich von Norden, in dem ich gehen mußte, um den westlichen Teil der König-Christian-Insel zu erreichen. Meine derzeitige Position war 76 Grad 45 Minuten nördliche Breite und 99 Grad 35 Minuten westliche Länge. Von diesem Standort aus mußte ich in einem Winkel von dreißig Grad West zu Nord wandern, um mein Ziel zu erreichen. Ich würde daher die Entfernung sehr sorgfältig messen müssen, um auf der Karte anhand von Längen- und Breitengraden immer genau sehen zu können, an welcher Position ich mich befand. Das Meßrad an meinem Schlitten würde mir die zurückgelegte Entfernung angeben; doch auf dem Weg die Küste von Bathurst herauf hatte ich mich darin geübt, mit den Skiern eine Geschwindigkeit von zwei Meilen pro Stunde auf glattem Eis zu halten; ich hatte das zu Hause geübt und perfektioniert, um unabhängig von allen mechanischen Hilfsmitteln, die versagen könnten, die zurückgelegte Entfernung zu bestimmen. Die Sonne, deren Winkel sich jede Stunde um fünfzehn Grad verschob, würde ein ausgezeichneter Wegweiser sein. Der Wind, der mittlerweile zu einer steifen Brise geworden war, wehte direkt aus

Norden und würde mir ebenfalls beim Navigieren behilflich sein.

Schließlich hatte ich noch ein globales Orientierungssystem bei mir, das mir Satellitenmessungen meines jeweiligen Standorts liefern konnte. Da es sich jedoch um ein Versuchsgerät handelte, hatten mir die Leute, die es entwickelt hatten, geraten, mich auf meine elementaren Navigationsinstrumente zu verlassen und das Ortungsgerät nur als eine Art Rückversicherung zu gebrauchen. Da ich nun meine Position und meinen Kurs auf der Karte sorgfältig abgesteckt und alle Informationen und Navigationsinstrumente hatte, die ich brauchte, konnte ich mich getrost auf den Weg machen, dieses namenlose Meer zu überqueren, das sich vor mir in die Ferne erstreckte.

Nach einem frühen Mittagessen brachen Charlie und ich nach Nordwesten auf. Die ersten zwei Meilen ging es über unebenes Küsteneis und schlecht gangbare, brüchige Eishügel. Dann aber gelangten wir auf glattes Meereis, das von den Mißhandlungen der schnellen Strömungen verschont geblieben war. Später konnte ich im Osten einen Eisberg erkennen, vielleicht zehn Meter hoch und fünfzehn Meter lang, der in der erdrückenden Umklammerung des Packeises gefangen war. Vielen Schiffen früherer Arktisexpeditionen war das gleiche Schicksal widerfahren, wenn sie in das tödliche Netz des Packeises geraten und dort zertrümmert worden waren. Die Mannschaften, die das Schiff verließen, um über Land Rettung zu suchen, starben entweder an Krankheiten oder verhungerten.

Zwei Stunden nachdem wir Sherard Osborn verlassen hatten, blickte ich durch das blendende weiße Funkeln zurück und sah die Silhouette des knapp einhundertfünfzig Meter hohen Osborn Peak in der Mitte der Insel. Der Wind hatte aufgefrischt und blies jetzt mit einer Stärke von zehn Meilen pro Stunde. Das genügte, daß sich an meinen Wimpern die mir bereits unangenehm vertrauten Eiskristalle bildeten. Auch meine Maske, die mit einer Eisschicht überzogen war, begann wieder zu frieren. Schnee, den der Wind vor sich herschob, trieb träge über das Meereis. Ich eilte weiter. Ich wollte die Schönwetterlage über diesem Gebiet ausnützen. Am späten Nachmittag hatte der Wind weiter aufgefrischt, blies jetzt mit fünfzehn Meilen pro Stunde, bei einer gleichbleibenden Temperatur von minus siebenundzwanzig Grad, was bei der höheren Windstärke eine Temperatur von minus fünfundvierzig Grad im Wind ergab. Das war zwar nicht so übel wie die minus sechzig bis minus siebzig Grad, die ich während der ersten Expeditionswoche erlebt hatte, aber immer noch kalt genug, um Fleisch innerhalb von fünf Minuten gefrieren zu lassen. Anstatt stündlich anzuhalten, zog ich es vor, gleichmäßig durchzulaufen und nur anzuhalten, um Charlie ab und zu etwas von seinem Futter zu geben, selbst einen Schluck zu trinken und mir vielleicht eine Handvoll Nüsse zu nehmen, wenn ich das brauchte. Sobald ich anhielt, kroch schleichende Kälte an mir hoch, und ich begann zu frösteln, obwohl ich meinen Daunenparka anhatte.

Weiter ging es. Wir kamen bei hundert Grad westliche Länge an. Seit dem Morgen hatten wir zweiundzwanzig Meilen zurückgelegt. Es war sieben Uhr, und zum ersten Mal neigte sich die Sonne zu einem Horizont, an dem nirgends Land zu sehen war. Da der Himmel klar war und der Wind konstant mit fünfzehn Meilen pro Stunde aus Norden wehte, beschloß ich, bis Mitternacht weiterzugehen. Auch nach Sonnenuntergang konnte ich die Richtung dank des Nordwinds bestimmen. Insgeheim hoffte ich, die König-Christian-Insel innerhalb von zwei Tagen zu erreichen, aber ich wußte, daß es realistischer war, mit fast drei Tagen zu rechnen.

Nachdem ich nun bereits zwei Stürme erlebt hatte, wollte ich mich keinesfalls auf das Wetter verlassen. Ich wollte nur, solange meine Füße mich trugen, über das gefrorene Meer laufen und das andere Ufer erreichen, ehe ein neuer Sturm über uns hereinbrach. Die Vorstellung, hier draußen, mitten im Nichts, in einem Sturm meinen Weg suchen zu müssen, war mir nicht sympathisch. Die glatte glitzernde Eisdecke, die mit Wellen vom Wind zusammengewehten Schnees bedeckt war, dehnte sich, soweit mein Auge reichte. Unermüdlich lief ich weiter, immer bemüht, noch schneller vorwärts zu kommen, während Charlie mit seinem Schlitten brav an meiner Seite trabte. Er begann sich an die langen Tage zu gewöhnen, doch gegen Abend zeigte er Müdigkeit, und je älter der Tag wurde, desto länger ruhte er sich bei jeder Gelegenheit aus, die sich bot.

Beim Funkspruch um acht gab Bezal mir eine gute Wettervorhersage durch. Ich packte die Sachen zusammen, verstaute sie auf dem Schlitten, und wir brachen zur letzten Etappe dieses Tages auf. Etwas später verließ uns die Sonne und tauchte hinter dem Horizont unter; wir bewegten uns durch ein graues, kaltes Licht, in dem einzig der Wind uns führte. In dem tristen, stumpfen Licht schien es mir kälter zu sein, als es wirklich war. Sowohl meine Gesichtsmaske als auch die Vorderseite meiner Jacke waren mit einer Eisschicht überzogen. Jetzt, da die Sonne nicht mehr schien, nahm ich meine Skibrille ab und zog meine Kapuze zu, um meine Augen vor dem eisigen Wind zu schützen. Dennoch tränten sie bald so stark, daß die Gefahr des Gefrierens bestand, darum setzte ich die Skibrille wieder auf.

Endlich war es Mitternacht. Wir waren neunzehn Stunden unterwegs gewesen und hatten fünfunddreißig Meilen zurückgelegt. Charlie schien der Meinung zu sein, daß das genügte. Sobald ich anhielt, machte er einen Schritt nach links und ließ sich auf meine Skier fallen. Das war seine Art zu sagen: »Jetzt ist aber Schluß.«

Wie recht er hatte. Es war eine Wohltat, mein Schlittengeschirr ausziehen zu können. Ich machte Charlie von seinem Schlitten los, und in der Gewißheit, daß ich verstanden hatte, was er mir hatte sagen wollen, erhob er sich von meinen Skiern und rollte sich zwischen den beiden Schlitten zusammen. Es war nicht das erste Mal, daß er sich auf meinen Skiern niedergelassen hatte, um mir zu signalisieren, daß wir anhalten sollten, diesmal jedoch war das Signal so demonstrativ wie noch nie gewesen.

Nachdem ich das Zelt aufgestellt hatte, holte ich ihn ins Vorzelt, gab ihm sein Futter und gönnte ihm dann seinen wohlverdienten Schlaf. Nach einem schnellen Abendessen kroch auch ich in meinen Schlafsack und schlief bald fest ein.

SIEBZEHNTER TAG

Meine innere Uhr funktionierte gut. Wie in der Nacht geplant, erwachte ich um vier Uhr. Ich hatte keinen Wecker mitgenommen, weil ich mich normalerweise darauf verlassen kann, zur gewünschten Stunde aufzuwachen. Nun erwachte ich zwar rechtzeitig, aber der Schlafmangel machte sich deutlich bemerkbar, als ich wacklig und benommen aus meinem warmen Schlafsack in die unwirtliche Kälte eines neuen Tages hinauskroch. Das Wetter, dem meine größte Sorge galt, war wie am Tag zuvor klar und sonnig, und es wehte ein gleichmäßiger Nordwind.

Charlie freute sich kein bißchen darüber, geweckt zu werden. Er ignorierte mich einfach und schlief weiter. Ich wünschte, ich könnte es genauso machen, aber ich hoffte, ein weiterer harter Tag würde ausreichen, um mich in Sichtweite der König-Christian-Insel zu bringen, und dies war genau das Wetter, das ich für mein Vorhaben brauchte.

Um fünf Uhr morgens waren wir wieder unterwegs, auf dem Marsch über diese scheinbar endlose Fläche reinen Eises, die sich bis zu einem ununterbrochenen Horizont erstreckte. Nicht einmal im Licht des frühen Morgens gab es etwas, worauf man seinen Blick richten konnte. Gestern hatten wir das Festland hinter uns gelassen und mit ihm all die Orientierungspunkte, die mir geholfen hatten, meinen Weg zu finden. Gegen Mitte des Vormittags befanden wir uns in einem großen Gebiet niedriger, gezackter Eishügel, die wie willkürlich hingeworfen wirkten. Es war nicht schwierig, durch diese seltsame Hügellandschaft einen Weg zu finden, wir brauchten nicht mit Hindernissen zu kämpfen. Einmal kreuzten wir Eisbärenspuren, die aber schon viele Tage alt waren und sich im Osten verloren. Der Wind frischte auf fünfzehn Meilen pro Stunde auf, fegte über das Eis und begrub meine Skier und Stiefel unter treibendem Schnee. Charlie sah aus, als hätte er keine Pfoten. Obwohl er am Morgen nur widerwillig aufgebrochen war, bewegte er sich jetzt flink und leichtfüßig. Ab und zu hielt er die Nase hoch in die Luft, um die Witterung von Eisbären und Seehunden aufzunehmen, die der Wind mitbrachte.

Es blieb ein sonniger, wolkenloser Tag. Der Wind war kalt, wehte kontinuierlich aus nördlicher Richtung und diente mir als Navigationsinstrument. Jede Stunde hielt ich an, um mit meiner Sonnen-Schatten-Uhr den Stand der Sonne zu bestimmen, richtete mich sorgfältig in einem Dreißig-Grad-Winkel West zu Nord aus und trug meine Position auf der Karte ein. Um ganz sicherzugehen, machte ich kurz vor Mittag halt, als meinem LAN-Gerät gemäß die Sonne genau im Süden stand. Mit dem ständigen Navigieren wurde es ein arbeitsreicher Tag: Einerseits mußte ich immer wieder meinen Kurs überprüfen, andererseits setzte ich alles daran, eine möglichst große Strecke zurückzulegen.

Die Stunden verflogen, und wir ließen Meile um Meile hinter uns zurück. Immer noch trieb der Wind den Schnee in dünnen Schleiern über meinen Weg; es sah aus, als bewegte sich das Eis in seitlicher Richtung. Ständig suchte mein Blick nach irgendeinem Halt, aber die Gleichförmigkeit der Landschaft in allen Richtungen war ungebrochen. Ich sehnte mich danach, endlich wieder Land zu sehen. Erbarmungslos strahlte das grelle Nachmittagslicht herab. Blinzelnd versuchte ich, die weißen Schleier zu durchdringen, die mich umhüllten, aber es gab nirgends etwas zu sehen, kein fernes Ziel zu erreichen. Es wurde mir zur Last, anzuhalten, um in alle Richtungen nach Eisbären Ausschau zu halten. Wenn ich mich bewegte, ging ich wenigstens auf etwas zu und war aktiv; wenn ich jedoch anhielt, gab es nichts als das Geräusch des Windes, und ich fühlte mich wieder wie ein unbedeutendes Staubkörnchen in einem unendlichen Universum. Ich fing an, mit Charlie zu sprechen, und erzählte ihm, was wir alles mit Bill zusammen unternehmen würden, wenn wir erst wieder zu Hause waren. Aber hier auf dem Eis konnte ich mich nicht richtig auf zu Hause und die Menschen dort konzentrieren, darum hörte ich nach einer Weile auf, mit Charlie zu sprechen, und richtete alle meine Sinne nur noch darauf, schneller vorwärts zu kommen.

Aus dem Morgen war Nachmittag geworden, und dieser war in den frühen Abend übergegangen, als wir eine Position von hundertein Grad westliche Länge erreichten. Das stundenlange Marschieren im Wind, dessen Stärke gegen achtzehn Uhr auf beinahe zwanzig Meilen pro Stunde angestiegen war, kostete mich eine Menge Kraft. Sein beständiges Seufzen und Pfeifen, die dauernden Püffe, die er mir versetzte, das Geräusch meiner Skier, die stetig nordwärts glitten, dies alles erzeugte eine Monotonie, die mein Gehirn einschläferte. Ich zwang mich, ein flottes Tempo zu halten, weil ich wußte, daß ich nur so bald wieder Land erreichen würde. Für den Fall, daß der zunehmende Wind Vorbote eines heraufziehenden Unwetters sein sollte, beschloß ich, wie am Vortag bis Mitternacht weiterzuwandern. Charlie hielt das schnelle Tempo mit und hatte sich noch nicht beschwert.

Wieder einmal senkte sich die Sonne zum Horizont. Heute war sie mehr als nur eine Feuerkugel; sie war ein freundliches, lebendiges Wesen, das sich am Himmel entlangbewegte und mir half, meinen Weg durch dieses gottverlassene Ödland zu finden. Je tiefer sie sank, desto mehr fürchtete ich ihr Verschwinden. Ich lief weiter und behielt sie im Auge, bis der letzte orangefarbene Glanz am Horizont verschwunden war. Als sie fort war, fühlte ich mich so einsam, als hätte ein Freund mich verlassen.

Nach einem Tag, der so lang wie eine Ewigkeit gewesen war, und einem Marsch von vierunddreißig Meilen wurde es endlich Mitternacht. Nachdem ich das Zelt aufgestellt hatte, trabte Charlie einfach an seinem üblichen Platz im Vorzelt vorbei und legte sich mitten im Zelt nieder. Das war der Platz, den er sich für die Nacht ausgesucht hatte, und basta. Da ich am nächsten Morgen wieder um fünf Uhr aufbrechen wollte, holte ich so wenig wie möglich von meinem Schlitten. Als ich meinen Schlafsack ins Zelt warf, belegte Charlie sofort die untere Hälfte. Nachdem ich mühsam mit wunden Fingern meine Stiefel ausgezogen hatte, schob ich meine Füße unter Charlie, um ihn von meinem Schlafsack zu vertreiben. Ich wollte selbst hinein und mich aufwärmen. Aber er bewegte sich keinen Zentimeter. Als ich ihn mit vier Crackern bestach, überlegte er es sich. Erst zögerte er, dann fand er wohl, die Cracker seien es wert, den Platz auf dem Schlafsack zu räumen. Nach ein paar Crackern, Ernußbutterpralinen, Nüssen und einem kräftigen Schluck aus der Thermosflasche kroch ich mit Charlie an meiner Seite in die Tiefen meines Schlafsacks.

ACHTZEHNTER TAG

Die Versuchung, vier Uhr einfach zu verschlafen, war überwältigend, aber dann erinnerte ich mich daran, daß ich heute möglicherweise auf Land treffen würde, und zwang mich dazu, aufzustehen. Charlie schlief noch, darum ging ich allein hinaus, um nach dem Wetter zu sehen. Der Wind war zu einer leichten Brise abgeflaut, ein guter Grund, früh aufzubrechen und die Windstille zu nutzen. Nach drei Nächten mit nur je drei Stunden Schlaf war ich zwar erschöpft, aber der Gedanke, endlich wieder festes Land zu sehen, spornte mich an. Ich glaubte zuversichtlich daran, daß ich mein Ziel, die König-Christian-Insel, heute erreichen würde.

Da meine Thermosflaschen leer waren, zündete ich den Kocher an, um Eis zu schmelzen und mir nach dem spärlichen Abendessen der vergangenen Nacht ein heißes Frühstück zu bereiten. Charlie schlief ruhig weiter und erwachte erst, als ich ihm eine Schale mit warmem Müsli anbot. Nach dem Frühstück beeilte ich mich, um pünktlich um fünf Uhr aufbrechen zu können, und war sogar fünf Minuten vor der Zeit fertig. Auf der ganzen Reise hatte ich mir selbst immer wieder Ziele gesetzt, so daß es stets etwas zu erreichen galt. Das lieferte mir die Motivation, keine Zeit zu vergeuden, rechtzeitig aufzubrechen und mich täglich neu zu bemühen, eine bestimmte Strecke hinter mich zu bringen.

Wir waren gerade ein paar Meter gegangen, als Charlie beschloß, sich ein Weilchen auf dem Eis zu wälzen, um sich auf diese Weise den Rücken zu kratzen. Als er das erledigt hatte, stand er auf, schüttelte sich einmal kräftig, und wir konnten weitermarschieren. Wahrscheinlich war das seine Art, den Schlaf abzuschütteln. Mir sagte diese Methode nicht zu. Ich ergähnte mir statt dessen meinen Weg zum Erwachen, brauchte dazu aber immerhin die erste halbe Meile. Trotz meiner Müdigkeit war ich guter Stimmung. Der Wind kam immer noch aus dem Norden, aber es war nur eine leichte Brise, das reinste Honiglecken im Vergleich zu den mühevollen Stunden des vergangenen Tages. Nachdem ich das erste Mal an diesem Morgen die Richtung überprüft hatte, ging ich beständig in einem Winkel von dreißig Grad von Norden. Der Nordwind war mir dabei eine gute Orientierungshilfe.

Im Westen, in weiter Ferne, konnte ich die Umrisse eines

weiteren Eisbergs erkennen, auch er eingeschlossen wie die anderen. Wir durchquerten eine zweihundert Meter lange Strecke mit flachen, breiten Hügeln aus vieljährigem Eis, von der Witterung glattgeschliffen, in vielfältigen Blautönen schimmernd. Vor uns konnte ich verschwommen ein sechs Meter breites Eisband erkennen, das sich von Osten nach Westen erstreckte und nicht ganz so rein weiß war wie das alte Eis. Die graue Tönung signalisierte neues Eis. Dort mußte eine Wasserrinne gewesen sein, die erst in den letzten ein, zwei Tagen wieder zugefroren war. Als ich mich ihr näherte, überprüfte ich erst einmal mit meinem Skistock, wie dick das Eis überhaupt war. Es fühlte sich fest und solide an, und ich überquerte es schnell. Ein paar Schritte weiter zuckte ich erschrocken zusammen, als ein Krachen wie von einer heftigen Explosion plötzlich die Stille zerriß. Inzwischen kannte ich das Geräusch von Eis, das unter gewaltigem inneren Druck aufbricht. Eine schmale Spalte hatte sich geöffnet und zog sich in einer langen, gezackten Linie nach Osten, wo sie aus meinem Blickfeld verschwand. Es waren hier in den letzten zwei Tagen viele solcher Risse entstanden, und das erinnerte mich wieder daran, daß das Eis, das mir als Boden unter den Füßen diente, eine sich in ständiger Bewegung befindliche Masse war. Charlie ließ sich von diesem gelegentlichen lauten Krachen nicht erschrecken. Er hatte es schon so oft in seinem Leben gehört, daß er dies, anders als ich, als normal betrachtete.

Im Lauf des Vormittags war das diesige Licht am schlimmsten. Ich war es müde geworden, ständig unter großer Anstrengung zu versuchen, die weiße Wand, an der alle Blicke abprallten, mit den Augen zu durchdringen, aber ich behielt den nördlichen Horizont im Auge, immer auf der Suche nach dem Land, von dem ich wußte, daß es dort war. Ich hatte dreizehn Meilen zurückgelegt, als ich gegen Mittag glaubte, im Norden die schwachen Umrisse einer flachen, langgestreckten Insel erkennen zu können. Ich rieb mir die Eiskristalle von den

Wimpern, um besser sehen zu können. Das mußte die König-Christian-Insel sein. Ich lief mit neuer Kraft weiter, angespornt von der Neugierde, festzustellen, ob mein Kurs richtig war und mein sorgfältiges Navigieren sich ausgezahlt hatte. Ohne anzuhalten, um zu essen oder zu trinken, lief ich noch schneller, um möglichst rasch die Strecke zwischen mir und der Insel, die ich zu finden hoffte, zu überwinden. Nach einer weiteren Meile wußte ich mit Gewißheit, daß das Stück Land, das ich dort sah, die König-Christian-Insel war.

Eigentlich hatte ich am Südwestzipfel der Insel ankommen wollen. Nun sah ich, daß ich nach Westen abgetrieben war, eine Meile vielleicht. Nachdem ich die Korrektur auf der Karte festgehalten hatte, wandte ich mich leicht nach Norden. Als die Insel langsam größer wurde, erreichte ich eine Position von hundertzwei Grad westlicher Länge. Ich machte nur kurz halt, um mit meinem LAN-Gerät den Sonnenstand zu überprüfen, ehe ich mit wachsender Erregung auf die Insel zusteuerte, die jetzt keine drei Meilen mehr entfernt war. Von ferne gesehen, schien sie von den Küsten landeinwärts sanft anzusteigen. Felswände oder unwegsame steile Berge gab es nicht.

Ich war euphorisch; nicht nur, daß ich Land gefunden hatte, sondern eben das Land, das ich angepeilt hatte. Ich kam an der Westspitze an. Auf meiner Karte schien sie zu einer hufeisenförmigen Bucht am Südwestzipfel der Insel zu gehören. Aber in Wirklichkeit war es unmöglich, die genaue Form des Landes zu erkennen, weil die Küste hier so niedrig lag, daß ich nur raten konnte, ob ich mich auf Land oder auf Wasser befand. Als ich mich umblickte, sah ich nur ein Gebiet trostloser Leere und Einsamkeit, wo Festland und Meereis in einer kaum wahrnehmbaren Grenzlinie ineinander übergingen. Schwere, flache Platten aus sechzig Zentimeter dickem Eis hatten sich an manchen Stellen über den Rand des Landes hinaufgeschoben und zeigten jetzt in grotesken Formationen zum Himmel. Das Land lag so niedrig, daß das Meereis ungehindert hatte einfallen können. Da es zum Landesinneren hin nur langsam und kaum merklich anstieg, wirkte es wie eine flache Tafel, die mit einer zerknitterten weißen Decke zugedeckt war. Ich konnte die Grenze zwischen Küste und Meereis nur mit Hilfe der unterschiedlichen Qualität des Eises ausfindig machen. Das Meereis war gesprungen und uneben. Das Landeis war im Gegensatz dazu stabiler, gab unter meinem Gewicht weniger nach, und es fehlten ihm die dumpfen Geräusche des Meereises.

Die Küste hatte keinerlei markante Merkmale, sie war einfach nur leer und flach. Dennoch hatte ich noch keine Insel wie diese gesehen, sie war auf ihre eigene Art etwas Besonderes. Aber nun mußte ich mir selbst erst einmal den Nachweis erbringen, daß ich tatsächlich die König-Christian-Insel erreicht hatte und nicht, Gott behüte, irgendeine andere Insel. Die Sonne stand dreiundzwanzig Grad im Südwesten, und als ich mich nach Westen drehte und über das Meereis blickte, lag das Land hinter mir, was mir sagte, daß ich mich an der Westküste der Insel befand. Ich konnte eine lange, flache Küstenlinie erkennen, die sich nach Nordwesten erstreckte. Mit Skistock und Winkelmesser zeichnete ich Winkel in den Schnee und stellte fest, daß die Küste in einem Winkel von fünfzig Grad nach Norden verlief. Das stimmte mit dem Winkel überein, der auf meiner Karte eingezeichnet war. Die Karte zeigte ferner am südwestlichen Ende der Insel flaches Land, das erst eine Meile im Inneren zu dreißig Meter Höhe anstieg. Bevor ich weiterging, warf ich noch einen Blick auf mein Ortungsgerät, das mir die Daten bestätigte, die ich auf meiner Karte eingezeichnet hatte. Alles deutete darauf hin, daß dies die König-Christian-Insel war. Meine Navigationsmethode hatte sich glänzend bewährt.

Als nächstes wollte ich die Westküste entlang nach Norden marschieren und auf dem Weg sämtliche Orientierungspunkte bestimmen. Wenn ich dann den einzigen identifizierbaren

Küstenvorsprung erreicht hatte, der auf der Karte eingezeichnet war, wollte ich mich nach Süden wenden und die Küste hinunter zur geschätzten Position des Pols wandern. Mein Marsch an der Westküste entlang würde ein weiteres Mittel sein, die Insel zu identifizieren, um sie dann als Bezugspunkt zur Bestimmung der mittleren Polposition zu benutzen. Die Insel würde mir als zusätzliches Navigationsmittel dienen, um die mittlere Polposition zu finden und später auch den Weg zu dem Ort, an dem mich ein Flugzeug abholen und nach Resolute Bay zurückfliegen sollte.

Ehe wir weitergingen, verzehrten Charlie und ich ein längst überfälliges Mittagessen. Er war sehr hungrig und verschlang eine große Portion Hundefutter, ehe er sich mir zuwandte, um zu sehen, was er mir noch abbetteln könnte. Aber er kam zu spät: Ich war bereits fertig und gönnte mir nur noch einen Moment Ruhe, um die Gewißheit zu genießen, daß ich die König-Christian-Insel gefunden hatte und nicht mehr viele Tage vergehen würden, bis wir den Pol erreichten. Ich war mir nicht ganz sicher, wie weit ich noch die Küste hinaufgehen wollte, ehe ich mein Lager aufschlug, aber ich wollte auf jeden Fall noch ein paar Meilen hinter mich bringen und vielleicht einen Ort finden, der eine etwas interessantere Aussicht zu bieten hatte als diese flache Einöde, in der wir uns hier befanden.

Nach zwei weiteren Meilen ebener, eisbedeckter Landschaft sahen wir vor uns, nicht weit im Landesinneren, ein langsam ansteigendes Plateau, das etwa eine Meile lang war. Kurz vor einer niedrigliegenden Kiesbank an der Küste machte ich halt, um das Lager aufzuschlagen. Wir hatten nur zwanzig Meilen zurückgelegt, wenig im Vergleich zu den mehr als dreißig Meilen der letzten beiden Tage. Aber das gute Wetter hielt an, und wenn wir einmal früh rasteten, konnten Charlie und ich endlich den versäumten Schlaf nachholen.

Als ich noch dabei war, die Zeltstangen in die dafür vorgesehenen Löcher zu stecken, wirbelten zwei oder drei starke

Windstöße den Schnee vom Boden auf. Gleich darauf folgte die nächste Böe, und etwas Glänzendes flog scheppernd an meinen Füßen vorüber. Als ich danach sprang, um es zu packen, legte es Tempo zu und war innerhalb von Sekunden außer Reichweite. Ich machte eine zweite Anstrengung, rannte dem Napf hinterher und stürzte mich, in der Erwartung, ihn diesmal zu fassen zu kriegen, der Länge nach auf ihn. Aber ich bekam nur Schnee ins Gesicht, während der Napf vom Wind getrieben weiterkollerte. Schließlich verschwand er im Schneetreiben, und mir blieb nichts anderes übrig, als mich geschlagen zu geben.

Weg war Charlies Wassernapf, den ich auch benutzte, wenn ich Haferbrei anrührte oder warmes Wasser zu seinem Hundefutter gab. Was sollte ich jetzt benützen? Nach kurzem Überlegen beschloß ich, meine Essensschale mit ihm zu teilen. So etwas ist zwar in der Zivilisation nicht akzeptabel, hier draußen war es die praktischste Lösung für das Problem. Außerdem, sagte ich mir, würde es keiner Bakterie, die auch nur einen Funken Selbstachtung hat, einfallen, hier draußen ihr Leben zu fristen. Mein Leben war inzwischen sowieso allen äußeren Scheins beraubt, und die Umstände zwangen mich, in elementarer Weise mit der Realität fertig zu werden; ich wußte, es würde Charlie nichts ausmachen, mein Eßgeschirr mit mir zu teilen.

Als ich zum Zelt zurückkehrte, fiel mir plötzlich auf, daß der Wind aus Süden blies. Die Temperatur schien gestiegen zu sein. Das konnte auf einen Sturm hindeuten. Ich teilte Charlie meine Überlegungen mit. »Wenigstens haben wir's bis zur Insel geschafft, ehe hier wieder die Hölle losbricht«, sagte ich. Aber sicherheitshalber machte ich alles gründlich fest.

Ich kochte eine doppelte Portion Reis und Kartoffelpüree. Wie sehr wünschte ich mir, ich hätte ein paar Dosen Erbsen oder Bohnen mitgenommen. Ich lechzte förmlich nach etwas Grünem inmitten all dieses eintönigen Weiß. Alles wäre mir recht gewesen, Gemüse, ein Heftumschlag, gleichgültig, was. An diesem Abend schrieb ich in mein Tagebuch. »Auf meiner nächsten Expedition wird der Einband meines Tagebuchs grün sein. Außerdem werde ich wenigstens ein grünes Kleidungsstück mitnehmen, und ich muß auf jeden Fall etwas Grünes zu essen mitnehmen.«

Aus Resolute Bay bekam ich eine gute Wettervorhersage, als ich mich zur verabredeten Zeit meldete, aber angesichts des geräuschvollen Widerspruchs seitens des Südwinds, der mit fünfundzwanzig bis dreißig Meilen pro Stunde über das Eis fegte und an meinem Zelt rüttelte, fiel es mir schwer, dieser zu glauben. Ich ging früh zu Bett. In den vergangenen zwölf Stunden hatte ich keine Bärenspuren mehr gesehen, darum erlaubte ich Charlie, sich in den Zeltvorraum zu legen, wo er vor dem Schneegestöber geschützt war.

8
Ein schwarzer Sturm

NEUNZEHNTER TAG

Um zwei Uhr morgens erwachte ich und stellte erfreut fest, daß fast kein Wind mehr wehte. Gott sei Dank, dachte ich, während ich vorsichtig das Eis rund um den Rand meines Schlafsacks wegschüttelte, damit es mir nicht am Hals hinunterbröckelte, wenn ich mich aufsetzte. Immer gefror nachts, wenn ich schlief, mein Atem rund um den oberen Rand des Schlafsacks, so daß sich um meinen Kopf ein Eiskranz bildete, über den ich mich jeden Morgen ärgerte. Ein weiteres Problem war, daß sich am Zeltdach und an den Wänden ebenfalls immer eine Eisschicht bildete. Ganz klar, daß in so engem Raum jede Bewegung mindestens einen kleineren, manchmal auch einen größeren Schneeschauer auslöste, der mir grundsätzlich in den Nacken rieselte.

An diesem Morgen schaffte ich es ungewöhnlicherweise, dem üblichen Schneeschauer zu entkommen, und kroch etwas bange aus dem Zelt, um nach dem Wetter zu sehen. Der Himmel war klar, aber der Südwind machte mir weiterhin Sorgen. Nach dem Frühstück spannte ich Charlie vor seinen Schlitten, schlüpfte in mein Geschirr, und dann gingen wir – den Südwind im Rücken – los. Ich betrachtete diesen Weg an der Küste der König-Christian-Insel entlang als die letzte Etappe meiner Expedition.

Das Aussehen der Insel, die sich uns gestern als flache, öde Mondlandschaft gezeigt hatte, veränderte sich nicht. Die Küstenlinie war kaum vom Meereis zu unterscheiden, die nackten

Eisflächen dehnten sich weit landeinwärts und stiegen zu flachen Hügeln an. Über allem lag eine tiefe Stille. Schon nach kurzer Zeit erreichten wir den dunklen, braunen Fleck, den ich von unserem Lager aus am Vortag gesehen hatte. Es war ein schmaler Kiesstrand an den Mündungen zweier Flüsse, die sich aus den Hügeln im Landesinneren über die flachen Küstenniederungen zum Meer wandten. Ein paar hundert Meter weiter war ein dritter seichter Fluß, der parallel zu den beiden anderen verlief. Alle drei trugen im Sommer, wenn Schnee und Eis schmolzen, das sprudelnde Wasser von den Hügeln zum Meer hinunter.

Anfangs verlief die Küste gerade, war vor allem durch die Eisplatten bestimmt, die sich am niedrigen Strand hochgeschoben hatten, und durch das brüchige, holprige Eis, das sich mit den Gezeiten hob und senkte. Rund um die ersten beiden Flußmündungen war das Eis am stärksten zerklüftet, was mich zwang, nahe an der Küste zu bleiben. Charlie war es nicht angenehm, über das dünne, brüchige Eis zu laufen, und er zögerte immer wieder mißtrauisch.

Nach zwei Meilen krümmte sich die Küste in einem scharfen Bogen und schwang sich dann nach Nordwesten hinauf zum Sutherland Point, einer breiten, flachen Landzunge, an manchen Stellen so eben, daß sich in ihrer Eisdecke nicht ein einziges Fältchen zeigte. In der Bucht dahinter zeigte sich deutlich das Wirken der Gezeitenströmungen, die die Landzunge umspülten. Eisplatten, die in steilem Winkel in die Höhe ragten, zwangen mich, einen weiten Bogen zu schlagen, um ebenes Eis zu finden, sehr zu Charlies Erleichterung. Das Eis ächzte und knarrte wie ein altes Schiff, während es sich vor uns hob und senkte. Erschreckt von dem Geräusch, sprang Charlie mit einem Satz nach rückwärts. Mir war das auch nicht geheuer. Jedes Geräusch wurde in dieser Stille verstärkt, so daß meine Nerven schon auf den kleinsten Ton reagierten. Und diese Geräusche hier waren richtig unheimlich. Ich überlegte, ob die Gezeiten vielleicht gerade ihren höchsten Stand erreicht hatten; das wäre eine Erklärung für dieses Rumoren und Schwanken gewesen. Ich hielt an, um Charlie zu beruhigen, aber er lief einfach weiter und gab mir damit zu verstehen, daß er erst ruhig werden würde, wenn wir diese Küste hinter uns gelassen hatten.

Die Bucht war mehr als zwei Meilen breit und führte im Westen zu einem Kap, das sich bis zum Ende der Westküste erstreckte. Am nördlichen Rand der Bucht wollte ich den Fluß, den Wallis River, erforschen, der der größte Fluß hier an der Küste zu sein schien. Um ihn wirklich bestimmen zu können, mußte ich allerdings ungefähr drei Meilen landeinwärts gehen.

Zuerst wand sich der Fluß durch eine nur leicht gewellte Ebene bis zu den niedrigen Ufern eines kleineren, aus Süden kommenden Flusses, den ich überquerte. Später schlängelte sich der Hauptstrom durch eine ausgewaschene Schlucht, die an manchen Stellen ziemlich breit war, und noch weiter flußaufwärts streifte er die Seiten steilerer Hänge. Hier und dort zeigten sich Flecken graubraunen, scharfkantigen Kieses im windgepreßten Schnee an den Flußufern. An den Flanken verstreut liegender Felsbrocken wucherten orangefarbene Flechten. Ein paar vertrocknete Stengel des Grases vom vergangenen Sommer waren noch zu sehen. Im Norden erhob sich ein etwa hundertzwanzig Meter hoher Berg; von meinem Standort aus betrachtet, erschien er allerdings eher wie eine höhere Erhebung eines Plateaus. Die ganze Landschaft wirkte, wenn sie auch größtenteils unter Schnee und Eis verborgen war, steril, vom Wind leergefegt.

Ich war nun weit genug den Wallis River hinaufmarschiert, um ihn eindeutig zu identifizieren. Es war Zeit, zur Küste zurückzukehren. Doch ehe ich diesen Ort verließ, ging ich zu meinem Schlitten und nahm aus einem wasserdichten Nylonbeutel vier kleine Erinnerungsstücke, eines für Bill, eines jeweils für meine Eltern und eines für mich. Die wollte ich hier in der Erde vergraben. Der Kies war scharfkantig und hartgefroren. Mit ein paar Schlägen meiner Eisaxt lockerte ich die obere Schicht und häufte mit meiner Schaufel Kies und kleine Steine zu einem etwa sechzig Zentimeter hohen Hügel auf, so weit oberhalb des Flußufers, daß er bei der Sommerschmelze nicht fortgespült werden wurde. Die Erinnerungsstücke legte ich in eine Mulde in dem Hügel. Es war ein Brief von Bill dabei, den er mir mit der Anweisung mitgegeben hatte, ihn erst zu öffnen, wenn ich die König-Christian-Insel erreicht hatte.

In seiner großzügigen, fließenden Schrift hatte er geschrieben: »Wenn Du diesen Brief liest, hast Du König-Christian erreicht. Gratuliere! Du bist die erste Frau, die im Alleingang den magnetischen Nordpol erreicht hat. Wir sind stolz auf Dich. Komm gesund und wohlbehalten wieder nach Hause. Wir lieben Dich alle.«

Mir schossen die Tränen in die Augen, als plötzlich Erinnerungen an zu Hause auf mich einstürmten. Ich legte den Brief zu den anderen Erinnerungsstücken in den Steinhügel und schloß die Mulde mit Kies. Die König-Christian-Insel war die nördlichste Insel auf meinem Weg, darum wollte ich von uns allen etwas dort hinterlassen, vielleicht um einen Teil dieses ruhigen, friedlichen Ortes für uns zu beanspruchen. Ich hatte lange davon geträumt, diese Insel zu sehen, ihren Boden zu betreten. Jetzt hatte ich es geschafft, und ein Zeichen meiner Anwesenheit würde hier zurückbleiben.

Mit einem letzten Blick auf den Steinhügel trat ich den Rückweg zur Küste an und gelangte bald an den Rand eines weiteren seichten Flußbetts, das still und reglos zu der fernen Küste wies. Ich überquerte es und eilte auf meinen Skiern an der anderen Seite zur Küste zurück. Ich kam an einer Stelle an, wo das nur wenige Zentimeter dicke Eis sich aufgeworfen hatte und in einem Umkreis von mehreren Schritten in gesprungenen, zackigen Platten verstreut lag. Manche hatten sich über ihre Nachbarplatten geschoben, während andere fast senkrecht in die Höhe ragten. Vorsichtig setzte ich meinen Fuß auf die erste, einigermaßen flache Scholle und verlagerte langsam mein Gewicht. Charlie war mal wieder nicht begeistert. Er scheute und wollte nicht weitergehen. Ich konnte eine Route erkennen, die sicher zu sein schien, und zog an seiner Leine, bis er langsam und widerstrebend folgte.

Ein paar Schritte weiter rutschten meine Skier plötzlich seitlich weg, und ich stürzte auf eine steil in die Höhe ragende Platte. Nachdem ich vorsichtig wieder aufgestanden war, schnallte ich die Skier ab, weil ich wußte, daß ich mit den Stiefeln auf dem Eis besseren Halt finden würde. Andererseits war nun natürlich die Gefahr größer, daß ich in eine versteckte, schneebedeckte Spalte trat. Das Eis schwankte und knirschte unter unserem Gewicht, und ich wünschte, ich hätte auf Charlies Signale geachtet, aber nun war ich mittendrin, zur Umkehr war es zu spät. Ich suchte mir vorsichtig einen Weg um eine Stelle herum, an der es besonders bedrohlich knirschte, und stützte mich dabei auf meine Skistöcke, um die Balance zu halten, als es mir plötzlich einfach die Füße wegzog und ich erneut hinfiel, diesmal auf das Gesicht. Das Eis hatte sich unter dem Gewicht unserer Körper und Schlitten geneigt, und jetzt rutschte ich rückwärts auf eine klaffende, wassergefüllte Spalte zu. Verzweifelt griff ich nach dem Rand der Eisplatte und schaffte es kaum, die Finger meiner linken Hand um die Kante zu krallen, während ich mit der rechten dem wie wild strampelnden Charlie half, der mit den Vorderpfoten Halt suchte, um nicht rückwärts in die Spalte zu rutschen. Mit Hilfe eines verzweifelten Stoßes von mir und unter Aufbietung all seiner Kräfte gelang es ihm schließlich, seine Pfoten über die Kante zu schieben, sich samt seinem Schlitten hochzuziehen und auf die nächste flache Platte hinüberzuspringen.

Die Platte, auf der ich lag, begann sich jetzt noch stärker zu neigen, und das Gewicht meines Schlittens zog mich hinunter zum Wasser. Ich wußte nicht, wie lange ich mich noch festhalten konnte. Ich drehte den Kopf, so weit es ging, und sah, daß das hintere Ende meines Schlittens bereits im schwarzen Wasser hing. Hätte ich den Schlitten von meinem Geschirr losgemacht, so hätte ich meinen ganzen Proviant und meine gesamte Ausrüstung verloren. Aber er zog mich hinunter, und der Gedanke, in dem eisigen schwarzen Wasser zu versinken, lud meinen Körper mit neuer Kraft. Die Finger fest um die Kante der Eisplatte, machte ich mit gesenktem Kopf und vorgeschobenem Kinn eine Art Felgaufschwung, zog mich und den Schlitten langsam hinauf, bis schließlich mein Kinn auf gleicher Höhe mit meinen Händen war. Ich hakte mein Kinn über die Kante und schob dann, während ich mich mit den Halsmuskeln hielt, erst den einen Arm, dann den anderen vorwärts, bis ich mit den Ellbogen über der Kante hing. Während ich mich nun langsam höher hinaufzog, senkte sich die obere Kante der schräg liegenden Platte langsam abwärts, bis sie beinahe flach zur Hälfte über der nächsten Platte lag, auf der Charlie stand. Auf allen vieren krabbelte ich eilig mitsamt meinem Schlitten hinüber und blieb erschöpft auf dem Eis sitzen, um erst einmal wieder zu Atem zu kommen. Charlie kam zu mir und leckte mir das Gesicht, und ich wußte, er verstand, daß ich in ernsthaften Schwierigkeiten gewesen war.

Während ich dasaß und mich langsam von meinem Schrekken erholte, konnte ich sehen, daß die geneigte Eisplatte wie eine Wippe auf dem Eis vor ihr ruhte. Durch unser Gewicht war der Schwerpunkt verschoben worden, so daß der hintere Teil in die Höhe gestiegen war, während das Ende, auf dem wir uns befunden hatten, sich gesenkt hatte. Da waren wir noch einmal davongekommen; ich konnte es nicht erwarten, dieses schwankende Gebiet unsicheren Eises hinter mir zu lassen. Bei der Erinnerung an die schwarze wäßrige Schlucht, die schon nach mir gegriffen hatte, wurde mir noch lange mulmig. Und als ich daran dachte, was Charlie hätte zustoßen können, wurde mir fast übel.

Ich schob diese beklemmenden Gedanken beiseite, stand auf und entdeckte rechter Hand einen Weg, der gangbar war. Nach weiteren fünfzehn Metern befanden wir uns wieder auf sicherem Eis. Als ich noch einmal zurückblickte, konnte ich erkennen, daß unter dem Gebiet, das wir hatten überqueren wollen, möglicherweise eine von der Küste abgetrennte Sandbank war, vielleicht der Grund dafür, daß das Eis dort dünner und brüchiger gewesen war. Entschlossen, diese schreckliche Episode hinter mir zu lassen, setzte ich mich wieder in Bewegung. Ein Skistock war angebrochen, als ich gestürzt war, aber anstatt anzuhalten und den Ersatzstock vom Schlitten zu holen, ging ich weiter und hoffte, der Stock würde noch bis zum Abend halten.

Keine zwei Meilen entfernt konnte ich eine Stelle erkennen, wo die Küstenebene schmäler und steiler als bisher wurde. Ich eilte weiter, voller Ungeduld, die Küstenhügel zu erreichen, den nördlichsten Punkt. Die Karte zeigte ein schroffes Steilufer, ich sah jedoch Hügel, die bis auf sechzig Meter anstiegen, und danach an manchen Stellen noch einmal dreißig Meter bis zu einem Plateau. Während ich weiterlief, konnte ich feststellen, daß die Hügel sich in einem Bogen nach Nordosten zogen, um die Nordküste zu bilden, zu deren Füßen sich eine weitere Ebene bis zum Meereis erstreckte. Die Hügel zu meiner Rechten waren wahrer Balsam für das Auge. Obwohl sie nicht ganz so großartig waren, wie ich erwartet hatte, waren sie im Vergleich zu dem flachen Land ohne Abwechslung und Leben, das ich den ganzen Tag gesehen hatte, ein willkommener Anblick.

Ich hatte an diesem Tag nur siebzehn Meilen zurückgelegt. Die Erforschung des Wallis River und die erschreckende Episode mit der Eisplatte hatten Zeit gekostet. Es war erst halb fünf Uhr nachmittags, aber ich entschloß mich, im Angesicht der Berge zu lagern und mich auf den morgigen Tag gut vorzubereiten. Mich überlief immer noch eine Gänsehaut, wenn ich an den Zwischenfall auf der Eisplatte dachte und an mein verzweifeltes Bemühen, mich zu retten. Charlie schien alles gut überstanden zu haben, aber ich war froh, daß er mir seine Gedanken nicht mitteilen konnte. Sie wären für mich vielleicht nicht gerade schmeichelhaft gewesen. Und seine gute Meinung von mir blieb mir weiterhin sehr wichtig.

Während ich das Zelt aufbaute, fragte ich mich, ob Charlie gespürt hatte, daß diese besondere Eisscholle ins Wanken geraten würde. Er hatte einen ungewöhnlich starken Widerwillen gezeigt, mir zu folgen, und sogar gebockt, als ich an seiner Kette gezogen hatte. Es war das erste Mal gewesen, daß er Ungehorsam gezeigt hatte. Er war ein intelligenter Bursche, und die Arktis war sein Zuhause. Vielleicht hätte ich ihm zugestehen sollen, nach seinem Urteil zu handeln. Ich unterbrach meine Aufbauarbeiten, um ihn einmal kräftig zu umarmen. Ich wußte mittlerweile, daß es viele Dinge gab, die Charlie mich hätte lehren können, wenn er der Sprache mächtig gewesen wäre. Aber wenn er über meine Unfähigkeit, seine Sorge draußen auf dem unsicheren Eis zu verstehen, enttäuscht war, so konnte ich daran jetzt nichts mehr ändern. Ich war froh, daß er mich dennoch liebte.

Ich war gerade mit dem Aufbauen des Zelts fertig, als ich das schwache Geräusch eines Flugzeugs hörte. Es flog ziemlich tief und kam direkt auf mich zu. Ich winkte aufgeregt mit beiden Armen, und die Twin Otter wackelte mit den Tragflächen. Sie drehte eine scharfe Kurve und kam noch einmal zurück. Mit erhobenem Daumen gab ich das Okay-Zeichen, um mitzuteilen, daß bei mir alles in Ordnung war. Das Flugzeug war so nahe, daß ich den Piloten und die Passagiere winken sehen konnte. Ich nahm an, daß es Ingenieure und Wissenschaftler waren, die auf eine Stippvisite in den eisigen Norden geflogen waren, um Proben für Studienzwecke zu sammeln. Ich sah dem Flugzeug nach, bis es im Norden verschwunden war, und fühlte mich danach nicht mehr ganz so allein.

Ich wollte ein Bild vom nördlichsten Punkt meiner Expedition mitnehmen und beschloß deshalb, ein Foto von Charlie und mir zu machen, vor dem Zelt, mit den Bergen der König-Christian-Insel im Hintergrund. Nachdem ich den Apparat auf dem Stativ befestigt hatte, rief ich Charlie, der gemütlich ausgestreckt auf meinem Schlafsack im Zelt lag. Keine Reaktion. Offensichtlich würde nur etwas Besonderes ihn von diesem bequemen Lager weglocken können. Ich holte Kocher und Topf vom Schlitten und tat mit viel Geklapper so, als begänne ich zu kochen. Charlie setzte sich auf und schaute aus dem Zelt, um zu sehen, was vor sich ging, aber da er nichts Eßbares entdecken konnte, zog er sich wieder zurück. Nur seine geliebten Cracker und Erdnußbutterpralinen konnten ihn dazu bringen, sein behagliches Plätzchen aufzugeben. Ich legte von jedem eine Handvoll direkt vor den Zelteingang.

»Komm, Charlie!« rief ich. »Komm raus und laß dich fotografieren.«

Der Appetit war vorübergehend stärker als das Schlafbedürfnis, und nachdem Charlie sich gründlich gereckt und gestreckt hatte, kam er nach draußen getrottet und machte sich über die Cracker her. Aber bis ich die Kamera und den Auslöser eingestellt hatte und zu ihm hinübergerannt war, um mich neben ihm aufzustellen, hatte er bereits alles restlos aufgefressen und den Rückweg zum Schlafsack angetreten. Ich holte ihn wieder aus dem Zelt heraus und zwang ihn, sich zu setzen. Dann rannte ich zum Fotoapparat und drückte zweimal auf den Auslöser, ehe Charlie aufstand und wieder im Zelt verschwand. Ich konnte nur hoffen, daß die beiden Bilder gut geworden waren; Charlie zeigte nämlich absolut kein Interesse, an diesem Abend für weitere Fotos Modell zu stehen.

Bei meinem Funkgespräch mit Resolute Bay erfuhr ich, daß ein Sturm im Anzug sei. Ich hoffte von Herzen, dies würde nicht stimmen. Der Wind blies zwar immer noch aus Süden, aber es war nur eine Brise, und hoch oben zog eine gelegentliche Eisnadelwolke vorbei. Wenn das Wetter nur so lange noch mitmachen würde, bis ich die mittlere Polposition erreicht hatte.

ZWANZIGSTER TAG

Ich erwachte um null Uhr dreißig, und das erste, was ich sah, als ich das Wetter überprüfte, waren die Wolken am Himmel, manche länglich wie Zigarren, andere rund wie Untertassen. Langsam zogen sie über den blaßblauen Himmel. Diese Wolken fürchtete ich so sehr wie die Eisbären; sie waren das letzte, was ich sehen wollte. Nervös prüfte ich die Temperatur. Sie war auf minus fünfzehn Grad gestiegen, und der Südwind hatte auf zehn Meilen pro Stunde aufgefrischt. Niedergeschlagen mußte ich erkennen, daß die Wettervorhersage richtig gewesen war. Jetzt stellte sich mir die Frage, ob ich dem Wetter zum Trotz weitergehen oder lieber bleiben sollte, wo ich war, um hier in Küstennähe das Ende des Sturms abzuwarten. Ich wußte, daß Stürme um diese Jahreszeit von langer Dauer sein konnten. Aber es gab immer noch die Möglichkeit, daß der Sturm sich auflösen würde, bevor er sich zu einer ernsten Bedrohung entwickeln konnte.

Ich wog die Alternativen gegeneinander ab. Wenn ich versuchte, den Pol zu erreichen, bevor der Sturm einsetzte, und es nicht schaffte, dann mußte ich mein Lager irgendwo draußen auf dem Eis aufschlagen und warten, bis er vorbeigezogen war. Ich hatte ohne Zweifel schon an unwirtlicheren Orten campiert, und ich hatte auch schon Stürme erlebt. Mein Zelt und meine Ausrüstung waren in gutem Zustand und mußten einem Sturm standhalten können. Die Frage war, konnte ich hier mehr Schutz bei einem Unwetter erwarten als weiter unten im Süden? Schon als ich mir die Frage stellte, wußte ich, daß die Antwort nein lautete. Das Warten hatte also keinerlei Vorteile.

Dann konnte ich ebensogut losgehen und mein Glück versuchen.

Ich packte schnell alles zusammen und brach um ein Uhr nachts – wie immer mit Charlie an meiner rechten Seite – zum Pol auf. Ich wollte direkt nach Süden gehen, zuerst an der Küste der König-Christian-Insel entlang, dann südlich der Insel weiter, bis ich am Pol war. Ich wollte es an einem Tag schaffen. Auf Kurs zu bleiben, würde keine Schwierigkeiten bereiten, solange ich das Festland in Sichtweite hatte. Danach würde ich mich auf die Navigationsmethoden verlassen, die mich zur König-Christian-Insel geführt hatten. Ich lief die Küste hinunter in den Wind, diesmal etwas weiter entfernt von ihr als auf dem Hinweg, und staunte erneut über die bziarre Mondlandschaft der Insel. Es sah aus, als gäbe das Meer das Land nur widerwillig her und erlaubte ihm nur ab und zu, niedrige Hügel zu bilden. Ich passierte den Wallis River und lief mit Höchstgeschwindigkeit weiter, immer die sich weiterentwickelnden Wolken im Auge. Der Wind blies jetzt stetig aus Südosten.

Als ich die Südspitze der Insel erreichte, warf ich einen letzten langen Blick auf dieses seltsamste, verlassenste Stück Land, das ich je gesehen hatte. Sie war weder besonders groß noch besonders imposant, dennoch würde ich sie niemals vergessen. Als ich meine Expedition geplant hatte, hatte die Insel, der nördlichste Punkt meiner Expedition und sehr wichtig für Navigation und Orientierung, mit der Zeit eine romantische Aura bekommen. Jetzt, da ich im Begriff war, sie zu verlassen, war sie noch immer ein romantischer Ort, großartig in ihrer Einsamkeit und Stille.

Nach einer Weile wandte ich mich von ihr ab, um mich auf meine Aufgabe zu konzentrieren, meinen Weg über die vergleichbar leere, nirgends von Land begrenzte Weite zu suchen, die ich auf dem Weg nach Norden durchquert hatte. Nachdem ich Sonnenstand und Windrichtung genau geprüft hatte, ließ ich die König-Christian-Insel hinter mir und setzte meinen Weg nach Süden fort. Der Pol war nur noch neunzehn Meilen entfernt.

Um sechzehn Uhr hatte sich im Süden eine gewaltige blauschwarze Wolkenwand aufgebaut, die sich über mehrere Meilen erstreckte und beständig näher rückte. Der weite Horizont gestattete mir einen überwältigenden Blick auf die Sturmfront in ihrer ganzen geballten Macht. Ab und zu fegten starke Windböen über das Eis und wirbelten den Schnee hoch in die Luft. Die Sonne verschwand hinter den Wolken, aber vorher prüfte ich noch einmal ihren Stand und stellte mit Hilfe meiner Geräte fest, daß der Wind immer noch aus Südosten kam und ich auf exakt südlichem Kurs war. Der Wind wurde zunehmend stärker, aber nicht in einem Maß, das mich veranlaßt hätte, anzuhalten. Die drohenden schwarzen Wolkenmassen schoben sich näher heran, blieben jedoch seitlich von mir. Es sah aus, als würde ich nur die Ausläufer des Sturmes zu spüren bekommen.

Ich hielt ein Tempo von zwei Meilen pro Stunde und kam dem Pol immer näher. Aber irgendwann nach sechzehn Uhr bemerkte ich zu meinem Entsetzen, daß die schwarze Wolkenfront, der peitschendes Schneegestöber über dem Eis vorausging, direkt auf uns zukam. Ich hielt an, packte den Beutel mit den Eisheringen und machte schnell alles, was nicht niet- und nagelfest war, im Eis fest: Charlies Leine, seinen Schlitten, dann meinen größeren Schlitten, den ich vorsichtshalber vorn und hinten verankerte. Er war unser einziger Schutz vor dem Sturm. Ich zog meinen Daunenparka an und stopfte meine Fäustlinge in die Tasche. Als ich dann alles so gut wie irgend möglich abgesichert hatte, zerrte ich das Zelt heraus. Es blieb keine Zeit mehr, es aufzustellen, aber ich wußte, daß ich es um mich herumwickeln konnte, wenn ich mich mit Charlie hinter meinem Schlitten verschanzte.

Ich zog den Reißverschluß an der Schlittentasche zu und

wollte noch eine der Schnüre, die alles zusammenhielten, festzurren, als ich ein Geräusch hörte, das sich wie das Donnern eines herannahenden Jets anhörte. Gleich darauf stürzte sich der Sturm mit einer wahnsinnigen Wucht auf uns. Das Zelt fest an die Brust gedrückt, wollte ich hinter den Schlitten laufen, aber schon nach ein oder zwei Schritten packte mich der Sturm, riß mich von den Füßen und schleuderte mich mit solcher Wucht auf das Eis, daß ich meine Skibrille verlor. Als die Rutschpartie endlich zu Ende war, brannten meine bloße Haut und meine Augen wie Feuer von den winzigen Eispartikeln, die der Wind mir ins Gesicht gefegt hatte. Bei diesem entfesselten Sturm war es fast unmöglich, etwas zu sehen oder auch nur zu atmen. Der Wind schien mir die Luft aus der Lunge zu saugen. Ich sah zu Charlie hinüber, voller Angst, er könnte fortgerissen worden sein. Aber ich hatte ihn gut festgemacht, und er hockte zusammengekauert hinter dem Schlitten. Hastig kroch ich zum Schlitten, fast auf dem Bauch in dem höllischen Wind, der Teile meiner Ausrüstung ins Unbekannte mitnahm. Da ich nicht mehr dazugekommen war, die lose Schnur festzuziehen, war der Reißverschluß aufgerissen worden, und jetzt zerrte der Wind am Inhalt der Schlittentasche und riß sie dabei beinahe vom Schlitten. Ich packte den Reißverschluß und zog ihn zu, zurrte die Schnur fest und warf mich dann über den Schlitten hinüber auf die andere Seite, wo Charlie kauerte. Plötzlich gab es einen Moment der Windstille. Die erste Attacke war vorüber, aber aus der Ferne hörte ich weitere donnernde Windstöße heranjagen. Ich merkte auf einmal, daß mir Blut über das Gesicht lief. Blinzelnd, um das Blut nicht in die Augen zu bekommen, tastete ich Stirn und Schläfen ab. Als mir die Skibrille weggerissen worden war, hatten die Eisnadeln den bloßen oberen Teil meines Gesichts zerschnitten. Ich konnte mein rechtes Auge nicht offenhalten. Ich hatte große Angst, mich ernsthaft verletzt zu haben. Ich stand auf, um den Erste-Hilfe-Kasten herauszusuchen, aber im selben Moment sah ich die nächste gewaltige Wolke windgetriebenen Schnees und Eises auf uns zukommen. Ich hatte gerade noch Zeit, mich zu ducken, dann raste sie gegen den Schlitten. Sitzend zog ich Charlie dicht an mich und breitete das Zelt über uns und um uns herum aus. Eine brodelnde Wolkenmasse hing über uns, als wollte sie uns ins Eis hineinstampfen. Der Schlitten hielt die schlimmste Wut des Sturms ab, aber ungeschoren blieben wir nicht, als der Sturm über den Schlitten hinwegtobte, uns mit wirbelndem Schnee und Eis überschüttete, an unseren Körpern riß, während er versuchte, uns das Zelt zu entreißen und wegzublasen.

Den Kopf auf meine angezogenen Knie gesenkt, warmes Blut im Gesicht, das von Stirn und Auge herabsickerte, saß ich dicht an Charlie gedrängt und hielt verzweifelt das Zelt fest. Ich spürte, wie der Sturm gegen den Schlitten drückte und ihn mir in den Rücken preßte. Das Donnern wie von den Maschinen eines startenden Jet war ohrenbetäubend. Ich machte mir Gedanken um die Ausrüstungsgegenstände, die der Wind möglicherweise fortgetragen hatte, als der Reißverschluß offen gewesen war, und ich hatte Angst um mein Auge. Ich konnte nichts sehen. Es schien mir ausgeschlossen, daß ich aus dieser Hölle, in die ich da hineingeraten war, je wieder lebend herauskommen würde. Ein paar Tränen mischten sich mit dem Blut, das mir über das Gesicht lief.

Da wurde mir plötzlich mit einem Schlag klar, was ich tat. Ich erlaubte dem Sturm, mich und mein Leben zu beherrschen.

»Verdammt noch mal!« sagte ich laut zu Charlie, der das bei dem Lärm bestimmt nicht hören konnte. »Wenn die Arktis glaubt, sie kann mich mit Eisbären, Stürmen und trügerischem Eis unterkriegen, dann täuscht sie sich. Ich werde einfach warten, bis dieser Sturm vorbei ist. Ich werde die Oberhand behalten.«

Charlie zeigte keinerlei Anzeichen von Bewunderung, aber für mich hatte sich damit die ganze Situation geändert: Ich war nicht bereit, mich tatenlos dem Schicksal zu unterwerfen. Ich wollte kämpfen. Aber dazu brauchte ich einen Aktionsplan. Ohne Plan würden meine Gedanken nur ziellos umherschweifen.

Kurz bevor ich hatte anhalten müssen, hatte ich festgestellt, daß ich auf dieser letzten südlichen Etappe elf Meilen zurückgelegt hatte. Das bedeutete, daß ich nur noch zwei Meilen vom Pol entfernt war. Ich brauchte also, sobald der Sturm vorüber war, nur noch diese zwei Meilen hinter mich zu bringen, dann zum Festland weiterzugehen und mich zum vereinbarten Treffpunkt zu begeben. Ich hatte es fast geschafft. Und von diesem teuflischen Sturm würde ich mich jetzt nicht mehr aufhalten lassen.

Aber zunächst einmal kam es darauf an, daß ich mich warm hielt. Ich konnte während des Sturms nicht aufstehen, und durch die Untätigkeit drang die Kälte immer tiefer in meinen Körper ein. Ich zog den Reißverschluß meiner Jacke bis oben hin zu. Ich zog meine Fäustlinge an und schob das Ende der Zeltbahn unter mich, damit ich nicht auf dem blanken Eis sitzen mußte. Aus einer Innentasche holte ich die letzten zwei Erdnußbutterpralinen der Tagesration, aß eine selbst und gab die andere Charlie. Dann glättete ich eines der Papierchen, in die die Pralinen eingeschlagen waren, legte es über mein rechtes Auge und band mir eine Schnur, die ich innen aus meiner Jacke herausgezogen hatte, um den Kopf und über das runde Papierchen, damit es nicht herunterrutschen konnte. So konnte ich das Auge bequemer geschlossen halten. Ich zog die Zeltbahn noch einmal fest um Charlie und mich und wappnete mich, den Sturm über mich ergehen zu lassen.

Charlie lag zusammengerollt an meiner Seite. Ich konnte einfach nicht glauben, daß er bei diesem Höllenspektakel schlief. Die Kälte wurde immer schlimmer. Ich mußte etwas tun, um einer Unterkühlung vorzubeugen. Ich versuchte, mich mit isometrischen Übungen warm zu halten, indem ich erst die einen Muskeln zwanzig Sekunden anspannte, dann die nächsten. Ich bewegte Finger, Zehen, Knöchel, Schultern, Arme und Beine so energisch, wie das in der Enge dieser notdürftigen kleinen Zuflucht möglich war. Mein Gesicht und mein Auge hatten zu bluten aufgehört. Das Blut war auf meinem Gesicht festgefroren. Jetzt aber, da ich eine Überlebensstrategie entwickelt hatte, fühlte ich mich trotz der prekären Situation, in der ich mich befand, als Herrin der Lage. Optimismus durchflutete mich und ließ keinen Raum für negatives Denken.

Die Zeit kroch dahin. Auch nach einer Stunde hielt mich der heulende Orkan noch hinter dem Schlitten gefangen. Die Kälte drohte meinen Körper in Besitz zu nehmen. Meine Hände und Füße waren kalt, aber nicht erfroren, während mein übriger Körper in dem Bemühen, warm zu bleiben, fröstelte und zitterte. Ich drängte mich eng an Charlie, der, die Nase unter seinem Schwanz versteckt, fest zusammengerollt liegenblieb. Ich war hungrig, was nicht unbedingt zur Lösung des Kälteproblems beitrug. Ich getraute mich nicht aufzustehen, und noch weniger getraute ich mich, in meinem Schlitten nach etwas zu essen zu suchen. Der Hunger mußte eben warten. Ab und zu spähte ich unter der Zeltbahn hervor und sah noch immer nichts anderes als den wildtobenden Sturm, der Eis und Schnee über mich hinwegfegte, mich verschlingen wollte und die Sicht auf ein Minimum reduzierte. Meine Gelenke waren steif und wie wund. Die Kälte war unerträglich, und ich begann vor mich hin zu dämmern. Ich übte mich im Kopfrechnen, um mich wach zu halten, aber nichts schien das langsame Vordringen der Kälte aufhalten zu können. Der Wind tobte weiter, ich hatte keine Lust mehr zu rechnen und mußte mich zwingen, weiterzumachen, um wach zu bleiben. Aber die Kälte nahm stetig zu, und ich wurde immer träger.

Nach einer weiteren Stunde schließlich legte sich der Wind allmählich, und das irre Pfeifen und Heulen klang gedämpfter. Als ich begriff, daß der Sturm zumindest für den Moment nachgelassen hatte, versuchte ich aufzustehen, aber ich war so durchgefroren und meine Glieder waren so steif, daß ich nur auf die Knie kam und mich dann ganz langsam hochstemmen mußte. Sämtliche Gelenke protestierten. Es war, als hätte die Kälte sie zusammengeschweißt. Es blies immer noch ein starker Wind, aber er wehte mich nicht um, und träge dachte ich, wenn ich es schaffen könnte, ein wenig auf Touren zu kommen, würde ich mein Zelt aufbauen. Aber zuerst mußte ich mich aufwärmen. Nachdem ich das Zelt sicher auf dem Schlitten verstaut hatte, rotierte ich meine Arme wie Windmühlenflügel durch die Luft und lief dabei im Kreis herum. Es war ein erbärmliches Bemühen, aber ich ließ nicht locker und spürte, wie die Wärme langsam zurückkehrte. Es dauerte eine Weile, aber schließlich war mein Körper, wenn auch immer noch nicht warm, wenigstens nicht mehr dieses starr und steif gefrorene Bündel, das verzweifelt hinter dem Schlitten Schutz gesucht hatte.

Ich holte das Zelt wieder heraus und ging daran, es aufzubauen, obwohl ich im selben Moment bemerkte, daß der Wind wieder zunahm. Ich versuchte, mich zu beeilen, aber meine Finger arbeiteten immer noch langsam und schwerfällig, und mein Körper, der wie von einer ungewöhnlich drückenden Last beschwert schien, ließ sich nicht antreiben. Schnee, der vom auffrischenden Wind aufgewirbelt wurde, stob durch die Luft. Ich hatte große Angst, ich könnte es nicht schaffen, das Zelt rechtzeitig aufzubauen, aber da machte mein Körper endlich doch noch mit, wurde warm und gewann an Kraft. Der reine Überlebenswille übernahm jetzt die Führung. Ein Ende des Zelts hatte ich schon festgemacht, ehe ich überhaupt begonnen hatte, es aufzurichten, um zu verhindern, daß es im Sturm wegflog. Jetzt schob ich die Stangen durch die Zeltlöcher und arbeitete wie verrückt, um dem Sturm zuvorzukommen. Ein einziger Windstoß stülpte das Zelt beinahe nach außen, und ich hatte Angst, daß ein Stab brechen, mit seiner scharfen Spitze das dünne Nylonmaterial durchbohren und mir meine einzige Zuflucht in dieser feindlichen Welt zerstören würde.

Schließlich war das Zelt mit einer Kombination aus Stangen, Heringen und Stricken fest auf dem Eis verankert. Aus weiter Ferne konnte ich die nächste Sturmattacke kommen hören, und während ich betete, daß das Zelt der Wucht des Ansturms standhalten würde, rannte ich rundherum und sicherte es, wo es nur ging, mit Schnüren, bis ich kein einziges Stückchen Schnur mehr übrig hatte. Ich zog meinen Schlitten ins Zelt und schob ihn als Stütze gegen den Wind vor die eine Wand, dann machte ich Charlies Schlitten mit einem Eishering direkt vor dem Zelt fest.

Als das schrille Kreischen des Windes näher kam, rannte ich zu Charlie hinaus und trieb ihn eilig in den hinteren Teil des Zelts. Nachdem ich mich ein letztes Mal vergewissert hatte, daß alles gut gesichert war, kroch ich ins Vorzelt und holte ein Sicherungsseil heraus, das ich für Notfälle auf dem Schlitten aufbewahrte. Ein Ende schlang ich mir um die Taille, das andere befestigte ich an Charlies Geschirr. Dann rannte ich so schnell ich konnte vor das Zelt und verankerte das Seil an einem Eishering, um zu verhindern, daß Charlie und ich mitgeschleift wurden, wenn das Zelt vom Sturm weggefegt werden sollte. Nachdem ich den Reißverschluß der Tür zugezogen hatte – soweit das Seil es erlaubte – lehnte ich mich an die Zeltwand, um mich der nächsten Sturmbö entgegenzustellen.

Sie brach donnernd über uns herein, schleuderte mich mit Wucht nach vorn und riß das Zelt in die Höhe. Die Füße gegen den Schlitten gedrückt, warf ich mich wieder zurück und streckte meine Arme an den Wänden aus, um mich dem nächsten rasenden Ansturm entgegenzustemmen. Die Zeltwände blähten sich, als wollten sie bersten. Der Sturm hatte uns wieder im Griff, aber jeder Angriff wurde abgewehrt, indem ich mich mit meiner ganzen Kraft an die windseitige Wand stemmte, um sie abzustützen. Selbst Charlie ging es zu wild zu, um sich niederzulegen, und so half auch er, ohne sich dessen bewußt zu sein, im Kampf gegen den Sturm, indem er ruhig an die schmalere Rückwand gelehnt dasaß und mit seinem Gewicht dazu beitrug, das Zelt auf dem Boden festzuhalten. Er war trotz des wilden Tosens um uns herum ruhig und gelassen.

Nachdem wir etwa eine Stunde lang mit dem Wind gekämpft hatten, fielen mir ab und zu kurze Flauten auf, die immer deutlicher wurden, bis es sogar Momente gab, in denen ich Luft holen konnte. Schließlich kamen nur noch vereinzelte Windstöße angefegt, die über uns herfielen, als wollten sie partout nicht aufgeben. Der schlimmste Sturm war vorüber, aber das Zelt vibrierte immer noch im wirbelnden Schnee. Als ich hinaussah, stellte ich fest, daß die Wolken immer noch sehr tief hingen und alles Licht verdunkelten. Die Landschaft war in Grau gehüllt. Bei einer Inspektion des Zelts zeigte es sich, daß der Schaden in einer einzigen herausgerissenen Öse bestand. Die niedrige Konstruktion und das moderne Material hatten gesiegt.

Ich stellte die Antenne auf, um die Basis anzufunken. Man erkundigte sich besorgt nach dem Wetter. Nachdem ich eine Beschreibung des Sturms geliefert und meine Position angegeben hatte, verabschiedete ich mich. Ich hatte es eilig, bei meinem Schlitten Bestandsaufnahme zu machen.

Nicht ohne Furcht zog ich den Reißverschluß der Schlittentasche auf und fand meine schlimmsten Befürchtungen bestätigt. Meine gesamte Verpflegung, bis auf einen kleinen Beutel Walnüsse in der Tasche mit der Tagesration, die ich vorn im Schlitten verstaut hatte, war vom Sturm fortgetragen worden; dazu der größte Teil des Brennstoffes, ein paar Eissporne, zwei Gasflaschen, der Ersatzkocher, ein paar Kleidungsstücke und diverse andere Kleinigkeiten. Ich ging hinaus, um nach Charlies Schlitten zu sehen. Er war mit Schneewehen überdeckt, doch immer noch sicher an dem Eishering verankert. Er war umgekippt, und dabei hatte sich eine Schnur gelockert, so daß einige Futterbeutel weggeblasen worden waren.

Ich würde noch sieben Tage brauchen, um zum Pol zu gehen und weiter zum vereinbarten Treffpunkt auf der Insel Helena. Ich rechnete mir aus, daß von Charlies Futter noch so viel da war, daß ich ihm davon acht Tage lang eine halbe Ration geben konnte. Mir selbst machte die Vorstellung, mich mit schmaler Kost begnügen zu müssen, nicht allzuviel aus; aber es machte mir sehr zu schaffen, Charlie auf halbe Ration setzen zu müssen. Aber wenigstens war er in besserer Verfassung, besser genährt als bei unserem Aufbruch aus Resolute Bay. Ich hatte ihn immer gut gefüttert, und er hatte gelernt, mehr Wasser zu trinken; er würde, sagte ich mir, auch mit der halben Ration zurechtkommen und konnte in diesen sieben Tagen ja wieder nach alter Gewohnheit Eis fressen. Inuit-Hunde sind Hungerperioden gewöhnt und haben im Lauf vieler Generationen gelernt, unter Bedingungen zu überleben, die viel härter waren als die Situation, in der wir uns jetzt befanden. Es tat mir leid, von Charlie verlangen zu müssen, mit halber Kost auszukommen, aber ich wußte, er würde es mit Gelassenheit ertragen, genau wie er so vieles andere auf dieser Expedition gelassen ertragen hatte.

Nachdem ich mich auf diese Weise hinsichtlich Charlies Wohl beruhigt hatte, wandte ich mich meinen wenigen verbliebenen Vorräten zu. Ich zählte fünf Handvoll Walnüsse. Nicht genug. Ich teilte sie neu auf und kam auf sieben Handvoll. Perfekt. Es war noch genug Brennstoff da, um Eis für einen halben Liter Wasser pro Tag zu schmelzen, nicht viel im Vergleich zu den zwei Litern, an die ich gewöhnt war, aber es mußte eben genügen. Die nächste Frage war, ob ich mit so wenig Nahrung und Wasser in diesem kalten, äußerst trockenen Klima überleben konnte? Ich wußte, daß Frauen aufgrund ihrer physiologischen Veranlagung in Hungerzeiten ziemlich lange von den eigenen Reserven zehren können; ich brauchte also, sagte ich mir, keine Angst zu haben, nicht zu überleben. Mir war klar, was es bedeutete, von fünftausend Kalorien pro Tag auf einhundert Kalorien herunterzugehen und von zwei Litern Wasser pro Tag, dem Mindestbedarf, auf nur einen halben Liter, und das bei harter Arbeit in einem kalten, trockenen Klima. Ich würde gegen Hunger, Durst und Schwäche zu kämpfen haben, und das würde die Bewältigung der noch verbleibenden Reisestrecke erschweren, aber ich wußte, daß ich es schaffen konnte. Um immer genug Flüssigkeit zu haben, konnte ich Eis und Schnee essen. Ich glaubte zuversichtlich daran, daß es mir gelingen würde, diese Expedition zu beenden. Ich wußte, daß mir möglicherweise harte Zeiten bevorstanden, aber das reichte nicht aus, mich zu veranlassen, aufzugeben.

Ich war keineswegs verzagt, als ich dasaß und Pläne schmiedete. Ich wußte schließlich, daß ich in der Arktis war, und ich hatte auch von Anfang an gewußt, daß unter den vielen Gefahren, denen ich mich möglicherweise stellen mußte, Probleme auftauchen konnten, die die Logistik der Expedition verändern würden. Ich hätte diese Expedition niemals angetreten, wenn ich mir diese Probleme nicht vor Augen gehalten und nicht das Vertrauen besessen hätte, mit ihnen fertig werden zu können. Es gab noch etwas anderes, das mich anspornte, etwas tief in meinem Inneren, das ich erst später besser verstehen würde, wenn ich Zeit hatte, über mein Gefühle in diesem Augenblick nachzudenken. Es war etwas in mir, das herausspringen und dieser neuen Herausforderung ins Auge sehen, sie anpacken und siegen wollte.

Ich holte den Signalspiegel und den Erste-Hilfe-Kasten heraus, um mein Gesicht und meine Augen zu untersuchen. Mein Spiegelbild zeigte mir zahlreiche kleine Schnitte in der oberen Hälfte meines Gesichts, oberhalb jenes Bereiches, den meine

Maske abgedeckt hatte. Ich hatte einen Schnitt im rechten Augenlid, und der eine Augenwinkel war sehr empfindlich. Beide Augen waren blutunterlaufen, geschwollen und von Blutergüssen verfärbt, aber das linke Auge zeigte wenigstens keine Schnittverletzungen. Insgesamt sah ich aus wie eine Preisboxerin, die eine Runde zuviel gemacht hatte.

»Ich bin froh, daß ich noch ein paar Tage Zeit habe, damit das alles heilen kann«, sagte ich zu Charlie. »Ich möchte doch nicht, daß die anderen mich so sehen.« Und dann dachte ich, was für eine blöde Bemerkung. Eitelkeit schien hier völlig fehl am Platz. Der Sichtwinkel meines rechten Auges war eingeschränkt, ebenso der meines linken, wenn auch nicht ganz so stark. Ich legte eine Augenklappe auf mein rechtes Auge, um es zu schonen, und hoffte, eine ruhige Nacht mit gesundem Schlaf werde alle Wunden heilen.

Ich packte meine Schlafsachen aus und warf sie ins Zelt. Ich fütterte Charlie im Zelt und ließ ihn auch dort schlafen. Er war mir an diesem Tag ein solcher Trost gewesen, ruhig und gehorsam. Ich war hungrig, aber ich würde mit dem Essen und Trinken bis zum nächsten Morgen warten müssen. Die Temperatur war auf minus neun Grad gestiegen, ein unglaublicher Sprung und zweifellos Mitauslöser des Sturms. Der Wind hatte sich gelegt, und es begann zu schneien.

»Wenn es hier Bären gibt«, sagte ich zu Charlie, »dann müssen sie bis morgen warten.« Er lag zusammengerollt neben meinem Schlafsack und hörte mich gar nicht mehr. Es dauerte nicht lange, da schlief auch ich ein, froh und erleichtert, diesen höllischen Tag glücklich überstanden zu haben.

EINUNDZWANZIGSTER TAG

Das erste, was mir auffiel, als ich am nächsten Morgen um sechs Uhr erwachte, war die friedliche Stille. Es schneite immer noch leicht. Meine Augen taten weh und waren blutunterlaufen, das Gewebe rundherum blauschwarz verfärbt. Mein rechtes Auge war so angeschwollen, daß ich es nicht öffnen konnte, aber mit dem linken konnte ich genug sehen, um von meiner Uhr, der Karte und dem Thermometer ablesen zu können, wenn ich sie dicht genug vor mein Gesicht hielt.

Ich nahm Charlie mit, als ich auf einen Rundgang ging, um festzustellen, ob es für uns eine Möglichkeit gab, bald aufzubrechen. Es war ausgeschlossen. Es war zwar immer noch mild, nur minus neun Grad, so mild wie auf unserer ganzen Reise nicht, aber es schneite, und bei den schlechten Sichtverhältnissen war ich durch meine lädierten Augen noch stärker eingeschränkt. Schweren Herzens kroch ich wieder in mein Zelt. Ich mußte los, gleichgültig wie. Ich hatte schlicht und einfach nicht genug Proviant, um noch länger zu warten. Ich schmolz das Eis für meine Tagesration von einem halben Liter Wasser und trank die Hälfte davon, hob mir aber die Handvoll Walnüsse für später auf. Solange sich das Wetter nicht besserte, konnte ich gar nichts tun. In der Hoffnung, daß Schlaf meinen Augen guttun und mich von meinem Hunger ablenken würde, während ich gleichzeitig Kalorien sparte, schlüpfte ich in meinen Schlafsack, um die Wartezeit zu verschlafen.

Um zehn Uhr stand das Zelt in einem grauen, stillen Nebel, der sich wie eine weiche Decke lautlos über alles gelegt hatte. Charlie ging hinaus, setzte sich vor die Tür und sah sich um. Dann schien er zu dem Schluß zu kommen, daß es keinen Sinn hatte, irgend etwas zu unternehmen, kehrte an seinen Platz neben mir zurück und rollte sich wieder zum Schlafen zusammen. Es stand schlecht um die Reiseaussichten.

Kurz vor Mittag kam schüchtern die Sonne heraus, dann verzog sich der Nebel, von einer leichten südlichen Brise fortgetragen. Wir konnten aufbrechen, sobald ich noch einmal den Sonnenstand geprüft hatte, um unsere Marschrichtung festzulegen. Um meine Augen zu schonen und bei meiner Messung nicht direkt in die Sonne blicken zu müssen, nahm ich einen dünnen Draht, den ich extra zu diesem Zweck bei mir hatte. Er warf einen feinen Schatten, der die genaue Richtung der Sonne anzeigte. Als ich mich wieder auf Norden und Süden ausgerichtet und bestimmt hatte, daß der Wind direkt aus Süden blies, wußte ich, in welche Richtung wir gehen mußten. Ich war nur noch zwei Meilen vom Pol entfernt.

Nachdem ich meine Walnüsse gegessen hatte, die den Hunger, der sich bereits am Abend zuvor gemeldet hatte, keineswegs stillten, brach ich mit Charlie an meiner Seite wieder auf. Ich trug meine Ersatzskibrille. Die Gläser der Brille, die ich verloren hatte, waren dunkler gewesen, aber ich war froh, daß ich es mir zur Gewohnheit gemacht hatte, auf Expeditionen immer ein Ersatzpaar mitzunehmen. Ungeschützte Augen werden von der Sonne und dem reflektierten Licht schnell verbrannt, und das führt zu Schneeblindheit. Das hätte mir beim derzeitigen Zustand meiner Augen gerade noch gefehlt.

Aber meine Augen und der Hunger wurden völlig nebensächlich, wenn ich an unsere bevorstehende Ankunft am Pol dachte. Heute war der große Tag. Immer wieder prüfte ich den Zähler am Meßrad des Schlittens. Endlich stand er auf zwei Meilen, und ich wußte, daß wir unser Ziel erreicht hatten. Mein Ortungsgerät bestätigte meine Position. Ich umarmte Charlie und drückte ihn an mich, es war ein Moment zum Feiern. Ich stellte den Fotoapparat auf das Stativ und machte mehrere Aufnahmen von uns, wie wir am Pol standen, während über uns, an einem Skistock, die Fahne der Vereinigten Staaten und die Fahne Kanadas, weil der Pol kanadisches

Gebiet ist, und schließlich noch die Fahne Neuseelands, weil ich dort geboren bin, im Wind flatterten. Es war einer der schönsten Momente meines Lebens. Alle Hindernisse, die mir die Arktis in den Weg gelegt hatte, hatte ich überwunden und mein Ziel erreicht. Die Eislandschaft rundherum sah nicht anders aus als sonst irgendwo in dieser Gegend, der Wind und die Einsamkeit waren dieselben, aber ich hatte hart gekämpft, um dieses Ziel zu erreichen, und der Sieg war süß. Die Tatsache, daß ich die erste Frau war, die im Alleingang den Pol erreicht hatte, war mir nicht wichtig. Die Erfahrung und das stetige Bemühen, die Herausforderungen zu bezwingen, die sich mir stellten, hatten diese Reise so lohnenswert und den Erfolg so kostbar gemacht.

Nachdem ich eine ganze Reihe Fotos gemacht hatte, packte ich die Flaggen sorgfältig ein, um sie wieder mit nach Hause zu nehmen. Sie sollten dabeisein, wenn ich mein nächstes Ziel in Angriff nahm. Die amerikanische und die neuseeländische Flagge hatten bereits mehrere Berggipfel von mehr als sechstausend Meter Höhe auf der ganzen Welt gesehen. Zum Andenken hinterließ ich am Pol vier kleine Erinnerungsstücke von Bill, meinen Eltern und mir, genau wie ich das auf der König-Christian-Insel getan hatte.

Aber ich konnte nicht länger bleiben. Nahrungs- und Wassermangel sowie die Realität dessen, was in den kommenden Tagen, bevor ich den Treffpunkt erreichte, auf mich wartete, trieben mich vorwärts. Mir war klar, daß es später Schwierigkeiten geben konnte, wenn ich jetzt Zeit verlor; darum beeilte ich mich, zur nächsten Etappe meiner Reise aufzubrechen. Da die extreme Trockenheit der arktischen Luft meinem Körper ständig Feuchtigkeit entzog, die ich jetzt nicht mehr ersetzen konnte, war ich bereits sehr durstig. Dennoch beschloß ich, den letzten Schluck Wasser aufzuheben, um ihn mir abends im Lager als besonderen Genuß zu gönnen. Auch der nagende Hunger wurde stärker, aber daran konnte ich nichts ändern.

Meine Tagesration an Walnüssen hatte ich gegessen, ich mußte also bis zum nächsten Tag warten, ehe ich wieder essen konnte.

Ich holte meine Karte heraus, um mir die Route zur Insel Helena anzusehen, die ich mir abgesteckt hatte. Auf dieser Insel sollte mich ein Flugzeug abholen und nach Resolute Bay zurückfliegen. Mit Hilfe der gleichen Navigationsmethoden, die ich angewendet hatte, um von Sherard Osborn in nördliche Richtung zur König-Christian-Insel zu marschieren, wollte ich jetzt fünfunddreißig Meilen nach Südosten direkt auf den Mittelpunkt der Insel Helena, einer großen Insel mit hohen Küstenfelsen, zuhalten. Die Felsen würde ich zweifellos schon einige Meilen im voraus erkennen. Zu diesem Zeitpunkt könnte ich eine Korrektur vornehmen, um Kurs auf die Ostspitze der Insel zu halten. Ich hatte die geschätzte mittlere Position des magnetischen Nordpols erreicht, und mit meinem Rückweg würde sich das annähernd spitzwinklige Dreieck, das meine Route darstellte, schließen.

Ich trat den Marsch nach Südosten mit so wenig Nahrung und Wasser an, daß mir klar war, daß die kommenden sieben Tage ein Rennen gegen Hunger und Durst werden würden. Ich wollte mich gern beeilen, aber mein linkes Auge verlangte dringend Ruhe, und mein rechtes schmerzte stark unter der Klappe. Dennoch ließ mich der Gedanke nicht los, daß ich, wenn ich wirklich Tempo machte, die Reise in fünf statt in sieben Tagen hinter mich bringen konnte. Ich versuchte, meine Augen zu ignorieren, und ebenso den zunehmenden Wind, der den Schnee in die Luft wirbelte. Lange Wolkenfetzen bedeckten den Himmel, aber sie waren so dünn, daß die Sonne durch sie hindurchscheinen konnte. Mir graute vor einem neuerlichen Sturm. Wir hatten doch jetzt wahrhaftig genug abbekommen.

Nach etwa drei Meilen Marsch mußte ich anhalten. Mit meinen lädierten Augen konnte ich in diesem Schneetreiben kaum etwas sehen. Aber als ich mich nach meinem Schlitten herumdrehte, um das Zelt herauszuholen, schoß mir der Gedanke durch den Kopf, daß ich mich wahrscheinlich einfach nicht genug bemüht hatte. Ich wollte meinen Entschluß, Helena in nur fünf Tagen zu erreichen, nicht so ohne weiteres aufgeben. Und darum lief ich weiter, überzeugt, daß nichts auf der Welt mich jetzt daran hindern konnte, noch ein paar zusätzliche Meilen zurückzulegen. Aber meine wilde Entschlossenheit wurde bald gebremst, als ich, durch meine Augen behindert, einen Eisklumpen übersah, der mir im Weg lag. Ich stolperte darüber und fiel aufs Gesicht. Im ersten Moment war ich wütend. Dann fand ich es sehr komisch, daß mein großartiger Plan genau fünf Sekunden funktioniert hatte und dann mit mir in einem Scheehaufen gelandet war. Ich lachte und versuchte Charlie zu erklären, was so komisch war. Er hatte sich hingesetzt und wartete sehr geduldig darauf, daß ich wieder auf die Beine kam.

Der Wind hatte meiner Schätzung nach eine Stärke von ungefähr zwanzig Meilen in der Stunde und frischte auf, und meine Augen hatten für diesen Tag genug. Fast blind ertastete ich mir das, was ich brauchte, um das Lager aufzuschlagen, und stellte dann das Zelt quasi nach Gefühl auf. Meine Augen machten mir Sorgen. Ihr Zustand hätte sich bessern müssen, anstatt schlimmer zu werden. Ich versuchte, sie mir im Signalspiegel anzusehen, aber selbst aus solcher Nähe konnte ich nichts erkennen. So richtig fuhr mir der Schreck in die Glieder, als mir klar wurde, daß ich weder mit der Leuchtpistole noch mit dem Gewehr genau würde schießen können, weil ich überhaupt nicht zielen konnte. Im übrigen war ich so blind, daß ich einen Bären gar nicht hätte kommen sehen. Ich wußte, daß ich in großen Schwierigkeiten steckte, aber ich mußte mich damit abfinden. Meine Augen brauchten Ruhe, und ich würde eben einfach darauf vertrauen müssen, daß uns kein Bär einen Besuch abstatten würde. Ich fütterte Charlie und holte ihn ins Vorzelt. Ich mußte mich jetzt ganz auf ihn verlassen.

Dann kam der Moment, den ich herbeigesehnt hatte. Es war Zeit, meinen letzten Schluck Wasser zu trinken. Mit blinden Augen ertastete ich den Becher und goß vorsichtig die letzten Tropfen hinein. Aber als ich ihn nehmen wollte, stieß ich ihn versehentlich um, und das kostbare Wasser floß auf den Boden. Einen Moment war ich wie erstarrt, unfähig, zu glauben, was ich getan hatte. Na schön, dachte ich, das war's dann. Das nächste Mal muß ich vorsichtiger sein. Aber ich war so durstig, daß ich beschloß, den Kocher anzuzünden und außer dem Eis für den nächsten Tag noch einen Extrabecher aufzutauen. Meine Augen waren so trübe, daß ich alles wie durch einen dicken Schleier sah. Sorgfältig ertastete ich den Schlauch, der vom Kocher wegführte, und versuchte, ihn in das Verbindungsstück an der Gasflasche zu schieben. Aber ich konnte das Loch nicht sehen. Mit viel Geduld ertastete ich das Loch mit meinem Daumen und führte den Schlauch ein. Er schien fest zu sitzen, ich drehte den Hahn auf und schätzte nach Gefühl, wann es genug war. Dann zündete ich den Kocher an und stellte den Topf mit dem Eis aufs Feuer, wobei ich mich vergewisserte, daß er gerade stand. Charlie, vorn an der Tür, setzte sich auf, für den Fall, daß das Anzünden des Kochers bedeutete, daß es für ihn etwas zu fressen geben würde.

Ich kniete so erwartungsvoll wie ein Kind vor der Weihnachtsbescherung vor dem Kocher, als plötzlich neben dem Kocher eine ganze Reihe sechzig Zentimeter hoher Flammen aufsprang. Blitzschnell packte ich ein Paar Handschuhe, das zum Auftauen neben dem Kocher lag, und begann, voller Angst, daß das ganze Zelt in Flammen aufgehen würde, auf das Feuer einzuschlagen. Den brennenden Kocher schleuderte ich an Charlie vorbei durch die offene Zelttür aufs Eis hinaus. Dann packte ich die Schlafmatte, auf der der Kocher gestanden hatte, und erstickte hastig die Flammen.

Nachdem die Gefahr gebannt war, hockte ich einen Moment wie betäubt da. Es war alles sehr schnell gegangen. Charlie jedoch war völlig ruhig geblieben, als der Kocher an seiner Nase vorbeigeflogen war. Er hatte sich verhalten, als käme so etwas jeden Tag vor; so ruhig, daß er hätte sagen können: »Ach, da fliegt wieder mal ein Kocher zur Tür hinaus. Na ja, kein Problem.«

Ich besah mir den Schaden und entdeckte, daß meine Wollhandschuhe große Brandlöcher hatten, doch sie hatten meine Hände gut geschützt. Meine Gewohnheit, die Zelttür zur Lüftung und für den Fall eines Brandes immer wenigstens ein Stück offenzulassen, hatte sich bewährt. Wäre die Tür geschlossen gewesen, so wäre das ganze Zelt verbrannt.

Aber plötzlich schoß mir ein neuer erschreckender Gedanke durch den Kopf. Was, wenn ich den Kocher beschädigt hatte. Geplagt von der Vision kommender wasserloser Tage, kroch ich eilig hinaus, um den Kocher aus der Schneewehe zu holen, in der er gelandet war. Er schien in Ordnung zu sein, aber ich konnte nicht genug sehen, um völlig sicher zu sein. Ich wagte nicht, ihn noch einmal anzuzünden, solange ich nicht besser sehen konnte.

Es war Zeit für das Funkgespräch mit der Basisstation, Zeit, den Freunden von meiner Ankunft am Pol zu berichten. Aber zuerst mußte ich die Antenne aufstellen. Wegen meiner Schwierigkeiten mit den Augen war ich einen Moment lang versucht, bis zum nächsten Abend zu warten, andererseits aber brannte ich darauf, ihnen meine große Neuigkeit mitzuteilen. Ich konnte nur raten, ob ich die Antenne richtig ausgerichtet hatte. Ich zog die Batterien aus meiner Tasche und legte sie sorgsam in das Funkgerät ein. Mit einem kurzen Stoßgebet, daß die Antenne richtig eingestellt sein möge, schaltete ich das Gerät an.

»Expedition Kiwi ruft Acht-Eins-Fünf Resolute«, sagte ich und hoffte, sie würden mein Signal empfangen können.

»Expedition Kiwi, hier spricht Acht-Eins-Fünf Resolute«,

antwortete Terry mit klarer Stimme eine Sekunde später. »Wie geht es Ihnen?«

»Es geht mir glänzend«, sagte ich. »Ich habe heute den Pol erreicht. Jetzt bin ich fünf Meilen südlich vom Pol und habe hier mein Lager aufgeschlagen. Morgen mache ich mich auf den Weg nach Helena.«

Ich konnte die Erregung in Terrys Stimme hören, als sie antwortete: »Herzlichen Glückwunsch, das ist wirklich toll. Bill hat angerufen und sendet Ihnen liebe Grüße. Er hat sich wegen des Wetters große Sorgen gemacht. Geht es Ihnen gut?«

Ich beschloß, Terry nichts von dem Sturm, meinem geschrumpften Proviant und der Geschichte mit meinen Augen zu sagen. Ich befand mich auf der letzten Etappe meiner Reise und fand es sinnlos, die anderen jetzt noch zu beunruhigen.

»Wir haben Sturm gehabt, und er hat uns ganz schön durcheinandergeschüttelt, aber jetzt geht es uns bestens«, versicherte ich und hoffte, es klang überzeugend. »Bitte sagen Sie Bill, daß ich es geschafft habe, und grüßen Sie ihn von mir.«

»Das werde ich tun«, versprach Terry. »Wie steht es mit Ihrem Proviant?« Sie war gründlich wie immer und stellte genau die richtigen Fragen.

»Ich habe noch für ungefähr zehn Tage Proviant und Brennstoff. Kein Problem«, schwindelte ich.

»Gut«, meinte Terry. »Wir sprechen uns morgen abend wieder.«

Ich verabschiedete mich mit »Gute Nacht, Terry. Alles klar«.

Ich packte Funkgerät und Batterien wieder weg, kroch müde in meinen Schlafsack und gab Charlie noch einen Gute-Nacht-Klaps. Aber der Schlaf blieb aus. Ich lag da und dachte über die Ironie nach, daß aus diesem Tag meines größten Triumphes beinahe ein Tag der Tragik und des Scheiterns geworden wäre. Ich hatte großes Glück gehabt, daß ich bei dem Feuer nicht ums Leben gekommen war. Meine Augen schmerzten und waren kaum zu gebrauchen, aber ich hatte keine Zeit, darauf zu warten, daß sie heilten. Ich mußte die Insel Helena und den Ort, wo die Maschine mich abholen sollte, so schnell wie möglich erreichen.

Ich war frustiert und beunruhigt. Jede Schwierigkeit, die mich daran hätte hindern können, den Pol zu erreichen, hatte ich vorausüberlegt und Vorkehrungen getroffen, um ihnen zu begegnen. Daß ich auf der Rückreise Schwierigkeiten haben könnte, war mir überhaupt nicht in den Sinn gekommen. Ich kam mir vor wie eine Bergsteigerin, die unter Strapazen einen Berg erklommen hatte, ohne auch nur einen Gedanken daran zu verschwenden, wie sie wieder hinunterkommen würde. Aber der Gedanke an Scheitern war mir unerträglich. Ich mußte einen Weg finden, auch die letzte Etappe noch zu bewältigen. Ich wußte, ich würde es schaffen, mit meiner knappen Verpflegung und Wasserversorgung auszukommen. Und meine Augen konnte ich nur heilen, wenn ich sie geschlossen hielt. Da war Schlaf das beste Mittel.

Ich kuschelte mich tiefer in meinen Schlafsack und schob alle Gedanken an Scheitern beiseite. Eigentlich brauchte ich doch nur gut genug zu sehen, um zu erkennen, wohin ich meine Füße setzte.

9

Hunger und Entbehrung

ZWEIUNDZWANZIGSTER TAG

Als ich morgens um fünf Uhr erwachte, hatte sich der Zustand meiner Augen gebessert, und der Vorhang, der mir die Sicht genommen hatte, hatte sich fast ganz gehoben. Die Temperatur lag bei minus zwölf Grad, aber zu meiner Bestürzung waren wir von dichtem Nebel eingehüllt. Die milden Temperaturen und der südliche Wind hatten immer noch eine verheerende Wirkung auf das Wetter. Jetzt machte ich mir wirklich Sorgen, weil ich fürchtete, die tägliche Strecke, die ich mir vorgenommen hatte, nicht schaffen zu können. Aber ich hatte auf dieser Expedition gelernt, daß die Arktis ihre eigene Art hat, den Reisenden Zeit und Tempo zu diktieren; ich würde eben einfach warten müssen, bis der Nebel wenigstens etwas dünner wurde. Bis dahin konnte ich die Gelegenheit nutzen, um meinen Augen noch etwas Ruhe zu gönnen.

Am Vormittag wurde ich von Charlie geweckt, der beschlossen hatte, ins Zelt hereinzukommen und meine Beine als Kopfkissen zu benutzen. Der Südwind hatte sich zu einer steifen Brise entwickelt, die den dichten Nebel vertrieb. Ich fütterte Charlie, der sich auf den Rücken legte, um sich den Bauch kraulen zu lassen.

Nachdem ich mir rasch die Augen angesehen hatte, die nicht mehr so stark geschwollen waren, untersuchte ich den Kocher, um festzustellen, ob er beschädigt war, und um herauszubekommen, warum er plötzlich in Flammen aufgegangen war. Wahrscheinlich, sagte ich mir, hatte ich, blind wie ich gewesen war, den Zuleitungsschlauch nicht richtig befestigt, und das Gas, das aus dem Leck entwichen war, hatte sich entzündet. Diesmal konnte ich wesentlich besser sehen, und bald hatte ich einen Topf mit schmelzendem Eis auf dem Kocher stehen. Nachdem ich mir einen halben Liter als Tagesration in die Thermosflasche gegossen hatte, trank ich den übriggebliebenen Becher langsam und mit Genuß leer. Dann kramte ich mir eine kostbare Handvoll Walnüsse heraus und aß die Hälfte davon, wobei ich jede einzelne gründlich kaute, um das kärgliche Mahl möglichst in die Länge zu ziehen.

Ich packte, und noch vor Mittag zogen Charlie und ich unter einer lockeren Wolkendecke, die immer wieder aufriß, um die Sonne durchzulassen, weiter. Ich hielt beständig Ausschau nach Anzeichen für sinkende Temperaturen und Nordwinde, aber das Wetter schien sich auf seinen derzeitigen Stand milder Temperaturen und südlicher Winde eingependelt zu haben. Ich trug immer noch eine Klappe über meinem rechten Auge, aber obwohl ich die Schneebrille aufhatte, begann mein linkes Auge im grellen Licht bald zu tränen und wurde immer blinder. Der Wind wurde stärker und hüllte uns in Schneegestöber ein. Der beim letzten Unwetter frischgefallene Schnee war vom Wind noch nicht festgepreßt worden und wirbelte jetzt in wildem Tanz um uns herum. Ich kam nur langsam voran. Krampfhaft versuchte ich zu sehen, während ich mich selbst antrieb. Ich wußte, wenn ich mein Ziel erreichen wollte, mußten sich sowohl das Wetter als auch der Zustand meiner Augen schleunigst ändern. Ich war frustiert und hoffnungslos. Immer langsamer schob ich meine Skier vorwärts. Schließlich schnallte ich sie ab, um nicht wieder über einen Eisbrocken zu stolpern, und ging zu Fuß weiter. Schritt für Schritt quälte ich mich vorwärts, da ich wußte, daß jede Meile, die ich zurücklegte, mich meinem Ziel näher brachte. Mein Auge tränte stark, und das Schneegestöber nahm mir alle Sicht, aber ich stapfte weiter. Als mein Auge so schlimm wurde, daß ich kaum noch etwas sehen konnte, hielt ich nicht an, sondern legte statt dessen meine Hand auf Charlies Rücken. Ich wußte, wenn wir zu einem Hindernis kamen, würde er außen herumgehen, und ich brauchte ihm nur zu folgen. Er war jetzt mein Blindenhund, und der Wind war mein Wegweiser.

Nach fünf Stunden hatten wir nur drei Meilen geschafft, ein Rekord der Langsamkeit. Aber mit einer gewissen Genugtuung sagte ich mir, daß drei Meilen besser seien als gar nichts. Wir kamen wenigstens vorwärts, das war immer noch besser, als händeringend im Zelt zu sitzen und sich aufzuregen. Charlie verhielt sich großartig. Er blieb wie in den letzten einundzwanzig Tagen stets an meiner Seite und trabte mit meiner Hand auf seinem Rücken ruhig geradeaus. Wenn ich stehenblieb, blieb er auch stehen. Nach den langen gemeinsamen Tagen war er mit dem Ablauf der Dinge vertraut und hielt sich daran.

Ich bemühte mich, nicht an Eisbären zu denken. Es war sinnlos, daran zu denken, was geschehen würde, wenn wir jetzt einem begegneten. Charlie würde zweifellos reagieren, ich jedoch würde das Tier erst sehen, wenn es mir praktisch ins Gesicht sprang. In meiner Phantasie konnte ich einen Bären direkt hinter mir sehen, aber solche geistigen Quälereien konnte ich jetzt nicht gebrauchen, darum vertrieb ich das schreckliche Bild, wie ich es auf dieser Expedition schon so oft getan hatte. Es war ein langsamer, schwerfälliger Marsch, aber wir kamen vorwärts. Ich spielte mit dem Gedanken, anzuhalten, aber der Wille, meinem Ziel näherzukommen, trieb mich weiter. Nach weiteren zwei Stunden, in denen wir weniger als eine Meile zurückgelegt hatten, fand ich schließlich, es sei genug für einen Tag. Ich drückte Charlie fest an mich und fütterte ihn, ehe ich das Zelt vom Schlitten nahm.

Es war eine Sisyphusarbeit, das Zelt aufzubauen. Ich sah so schlecht, daß ich jeden Zeltstab und jede Öse zum Einstecken dicht vor meine Augen halten mußte. Mit viel Gefummel und Herumgestolpere schaffte ich es schließlich, das Zelt aufzustellen. Und es war verlockend, den abendlichen Funkspruch einfach zu vergessen. In dem Bemühen, eine Entschuldigung zu finden, dachte ich, es wäre ja erst das erste Mal, daß du dich nicht meldest, das wäre doch nicht weiter schlimm. Aber die Vernunft siegte, ich wärmte die Batterien auf und richtete die Antenne aus. Ich hatte versprochen, mich wenn irgend möglich jeden Abend zu melden, um meine Position durchzugeben. Die täglichen Funksprüche waren mein einziges Sicherheitsnetz. Meine Freunde mußten genau wissen, wo ich war, damit sie mich schnell erreichen konnten, wenn ich Hilfe brauchte. Wenn ich mich nicht meldete, würde ich diejenigen, die sich um mich sorgten, unnötig beunruhigen. Man würde es vielleicht als erstes Signal verstehen, daß ich in Schwierigkeiten steckte und Hilfe brauchte.

Ich rief also Resolute Bay, gab meine Position an, beschwerte mich über den Wind und das Wetter und machte Schluß, ohne etwas von meinen Augen gesagt zu haben. Danach holte ich Charlie ins Zelt. Es war ein Trost, ihn jetzt, da ich mir wie eine Blinde vorkam, in meiner Nähe zu haben. Ich wollte ihn bei mir haben, falls irgend etwas passieren sollte, sei es, daß das Eis, auf dem wir unser Lager aufgebaut hatten, brüchig werden sollte, sei es, daß ein Bär auftauchen sollte. Ich fühlte mich von der Welt abgeschnitten, weil ich nichts sehen konnte, und ich brauchte Charlie an meiner Seite, um mich nicht auch von ihm abgeschnitten zu fühlen.

Wie immer, wenn er ins Zelt durfte, verstand Charlie dies als eine Einladung, es sich in meinem Schlafsack bequem zu machen. Er war noch nicht dahintergekommen, daß ich mehr als fünf Zentimeter im Schlafsack für mich brauchte. Ich hatte entdeckt, daß er es nicht mochte, wenn ich meine Füße unter seinen Körper schob, und dann auf die Seite rückte. Ich versuchte es auch diesmal wieder mit dieser Taktik, und sie wirkte, aber als ich mich in den Schlafsack zwängte, sah ich, daß ich jetzt das Kopfkissen mit Charlie teilte.

Ich hatte wegen dieses Kissens sowieso ein schlechtes Gewissen. Ich hatte es mir zu Hause als besonderen Luxus für diese Expedition hergerichtet. In Bergsteigerkreisen wird man ausgelacht, wenn man ein Kopfkissen mitnimmt. Ich hatte keinem Menschen etwas davon gesagt, daß ich eines dabei hatte. Schließlich wäre früher kein Arktisreisender, der auch nur einen Funken Selbstachtung besaß, auf den Gedanken gekommen, ein Kopfkissen mit auf die Reise zu nehmen. Aber ich hatte mir gesagt, daß ich auf dieser Expedition wahrhaftig genug Entbehrungen auf mich nehmen würde und nicht auch noch auf das Kopfkissen zu verzichten brauchte. Außerdem, hatte ich gedacht, während ich es zu Hause auf dem Küchentisch genäht hatte, ist es ja nur ein winzig kleines Kissen, höchstens halb so groß wie ein normales, das zählt überhaupt nicht.

Aber jetzt hatte Charlie mein kleines Kopfkissen entdeckt und sein großes, schwarzes Haupt daraufgelegt. Mir blieb nur ein kleiner Zipfel. Zu allem Überfluß war er auch schon eingeschlafen und schnarchte vor sich hin. Ich hatte die Wahl: Entweder ich schob ihn weg, oder ich war dankbar dafür, daß er mir wenigstens den kleinen Zipfel gelassen hatte. Nach einem kurzen Moment der Überlegung entschied ich mich für Dankbarkeit. Meine Tagesration an Walnüssen und Wasser hatte Hunger und Durst nicht einmal gedämpft, aber es tat gut, mich mit geschlossenen Augen niederzulegen und neben mir Charlies leises Schnarchen zu hören.

Irgendwann in der Nacht rückte Charlie ein wenig auf die Seite, ich eroberte mir schnellstens mein kostbares Kopfkissen zurück und schlief gut. Als ich um vier Uhr erwachte, empfing mich ein neuer windiger Tag. Im ersten Moment fürchtete ich einen neuen Sturm, aber es war nur ein typischer windiger Arktistag mit strahlender Sonne und wehendem Schnee. Der Himmel war noch bewölkt, Vorboten der Stürme waren keine zu sehen.

Das Befinden meiner Augen hatte sich weitgehend gebessert. Ich konnte einigermaßen sehen, und die Schwellungen waren fast ganz zurückgegangen. Es war ein Genuß, die Welt wieder klar zu sehen. Ich aß ein paar Walnüsse, hob mir den Rest für später auf und trank die Hälfte meiner Wasserration. Mein rasender Durst ließ sich nicht länger ignorieren, und das hieß, daß ich anfangen mußte, beim Marschieren Schnee und Eis zu essen. Als ich Charlie sein Frühstück gab, ertappte ich mich dabei, daß ich sein Hundefutter mit neuem Interesse betrachtete. Ein Gedanke schlich sich in mein Hirn, daß Hundefutter immer noch besser sei als gar nichts. Aber so verlockend die Vorstellung in diesem Moment war, als ich mich vor Hunger schwach fühlte, ich wußte, es würde nicht in Ordnung sein, Charlie sein Futter wegzunehmen.

Als ich mich entschlossen hatte, Charlie auf diese Expedition mitzunehmen, hatte ich ihn nicht gefragt, ob er diesen weiten Marsch durch Sturm und Gefahr überhaupt mit mir machen wollte. Und dennoch war er an meiner Seite geblieben, hatte niemals an mir gezweifelt, sondern mir bedingungslose Treue und uneingeschränktes Vertrauen geschenkt. Er hatte mir sogar das Leben gerettet. Ich hatte ihn jetzt auf halbe Kost setzen müssen, was ihm nichts auszumachen schien. Er war kräftig und tatenfroh wie immer, aber wenn ich ihm auch nur einen einzigen Happen seines Futters wegnahm, wäre das einem Mißbrauch seines Vertrauens gleichgekommen. Selbst wenn es mir dadurch ermöglicht werden sollte, ein Ziel zu erreichen, das mir wichtig war, so war doch ihm dieses Ziel unbekannt. Eben weil ich mein Ziel aus eigener Kraft erreichen wollte, zog ich meinen Schlitten selbst und verließ mich nicht auf ein Hundeteam oder eine Maschine. Charlie war ein Gefährte auf dieser Wanderung. Sein Überleben war ebenso wichtig wie das meine. Die Versuchung, mir von seinem Futter zu nehmen, ging vorüber; ich bekam Gewissensbisse, so etwas überhaupt in Erwägung gezogen zu haben.

Der Wind hatte freundlicherweise nach Südosten gedreht, ich brauchte also nur direkt in ihn hineinzulaufen, hin und wieder eine Verschnaufpause einzulegen und am Mittag kurz anzuhalten, um Sonnenstand und Windrichtung neu zu überprüfen. Der Wind blies kräftig, ich mußte mich dagegenstemmen, um vorwärts zu kommen. Feiner Schnee trieb in langen Fahnen über das Eis direkt auf uns zu, wirbelte vorbei, von immer neuen Schneewehen gefolgt. Schneewolken stiegen tanzend in die Luft, umhüllten mich und überzuckerten mich mit einem weißen Guß, der an meiner Kleidung festfror. Charlies Gesicht war weiß von Schnee, seine Pfoten waren unter den ständig dahintreibenden Schneeschleiern nicht zu sehen. Ich sehnte mich nach dem Frieden eines stillen Tages, aber wir hörten nur diesen lärmenden, aufdringlichen Wind. Wenigstens brauchte ich jetzt keine Entfernungen zu messen. Ich mußte nur nach Südosten gegen den Wind marschieren, auf die Küstenfelsen der Insel Helena zu.

Ich wurde immer durstiger. Ich hob Schnee vom Boden auf und stopfte ihn mir in den Mund, aber er enthielt nur wenig Feuchtigkeit. Darum hielt ich an und hackte eine Ladung kleiner Eisstücke aus dem Boden, die ich auf den Schlitten legte, so daß ich mir beim Laufen jederzeit eines nehmen konnte. Ich lechzte nach Wasser und wurde von Bildern klarer, sprudelnder Quellen heimgesucht. Das Eis brannte im Inneren meines Mundes, so daß sich Blutblasen bildeten, aber ich brauchte Flüssigkeit. Ich war in größter Versuchung, anzuhalten und den Rest meiner Wasserration zu trinken, aber ich wußte, daß ich irgendwo die Selbstdisziplin hernehmen mußte, mir das Wasser für den Abend aufzuheben und während des Tages Eis zu essen. Der starke Wind verlangte mir größere Anstrengung ab, ich atmete schwerer, und das erhöhte den Feuchtigkeitsverlust. Die staubtrockene Arktisluft konnte die Flüssigkeit, die ich bei jedem Atemzug verlor, nicht ersetzen. Dennoch marschierte ich weiterhin vorwärts, den Kopf in den Wind gesenkt, und versuchte, ein gleichmäßiges Tempo zu halten, um so weit wie möglich zu kommen.

Der lange Vormittag ging schließlich vorüber. Ich machte halt, um Charlie zu füttern, aß noch drei Walnüsse und kaute mit schmerzendem Mund noch ein Stück Eis. Charlie nahm sich einen besonders dicken Eiswürfel von meinem Schlitten. Er war ja nicht dumm. Warum selber kratzen und graben, wenn man nur zuzugreifen braucht, um sich ein mundgerecht geschnittenes Stück zu Gemüte zu führen? Ich bot ihm ein zweites Stück an, das er laut knirschend zerkaute. Mein Mund schmerzte so heftig von der brennenden Kälte des Eises, daß ich mich fragte, wie er das machte. Ich hatte unentwegt Hunger. Ein paar Walnüsse reichten nicht, wenn man sich stundenlang bewegte. Aber ich hatte keine Wahl; ich mußte mit dem auskommen, was ich noch besaß.

Es war, wie ich feststellte, entschieden ein Vorteil, mich mit dem zufriedenzugeben, was ich hatte, und dafür dankbar zu sein, anstatt dauernd zu wünschen, ich hätte mehr. Der Wunsch nach mehr verstärkte nur die Gefühle von Hunger und Durst, während Akzeptanz und Dankbarkeit für das, was ich trotz allem noch hatte, es mir ermöglichten, mit dem Problem fertig zu werden und meine ganze Kraft darauf zu richten, Tempo zu machen. Denn sobald ich mein Reiseziel erreicht hatte, würden Hunger und Durst ein Ende haben. Wenn ich jetzt nach Resolute gefunkt und meine genaue Position angegeben hätte, so hätte ein Flugzeug mich bei diesem Wind gar nicht holen können. Außerdem dachte ich nicht daran, aufzugeben. Ich wußte, daß ich es schaffen konnte. Solange es Charlie gutging, gab es keinen Grund, auch nur daran zu denken.

Der Wind blies weiterhin stark und heftig, pfiff uns direkt in die Gesichter, versuchte manchmal gar, mich mit kräftigen Böen rückwärts zu schieben. Stunde um Stunde lief ich weiter und versuchte, meinen schmerzenden Magen und meinen ausgedörrten Mund nicht zu beachten. Mein Körper war inzwischen so ausgetrocknet, daß ich weit weniger urinierte. Das kann mir bei dieser Kälte nur recht sein, dachte ich lächelnd.

Im Lauf des Nachmittags wurde der Wind stärker. Ich begann zu fürchten, daß ich Schwierigkeiten bekommen würde, das Zelt aufzustellen, wenn der Wind allzusehr auffrischte; zur Not konnte ich allerdings in meinem Schlitten schlafen. Es war mir wichtig, so weit wie möglich voranzukommen. Ich beschloß darum weiterzugehen, solange es irgend möglich war. Meine Jacke war vorn von einer dicken Schneeschicht bedeckt, meine Maske war steif gefroren, die Ränder meiner Skibrille waren mit Reif überzogen. Gegen Mitte des Nachmittags blies der Wind mich beinahe um. Heftige Böen packten meinen geschwächten Körper, als wollten sie ihn überwältigen. Als der Wind meine Skispitzen erfaßte und sie auf die Seite schob, so daß ich das Gleichgewicht verlor, schnallte ich die Skier ab und ging zu Fuß weiter. Mit gesenkten Köpfen kämpften Charlie und ich uns durch die Mauer wirbelnden Schnees. Ich schob das Schnappschloß seiner Kette an meinem Geschirr nach hinten, so daß Charlie in meinem Windschatten gehen konnte. Der Nachmittag war zu Ende gegangen, die Sonne ging langsam im Westen unter, und immer noch blies uns der Wind mit unverminderter Heftigkeit in die Gesichter. Kurz vor acht Uhr machte ich halt, um mit Resolute Bay Kontakt aufzunehmen, dann nahmen wir den mühsamen Marsch nach Südosten wieder auf.

Es war unmöglich gewesen, Tempo zu machen. Kurz vor Mitternacht, nach beinahe zwanzig Stunden ständigen Kämpfens gegen den Wind, beschloß ich, Rast zu machen. Wir hatten einundzwanzig hart erarbeitete Meilen geschafft. Der Wind blies mit mehr als fünfundzwanzig Meilen in der Stunde, mit Böen, die uns mit mehr als dreißig Meilen um die Ohren pfiffen. Das Risiko, das Zelt an den Sturm zu verlieren, war zu groß, deshalb hockte ich mich mit Charlie in den Schutz des Schlittens. Dort fraß er, und ich verzehrte die letzten Walnüsse des Tages und trank den letzten Rest Wasser meiner Ration. Es war so windig, daß ich nicht einmal hinter dem Schlitten den Kocher anzünden konnte. Nachdem wir gegessen hatten, machte ich Charlie ein Plätzchen hinter dem Schlitten zurecht, überprüfte die Verankerung zu beiden Seiten und kletterte hinein. Mit einigem Manövrieren gelang es mir, mich in meiner ganzen Länge von einem Meter achtundfünfzig auszustrecken. Ich zog den Schlafsack fest um mich und machte es mir bequem. Nicht gerade eine Luxusunterkunft, aber ich war vor dem Wind geschützt und konnte mich ein paar Stunden von dem ewigen Kampf um das Vorwärtskommen erholen. Nicht einmal Wind, Hunger und Durst konnten mich wach halten. Ich glitt in einen tiefen, traumlosen Schlaf.

10

Das Ende der Reise

VIERUNDZWANZIGSTER TAG

Als ich um zwei Uhr nachts erwachte, hatte sich der Wind gelegt, statt dessen war leichter Nebel aufgekommen, aber die Sicht war nicht schlecht. Ich beschloß, einen neuen Tag zu beginnen. Mit steifen Gliedern kroch ich aus dem Schlitten, froh, dem Kokon entronnen zu sein. Aber die Freude verging mir bald, als es zu schneien begann und die Sicht völlig eingeschränkt wurde. Eilig baute ich das Zelt auf, fütterte Charlie und zündete den Kocher an, um Eis für meine kostbare Wasserration zu schmelzen. Dann machte ich alles zum Aufbruch fertig, um starten zu können, sobald die Sicht wieder besser war. Wenigstens kam ich jetzt in den Genuß der Stille, nach der ich mich gesehnt hatte. Aber so ganz entsprach es nicht dem, was ich mir gewünscht hatte. Es schneite in dichten Flocken, und der Schnee hatte das Zelt und die Schlitten bald zugedeckt. Stille und Einsamkeit waren vollkommen. Selbst das Eis unter meinen Füßen war stumm.

Um drei Uhr ließ das Schneetreiben nach, der Wind frischte auf, die Temperatur begann zu fallen. Endlich besserte sich die Sicht so weit, daß ich wenigstens etwa dreißig Meter weit sehen konnte, und ich beschloß aufzubrechen. Die Wetterlage blieb unsicher, und ich hatte keine Garantie, daß nicht aus Süden ein Sturm heraufziehen würde.

Jetzt, da ich nicht mehr gegen den starken Wind kämpfen mußte, kam ich schneller voran. Aber ich fühlte mich schwächer als am vergangenen Tag, und mein Mund war so trocken, daß ich das Gefühl hatte, er sei voller Watte. Mein ganzes Denken drehte sich nur um das Bedürfnis nach Wasser. Das Eis reichte nicht, das Austrocknen des Körpers zu verhindern. Ich rechnete mir aus, daß ich bis zum vereinbarten Treffpunkt noch drei Tage brauchen würde. Das mußte ich doch schaffen können. Ich versuchte, Hunger und Durst aus meinen Gedanken zu verbannen, aber es war unmöglich, das schreiende Verlangen, besonders nach Wasser, zu ignorieren.

Ich konzentrierte meine Gedanken auf die Insel Helena. Ich mußte sie eigentlich heute zu sehen bekommen. Ich wollte sie sehen und betreten. Wenn ich Helena erreicht hatte, würde ich das geschafft haben, was ich mir vorgenommen hatte: den Boden von Sherard Osborn, König-Christian und Helena, jener Inseln, die das Gebiet des magnetischen Nordpols im Jahr 1988 umgaben, zu betreten. Das Erreichen dieses Ziels war für die Vollendung meiner Expedition ebenso wichtig wie das Erreichen des Pols selbst.

Um zehn Uhr war der höllische Wind zurückgekommen und begann von neuem, mich zu quälen. Das unaufhörliche Pfeifen und Heulen, die gnadenlosen Hiebe, mit denen er mein Gesicht und meinen Körper geißelte, schrecklicher Hunger und Durst, dies alles forderte mich so sehr, daß ich die letzten Reserven an Körperkraft, Disziplin und Willensstärke anzapfen mußte. Ich stieß auf Reserven, von denen ich nicht gewußt hatte, daß ich sie besaß. Aber sie waren da, und ich setzte jedes Quentchen Kraft ein, um meinen immer schwächer werdenden Körper vorwärts zu treiben. Ich wollte es unbedingt schaffen. Das Ende war so nahe.

Ich konnte mich nicht mehr richtig warm halten. Meine Kalorienzufuhr reichte zur Erzeugung körpereigener Wärme nicht aus. Immer wenn ich anhielt, begann ich sofort zu zittern vor Kälte und mußte dann eine Stunde stramm marschieren, bis mir wieder warm wurde. Bei diesem erbarmungslosen Wind war es besser, stetig weiterzugehen und immer nur kurz anzuhalten, um für mich und Charlie ein Stück Eis vom Schlitten zu nehmen. Ich wußte, daß das Eis meinen Körper noch mehr auskühlte, aber ich brauchte die Flüssigkeit. Mit gesenktem Kopf kämpfte ich mich weiter vorwärts, Charlie treu an meinen Fersen in meinem Windschatten. Die Sonne schien durch weiße Wolkenstreifen, die über den Himmel zogen, und der Wind brauste brüllend aus weiter Ferne über das Eis. Ab und zu hörte ich schrilleres Pfeifen, dann kam eine stärkere Bö angefegt und schüttelte mich, ungeschützt, wie ich war, kräftig durch. Aber ich war entschlossen, durchzuhalten. Auch wenn rund um uns herum die entfesselten Naturgewalten tobten, wußte ich, daß ich siegen würde. Ich wußte, daß ich es schaffen konnte.

Um acht Uhr machte ich halt für meinen Funkspruch. Als ich danach nach Süden blickte, wo der Wind immer noch tobte und die Sonne tief an einem wolkengesprenkelten Himmel stand, glaubte ich, im Schneegestöber einen dunklen Schatten erkennen zu können. Bei dem Gedanken an einen Eisbären blieb mir beinahe das Herz stehen, aber die Farbe war zu dunkel. Eine heftige Bö zwang mich, mein Gesicht abzuwenden. Als ich dann wieder zurückschaute, lag dieselbe dunkle Form immer noch bewegungslos hingestreckt da. Ich hatte Angst, aber wovor? Ich blieb bewegungslos stehen. Meine Gedanken rasten, während ich zu erkennen versuchte, was ich dort sah. Die Arktis hatte mir in den letzten Wochen einiges über trügerische Tiefenwahrnehmungen beigebracht, und ich rechnete mit fast allem.

Dann fiel es mir plötzlich ein. Natürlich, das mußte Seymour Island sein! Im ständigen erbitterten Kampf mit dem Wind, alle Gedanken nur darauf gerichtet, mein Ziel zu erreichen, hatte ich beim Aufbruch am Morgen gar nicht daran gedacht, daß ich auf meinem Weg nach Helena an Seymour vorbeikommen würde. Die Insel lag acht Meilen von Helena entfernt, und die Karte zeigte, daß sie nur eineinhalb Meilen lang und nur knapp dreihundert Meter breit war. Ich konnte nicht sagen, wie weit wir gekommen waren, aber jetzt, da ich wußte, was ich sah, eilte ich weiter.

Eigentlich hätte ich die hohen Felsen Helenas bereits sehen müssen, noch ehe ich Seymour erreichte, aber sie waren im Schneetreiben verborgen. Die dunkle Form vor mir sah aus wie ein auf dem Eis liegender Wal. Ich korrigierte meinen Kurs um ungefähr eineinhalb Meilen nach Osten, und eine Stunde später war ich nahe genug, um die Insel identifizieren zu können. Sie schien kleiner zu sein, als auf der Karte eingezeichnet, wahrscheinlich wegen des Meereises, das an ihren Küsten aufgehäuft war und alles bis auf seine höchste dunkle Kuppe bedeckte, die kaum wahrnehmbar unter Schneeverwehungen hervorragte. Das Eis vor der Küste war bis auf eine Entfernung von sechzig bis neunzig Metern rauh und zerklüftet, deshalb machte ich etwas weiter draußen auf dem glatteren Eis Rast.

Achtzehn lange, unglaublich harte Stunden war ich unterwegs gewesen und hatte mir in dieser Zeit nur neunzehn Meilen erkämpft. Der Wind war so stark, daß ich das Zelt nicht aufstellen konnte, ich kroch also nochmals für ein paar Stunden Ruhe und Erholung in den Schlitten. Nachdem ich Charlie im Windschatten des Schlittens gefüttert hatte, aß ich meine letzten zwei Walnüsse, kletterte in den Schlitten und zog den Schlafsack um mich. Der Schlitten schwankte unter dem Ansturm der Windstöße, aber ich schlug dem Wind in meinem fest zugezogenen Schlafsack ein Schnippchen.

FÜNFUNDZWANZIGSTER TAG

Als ich um fünf Uhr wach wurde, war es wunderbar still. Begierig spähte ich aus der Schlittentasche ins Freie und erlebte eine niederschmetternde Enttäuschung, als ich den Nebel sah, der so dicht war, daß ihn nicht ein einziger Sonnenstrahl durchdrang. Als ich aus dem Schlitten kletterte, schrie ich zornig: »Wann hört dieser verdammte Mist endlich auf?« Natürlich antwortete mir niemand, und Charlie hob nicht einmal den Kopf. Niedergeschlagen packte ich das Zelt wieder aus. Ich konnte nichts tun, als warten, bis die Sicht sich so weit besserte, daß ich wenigstens hundert Meter weit sehen konnte. Die Insel Seymour war im Nebel verschwunden, und Helena konnte ich natürlich noch nicht erkennen.

Um sieben Uhr war es immer noch windstill, und der Nebel begann sich zu lichten. Die Sonne kam durch. Nachdem ich in aller Eile gepackt hatte, brach ich in Richtung zur Ostspitze der Insel Helena auf. Ich war geschwächt und müde, und obwohl ich versuchte, mich zu beeilen, konnte ich mich nur langsam beeilen. Charlie war jetzt wieder an seinem gewohnten Platz an meiner Seite und trabte flott voran, um einiges zu schnell für mich. Er hatte sich daran gewöhnt, ein strammes Tempo zu gehen, besonders wenn der Wind nicht allzu heftig blies, und fand jetzt – angesichts der Windstille – offensichtlich, wir marschierten zu langsam. Die ersten hundert Meter schaute er immer wieder zu mir hoch, als wartete er darauf, daß ich endlich begreifen und ein Tempo vorlegen würde, das ihm mehr behagte. Ich kraulte ihm den Kopf und versuchte, ihm zu erklären, daß ich dies leider nicht schaffte.

Ständig kaute ich Eis. Schnee war zwar nicht so kalt, enthielt aber so wenig Wasser, daß es sich fast nicht lohnte, ihn zu sich zu nehmen. Ich mußte deshalb bei dem wesentlich kälteren Eis bleiben. Die Blasen in meinem Mund, die durch das brennend kalte Eis hervorgerufen wurden, waren Nebensache im Vergleich zu meinem rasenden Durst. Ein halber Liter Wasser pro Tag war bei dieser körperlichen Anstrengung, dem stundenlangen Marschieren gegen den Wind und dem mühsamen Ringen um jede Meile, einfach nicht genug. Mein Magen war so leer, daß ich beim Essen des kalten Eises heftige Krämpfe bekam und mich vor Schmerz krümmte. Ich behielt also das Eis im Mund, bis es geschmolzen war, ehe ich schluckte. Dies war der sechste Tag des Darbens, und die Unterernährung begann, sich in einer ernsthaften körperlichen Schwäche bemerkbar zu machen. Jetzt kam es für mich darauf an, mit meinen Kräften zu haushalten und häufig zu rasten, um die verbliebenen Kräfte gleichmäßig über die Strecke zu verteilen, die ich noch vor mir hatte. Aber wir kamen unserem Ziel immer näher. Beharrlich schleppte ich mich weiter, weil ich wußte, daß ich es schaffen konnte.

Gegen Mittag lichtete sich der Nebel, und Strahlen goldenen Sonnenlichts durchdrangen meine weiße Welt. Mir bot sich ein herrliches Bild: die hohen, steilen Felsen der Insel Helena in Sonnenlicht getaucht. Jetzt wußte ich, daß mich nichts davon abhalten konnte, meine Reise so zu Ende zu führen, wie ich es geplant hatte. Zum Glück blieb der Wind aus, als ich weiter östlich orientiert auf Kap Halkett an der Ostspitze der Insel zuhielt. Von dort aus wollte ich über das Eis nach Osten wandern zu den drei Meilen entfernten Hosken Islands, einer Gruppe von drei Inseln, die zu Sherard Osborn gehörten, der Insel, von der aus ich zu dem langen Marsch durch das Gebiet des magnetischen Nordpols aufgebrochen war. Eine der Hosken Islands wollte ich betreten, dann nach Helena zurückkehren und so meine Dreiecksroute durch die Polregion vervollständigen.

Auf dem Eis vor der Küste Helenas mußte ich eine glatte Rollbahn finden, auf der die Maschine, die mich abholen sollte, sicher landen konnte. Jetzt, da ich freie Sicht hatte, stellte ich mit Besorgnis fest, daß das Eis nördlich der Insel über eine große Strecke stark zerklüftet war. In Resolute Bay hatte man mir schon gesagt, daß das Eis auf der Nordseite möglicherweise zu rauh sein würde und ich vielleicht um Kap Halkett herum zur Südostküste würde gehen müssen, um einen geeigneten Landeplatz für das Flugzeug zu finden. Ich hoffte sehr, daß es dazu nicht kommen würde, denn dann mußte ich noch eine zusätzliche Strecke laufen.

Gegen zwei Uhr trieb der Südostwind Nebelschwaden heran, und die Temperatur lag bei minus elf Grad. Solange der Wind nicht nach Norden drehte und die Temperatur fiel, würde das Wetter sich nicht bessern. Statt der windzerfetzten Wolkenstreifen breitete sich jetzt eine graue Wolkendecke am Himmel aus, und es begann zu schneien. Winzige Flocken schwebten sachte aufs Eis herunter. Die Insel Helena verschwand hinter einem Schneevorhang, und ich lief auf meinen Skiern langsam in Richtung Kap Halkett.

Der Nachmittag ging in den Abend über, und immer noch waren Charlie und ich unterwegs. Um acht Uhr machten wir halt für den Funkspruch, dann marschierten wir weiter durch den dicht fallenden Schnee, der sich manchmal in Nebel verwandelte. Helena zeigte sich mir nur manchmal im Schneegestöber. Nach vierzehn Stunden und einer Strecke von zwölf Meilen mußte ich rasten. Meine geringen Kraftreserven waren erschöpft. Mir war übel, und ich fühlte mich schwach, und der Durst war eine Qual. Da ich so wenig Nahrung und Wasser hatte, brauchte ich wenigstens Schlaf.

Ich schlug das Lager auf, und nachdem ich Charlie gefüttert und er sich schlafend neben mir im Zelt zusammengerollt hatte, fiel auch ich in einen unruhigen Schlaf. Ich erwachte häufig, weil das Verlangen nach Wasser heftig war. Einmal kroch ich hinaus und holte mir Eis, das ich mir hastig in den Mund stopfte, um den Durst zu löschen, der mich fürchterlich quälte. Schließlich trank ich einen viertel Becher von dem Wasser, das ich für den nächsten Tag geschmolzen hatte. Es half, aber ich wagte nicht, mehr davon zu trinken, da ich ja immer noch einen Tag vor mir hatte, vielleicht sogar mehr, wenn das Wetter sich verschlechtern sollte.

Als ich um halb fünf Uhr morgens erwachte, reichte die Sicht ein paar hundert Meter weit. Trotz Schnee und Nebel machten sich Charlie und ich daher wieder auf den Weg und liefen weiter in Richtung Osten. Ich hoffte, es würde etwas mehr aufklaren, so daß ich das Kap und die Hosken-Inseln zu sehen bekäme. Um sechs Uhr hörte es auf zu schneien, aber der Nebel blieb und narrte die Augen. Ich hatte keine Ahnung, wann ich Kap Halkett passierte. Es lag irgendwo rechts von mir im Nebel versteckt. Gegen acht Uhr konnte ich durch den sich lichtenden Nebel Land erkennen, aber ich war verwirrt. Ich hielt nach dem charakteristischsten Merkmal der Hosken-Inseln Ausschau, den zwei hundertfünfzig Meter hohen Gipfeln, die sich auf einer der Inseln Seite an Seite erhoben. Die beiden Bergspitzen würden mir genau sagen, wo ich mich befand, aber durch den Nebel konnte ich nur eine Spitze erkennen. Im wogenden Nebel, in dem nur ab und zu Löcher aufrissen, war es unmöglich, irgend etwas längere Zeit zu sehen; doch jedesmal, wenn es mir gelang, überhaupt einen Blick auf die Inseln zu erhaschen, konnte ich nur eine Spitze erkennen. Dann fing es an zu schneien, und die Sicht auf das Land wurde mir völlig genommen.

Voll ängstlicher Beklommenheit holte ich meine Karte heraus. Ich wußte, daß etwa sechs Meilen im Osten auf der Sherard-Osborn-Insel ein einzelner Gipfel existierte, der etwa die gleiche Höhe hatte wie die beiden Spitzen auf den Hosken-Inseln. Ich hatte diesen einsamen Berg gesehen, als ich vor vielen Tagen von Sherard Osborn zur König-Christian-Insel aufgebrochen war. Jetzt sah es ganz so aus, als hätte ich in Schnee und Nebel die Hosken-Inseln verfehlt und befände mich etwa sechs Meilen östlich der Position, die ich angepeilt hatte. Es stimmte nicht mit meinen Berechnungen überein, und ich glaubte es auch nicht ganz. Ich schaltete mein Ortungsgerät ein, und die Satellitendaten sagten klar, daß ich mich vor dem Doppelberg befand. Aber ich mußte anhalten. Ich konnte nicht weitergehen, bis die Sicht sich besserte und ich die beiden Bergspitzen mit eigenen Augen sehen konnte.

Ich rief Resolute Bay und teilte mit, daß ich mich möglicherweise näher an Osborn als an Helena befand, damit die Freunde dort im Notfall alle möglichen Abweichungen von meiner beabsichtigten Position berücksichtigen konnten. Ich gestand ihnen nicht gern, daß ich möglicherweise vom Kurs abgekommen war, nachdem ich mich so lange auf exakt berechneter Bahn bewegt hatte und jeden Abend meine genaue Position hatte angeben können. Aber meine Sicherheit war mir wichtiger als mein Stolz. Aber auch wenn ich tatsächlich zu weit östlich sein sollte, wollte ich auf jeden Fall zu den Hosken-Inseln zurück, dann weiter nach Helena und meine Expedition so abschließen, wie ich es geplant hatte.

Ich baute das Zelt auf, aber ich fand keine Ruhe. Ab und zu schwebte eine Schneeflocke herab und ließ sich auf dem Zelt nieder, aber es war der dichte Nebel, der mir die Sicht auf das Land versperrte. Nur – was für ein Land war es? Unablässig beobachtete ich das Wetter und wartete ungeduldig darauf, daß die Sicht sich bessern würde. Um elf Uhr lichtete sich endlich der Nebel, und vor mir erhoben sich die Zwillingsgipfel der Hosken-Inseln. Ich befand mich genau auf Kurs. Meine Navigation und die Daten des Ortungsgeräts hatten gestimmt. Ich berichtete die erfreuliche Neuigkeit nach Resolute Bay. Jetzt wußten alle genau, wo ich mich befand.

Ich hatte das Ortungsgerät, bei dem es sich um ein Versuchsgerät handelte, nur in kritischen Momenten benützen können, wie zum Beispiel bei meiner Ankunft auf der König-Christian-Insel, am Pol und dann vor den Hosken-Inseln. Wegen der Kurzlebigkeit der Batterien und anderer Faktoren, die die Gebrauchsfähigkeit des Geräts einschränkten, hatte ich es nicht häufiger angewendet. Aber der Einsatz neuer elektronischer Navigationsinstrumente hatte die Zuverlässigkeit der alten Methoden nicht schmälern können. Ich hatte mich auf der ganzen Expedition auf elementare Navigationsmethoden verlassen, und sie hatten mich auch bei schlechter Sicht immer genau an den Ort geführt, der mein Ziel war. Ich konnte meine freudige Erregung darüber, daß ich den ganzen Weg keinen einzigen navigatorischen Fehler gemacht hatte, nicht unterdrücken, besonders nicht nach den letzten beiden Stunden der Ungewißheit. Diese Erregung lieferte meinem durstenden, ausgehungerten Körper einen neuen Energiestoß.

»Jetzt sind wir bald zu Hause, Charlie«, rief ich und umarmte ihn fest.

Der Nebel verflüchtigte sich, und eine Sonnenlandschaft blieb zurück. Ich brach das Lager ab und nahm Kurs auf die drei Hosken-Inseln. Wenig später stand ich auf dem Boden der Nordinsel, ungefähr vierhundert Meter von den ungetauften Zwillingsgipfeln entfernt. Ihre steilen, weißgestreiften, braunen Flanken schrien förmlich danach, erklommen zu werden. Ich war in großer Versuchung, aber ich wußte natürlich, daß ich mir meine schwindenden Kräfte aufsparen mußte, um Helena zu erreichen. Widerstrebend wandte ich den zwei prächtigen Gipfeln den Rücken, um mich vor Helena nach einem geeigneten Landeplatz für das Flugzeug umzusehen.

Auf dem Weg nach Helena wurde mir klar, daß ich die Landebahn irgendwo an der Südostküste der Insel finden mußte. Überall an der Nordküste war das Eis viel zu brüchig und zerklüftet gewesen. Jetzt konnte ich erkennen, daß es in dem schmalen Kanal zwischen den Hosken-Inseln und Helena, wo die Strömungen tobten, noch unwegsamer war. Ich drehte ab und lief in gerader Richtung die Südostküste hinunter, und nach etwa vier Meilen stieß ich auf festes, glattes Eis, genau das richtige für eine Flugzeuglandung.

Ich wählte meinen Lagerplatz etwa zweihundert Meter von

der Küste entfernt, vor einer tiefen, klar umrissenen Flußmündung, die aus der Luft leicht zu erkennen war. Ich nahm Funkkontakt mit der Chartergesellschaft und der Basis auf, um eine Beschreibung meiner Position durchzugeben. Auf wunderbare Weise hatte ich meine Reise genau so beendet, wie ich es geplant hatte. Ich hatte innerhalb des Polgebiets eine größere Strecke zurückgelegt als jede andere Expedition vor mir. Und ich hatte es ganz allein geschafft. Ich hatte gewußt, daß eine solche Reise möglich war, aber jetzt, da sie beinahe vorüber war, konnte ich kaum glauben, was ich geleistet hatte.

Vor meinem Aufbruch hatten Bezal, Ruddi vom Bradley Air Services und ich alle Möglichkeiten des Rückflugs aus dem Polgebiet erörtert. Unsere Wahl war auf Helena gefallen, weil sich dort die Dreiecksroute schloß, die mich durch das Polgebiet führen sollte, und weil hier eventuell ein Passagierflugzeug eingesetzt werden konnte, das sowieso unterwegs war. Wie der Zufall es wollte, berichtete Ruddi, daß am folgenden Tag eine Touristenmaschine von Resolute zum Bergwerk fliegen würde; die Touristen würden dort bleiben, und die Maschine würde dann weiter nach Norden fliegen und mich abholen. Später erzählten mir die Touristen, sie hatten die ersten sein wollen, die mich bei meiner Rückkehr begrüßten. Dank ihrer Großzügigkeit, ihre Maschine zur Verfügung zu stellen, reduzierten sich die Kosten für die Chartergesellschaft auf die Hälfte.

Nachdem alles vereinbart war, bat Ruddi mich, ihm am folgenden Morgen um neun Uhr zu berichten, wie es um das Wetter stand. Immer vorausgesetzt, daß das Wetter es erlaubte, hofften die beiden Piloten, etwa gegen ein Uhr mittags an meiner Position einzutreffen.

Als ich das Zelt aufbaute, wurde mir plötzlich bewußt, daß dies mein letztes Lager im Eis war. Ich packte Charlie überglücklich und rief: »Keine Zeltlager mehr, dem Herrn sei

Dank!« Morgen würden wir nach Hause zurückkehren. Ich konnte es noch gar nicht glauben.

Aber eines mußte ich noch tun, bevor ich diesem Land den Rücken kehrte. Ich wollte die Küstenfelsen von Helena hinaufsteigen und von dem Hochplateau herabblicken. Es war fünf Uhr nachmittags, Hunger und Durst plagten mich, und ich brauchte dringend etwas Ruhe. Aber ich hatte mich so lange darauf gefreut, die Klippen der Insel zu besteigen, daß ich beschloß, gleich in aller Frühe loszugehen. Ehe ich zur Klettertour aufbrach, wollte ich meine ganze Tagesration Walnüsse essen und auf dem Weg nach oben meinen halben Liter Wasser trinken. Das, fand ich, war das angemessene große Finale, das diese Reise verdiente.

Etwa zwei Meilen von meinem Lagerplatz hatte ich Bärenspuren gesichtet, die ersten seit mehreren Tagen. Schrecklich, wenn wir es jetzt, da wir dem Ende der Reise so nahe waren, noch mit einem Bären zu tun bekommen würden. Ich tat es nicht gern, aber ich pflockte Charlie draußen vor dem Zelt an, für den Fall, daß tatsächlich ein Bär auf Besuch kommen sollte. Er fand es nicht nett, daß er nicht wie gewöhnlich ins Zelt eingeladen wurde, aber er fügte sich.

Ich schmolz Eis für meine Thermosflasche, um am Morgen alles bereit zu haben. Ich hatte noch einen halben Becher Brennstoff übrig. Am liebsten hätte ich einfach alles verbraucht, um mir noch mehr Eis zu schmelzen, aber es konnte ja sein, daß das Flugzeug wegen eines Wetterumschwungs morgen nicht landen könnte, und wenn ich dann keinen Brennstoff mehr hatte, würde ich im wahrsten Sinn des Wortes auf dem Trocknen sitzen. Ich durfte jetzt nicht einfach alle Vorsicht in den Wind schlagen. Ich mußte immer noch mit Notfällen rechnen.

Ich aß die letzten zwei Walnüsse meiner Tagesration und kroch in meinen Schlafsack, aber schon nach zwei Stunden weckte mich mein Durst, und ich wälzte mich hin und her.

Schließlich stand ich auf, um nach Charlie zu sehen. Als ich mich ihm näherte, sprang er auf und streckte sich, zweifellos hätte er am liebsten gefragt: Wann kehren wir eigentlich zu einem normalen Alltag zurück? So lange waren wir jetzt jeden Tag spät zu Bett gegangen und früh aufgestanden, daß der arme Charlie in diesem Moment wahrscheinlich dachte, ach, jetzt geht es schon wieder los.

Da er schon einmal wach war, holte ich ihn zu mir ins Zelt, aber diesmal ging ich voraus, damit er sich nicht wieder auf meinem Schlafsack breitmachen konnte.

SIEBENUNDZWANZIGSTER TAG

Am letzten Tag meiner Reise endlich, morgens um zwei Uhr, schlug der Wind um, und das Wetter klarte auf. Zum Frühstück aß ich die letzte Handvoll Walnüsse und trank die Hälfte meines Wassers. Charlie fraß seine ganze Tagesration; danach blieb ihm noch Futter für einen Tag, für den Fall, daß die Maschine uns nicht erreichte.

Ich packte ein paar warme Sachen, meine Thermosflasche, den Fotoapparat und verschiedene andere Kleinigkeiten in einen leichten Rucksack und machte mich, mit der Leuchtpistole in der Tasche und dem Gewehr über der Schulter, auf den Weg zur Insel Helena. Ich wollte das Flußbett gegenüber unserem Lager hinaufmarschieren, das steile Ufer erklimmen bis zu einem hundertfünfzig Meter hohen Plateau, das fast ein Berggipfel war, und dann nach Nordosten wandern bis zu einer Stelle oberhalb von Kap Halkett. Ich ging langsam, bemüht, mir meine Kräfte so einzuteilen, daß sie für die ganze Wanderung ausreichen würden. Die Handvoll Walnüsse hatte meinen Hunger bei weitem nicht gestillt. Nach sieben Tagen des Hungerns wurde mir sofort übel, wenn ich mich zu schnell bewegte. Um vorwärts zu kommen, mußte ich häufig anhalten und alles langsam und bedächtig tun. Mein Mund und meine Kehle waren trotz des morgendlichen Trunks immer noch wie ausgedörrt, aber wenn ich mich langsam bewegte, konnte ich meinen Atem kontrollieren und darauf achten, daß ich beim Ausatmen nicht zuviel Feuchtigkeit verlor.

In der Verfassung, in der ich mich befand, ausgehungert, durstig, kraftlos, kam mir der Anstieg von hundertfünfzig Metern wie eine schwierige Klettertour auf einen Sechstausender vor. Aber jeder Schritt war die Anstrengung wert. Leuchtend lagen die Inseln rundherum im klaren Morgenlicht. Das weite Meereis, über das unablässig der Wind hinwegfegte, dehnte sich leer und grenzenlos unter dem blaßblauen Himmel. Ich ging noch drei oder vier Meilen weiter über das kahle Felsplateau, bis ich mich direkt oberhalb von Kap Halkett befand. Die Insel Helena war so schroff und steil, wie die König-Christian-Insel flach und sanft war. Ihre hohen Felswände und Plateaus waren vom Wind kahlgefegt, und die verstreut liegenden Felsbrocken waren mit Flechten überzogen, die der Gewalt, der sie ausgesetzt waren, trotzten. Die König-Christian-Insel war von feinerem Kies bedeckt, dessen Farbe mehr ins Grau spielte. Hier und da erhob sich ein trockener Grashalm, Erinnerung an den vergangenen Sommer. Die Flüsse auf Helena hatten tiefe Schluchten in die Felsen gegraben, durch die sie sich ins Meer ergossen, wohingegen auf der König-Christian-Insel die Flüsse, die sich in beschaulicher Ruhe ihren Weg zur Küste suchten, Furchen in der weiten Ebene ähnelten.

Jenseits der schmalen Meerenge erhoben sich wie gemeißelt und in symmetrischer Form die Zwillingsgipfel der Hosken-Inseln. Ich konnte bis nach Sherard Osborn mit seinem einsam in die Höhe ragenden Berggipfel hinübersehen. Noch einmal richtete ich den Blick nach Norden, zu jenem Gebiet, das ich durchwandert hatte, und dachte an die letzten siebenundzwanzig Tage, an das endlose Bemühen, im Kampf mit den harten

Realitäten der Arktis Leib und Seele zusammenzuhalten. Während ich dort oben auf dem Plateau stand und meinen Gedanken nachhing, wurden mir langsam mehrere beruhigende Dinge klar. Ich begriff, daß ich die innere Kraft besessen hatte, den Marsch bis zum Pol durchzustehen. Ich begriff, daß ich in Frieden und Harmonie mit der Natur gelebt hatte, die manchmal unversöhnlich sein kann. Und ich begriff, daß meine Achtung vor den Eisbären noch größer geworden war. Sie hatten mir entsetzlich angst gemacht, hatten mir keinen Moment erlaubt, in meiner Wachsamkeit nachzulassen, aber sie hatten nur das getan, was sie tun mußten, um in dieser harten Welt zu überleben. Und ich hatte das gleiche getan.

Meine Gedanken wandten sich Charlie zu. Ruhig stand er an meiner Seite, und der kalte Wind spielte in seinem Fell. Eine tiefe Zuneigung verband uns miteinander. Er hatte mich vor Eisbären gewarnt und mir sogar das Leben gerettet. Ich hatte allen Grund, ihm dankbar zu sein. Ich wußte, er begriff nicht, warum wir diese Reise unternommen hatten, aber niemals hatte er meine Entscheidungen nicht mitgetragen. Er hatte mich Geduld und Vertrauen gelehrt. Ich war stolz darauf, ihn mit mir nach Hause nehmen zu können, und ich freute mich darauf, ihn mit einer anderen Welt vertraut zu machen, die er nicht kannte.

Mit einem letzten Blick nach Norden über das funkelnde weiße Eis wandte ich mich zum Gehen und verspürte dabei ein Zögern, das mich überraschte. Doch als ich zu meinem Zelt hinuntersah, das sehr klein aussah und sehr tief unten zu sein schien, wußte ich, daß ich wieder zur Tagesordnung übergehen mußte. Ich mußte rechtzeitig zurück sein, um punkt neun Uhr den Wetterbericht durchzugeben, fertig zu packen und mich auf die Ankunft des Flugzeugs vorzubereiten.

Abwärts brauchte ich nur halb so lang und war bald im Lager zurück. Um neun Uhr stellte ich die Funkverbindung her. »Klares Wetter«, meldete ich, »ausgezeichnete Sicht, zunehmender Wind.«

Ruddi bat mich, mich um zehn Uhr noch einmal mit den neuesten Wetterinformationen zu melden. Ich packte alles ein, außer Funkgerät, Zelt, Kocher und Brennstoff. Dabei hielt ich ein wachsames Auge auf meine Umgebung gerichtet, denn ich hatte zuvor auf dem Weg zur Insel wieder Eisbärenspuren bemerkt. Sie schienen nur wenige Stunden alt zu sein. Die Bären mußten irgendwo hier in der Nähe sein, und ich durfte keinesfalls leichtsinnig werden, solange Charlie und ich nicht sicher im Flugzeug saßen.

Um zehn Uhr meldete ich mich erneut, dann noch einmal um elf, danach jede halbe Stunde. Der Wind nahm stetig zu, und ich begann mir Sorgen zu machen, daß die Maschine nicht landen könnte. Für die kommenden vierundzwanzig Stunden war ein neuer Sturm angesagt.

Kocher und Brennstoff hatte ich nicht eingepackt. Sobald ich sicher sein konnte, daß die Maschine kommen würde und auch landen konnte, wollte ich mit dem letzten Gas soviel Eis wie möglich schmelzen, um meinen rasenden Durst zu löschen. Doch da der Wind wenig kooperativ war, wagte ich es nicht, den Brennstoff zu verbrauchen. Ich würde ihn vielleicht für einen weiteren Wartetag benötigen.

Um kurz vor ein Uhr mittags meldete sich das Flugzeug über Funk. Delta, November, Delta. Die Maschine war im Anflug. Sehr bald danach sah ich eine Twin Otter mit Kufen tief an der Küste entlangfliegen. Sie schlug einen weiten Bogen und landete. Während sie mir entgegenrollte, baute ich zum letzten Mal mein Zelt ab und stopfte es in die Schlittentasche. Obenauf legte ich das Funkgerät.

Der Pilot und der Copilot sprangen heraus, um uns zu begrüßen. Gelassen ließ Charlie sich zusammen mit unseren Schlitten an Bord verfrachten. Der Pilot drückte mir ein paar belegte Brote und eine Flasche Saft in die Hand, dann starteten wir in einer Wolke wirbelnden Schnees. Ich trank den Saft und machte mich hungrig über die Brote her, nachdem ich eines Charlie gegeben hatte. Mit jedem Bissen kehrte die verlorene Kraft zurück. Während ich gierig aß und trank, kam mir der Verdacht, daß ich das Mittagessen des Piloten verspeiste. Aber ausgehungert und durstig wie ich war, wollte ich dies gar nicht wissen und fragte auch nicht danach.

Während wir über das Eis zum Polaris-Bergwerk zurückflogen, blickte ich hinunter und suchte nach Spuren, die ich im Eis zurückgelassen hatte. Es waren keine da. Der Wind hatte alles fortgeweht, als wäre ich nie dort unten gewesen. Vielleicht war es besser so. Ich war schließlich nur ein Gast auf Durchreise gewesen. Aber auch wenn kein Zeichen meiner Anwesenheit blieb, so würde mir die Arktis in ihrer ganzen ehrfurchtgebietenden Großartigkeit unvergeßlich bleiben. Und jetzt waren Charlie und ich nach dreihundertvierundsechzig Meilen und siebenundzwanzig Tagen auf dem Weg nach Hause.

Epilog

Bei unserer Ankunft in Polaris wurden Charlie und ich von den Touristen, die uns so zuvorkommend ihre Maschine zur Verfügung gestellt hatten, enthusiastisch begrüßt. Die Angestellten des Bergwerks, von denen einige jeden Abend meine Funksprüche mitangehört hatten, waren froh, daß wir heil zurück waren. Später hörte ich, daß die meisten Leute in der Gegend, die ein Radio hatten, meine abendlichen Funksprüche verfolgt und mich auf meiner ganzen Reise begleitet hatten.

Charlie und ich wurden getrennt untergebracht. Man steckte ihn zusammen mit meiner Ausrüstung in dasselbe Gebäude, in dem er auch vor unserer Reise übernachtet hatte. Aber ich sah wirklich keinen Grund, ihn zu bedauern. Man machte eine Menge Aufhebens um ihn und verwöhnte ihn mit einer Riesenmahlzeit Karibufleisch, das wunderbarerweise in unerschöpflicher Menge vorhanden war. Ich ließ ihn herzhaft fressend zurück, nachdem man mir versichert hatte, daß ich später am Nachmittag wiederkommen und ihn besuchen könnte. Nachdem man mir mein Zimmer gezeigt hatte, eilte ich dann sofort in die Kantine, die den ganzen Tag geöffnet war. Als erstes stillte ich meinen immer noch quälenden Durst. Der Saft im Flugzeug hatte zwar erste Abhilfe geschaffen, aber ich brauchte mehr Flüssigkeit. Ich blieb gleich vor dem Limonadenautomaten stehen und trank, bis ich nicht mehr konnte. Danach stopfte ich mich mit Broten und Kuchen voll, und dann waren meine Kraftreserven endlich wieder aufgefüllt.

Ich rief Bill an. »Gratuliere, du hast es geschafft«, sagte er mit bewegter Stimme. »Ich wußte, daß du es packen kannst.« Er hatte meine Eltern bereits angerufen. »Sie sind beide sehr erleichtert, daß es dir gutgeht und du nach Hause kommst«, sagte er. »Ich habe sie jede Woche angerufen, um sie auf dem laufenden zu halten. Sie erwarten deinen Anruf nicht bevor du zu Hause bist.«

Zu Hause. Ein herrlicher Gedanke. An diesem Abend schlief ich in einem richtigen Bett, in einem Haus mit einem richtigen Dach über dem Kopf, ohne mich um das Wetter oder Eisbären sorgen zu müssen. Ich schlief tief und fest.

Am nächsten Tag verabschiedeten sich Charlie und ich von unseren neuen Freunden in Polaris, die sowohl vor als auch nach der Expedition so unglaublich gastfreundlich und entgegenkommend gewesen waren, und traten den kurzen Flug nach Resolute Bay an, um von dort aus dann nach Hause zu starten.

Nach ein paar Tagen Aufenthalt in Resolute Bay, wo wir bei Terry und Bezal wohnten, flogen Charlie und ich nach Vancouver in British Columbia, wo Bill und ich im März, als ich nach Resolute Bay losgeflogen war, unseren Zweitwagen stehengelassen hatten. Schon damals hatte ich meine Ausrüstung nur mit Mühe und Not in dem Wagen, einem Honda Civic, untergebracht, und jetzt mußte ich noch für Charlie Platz finden. Für den vorderen Sitz war er zu groß, deshalb machte ich ihm hinten beim Gepäck einen Platz frei. Wenn Charlie diese ungewohnte Art der Beförderung verwunderlich empfand, so war es seinem gelassenen Verhalten nicht anzumerken.

Ich wußte, daß ich einen Tierarzt finden mußte, um Charlie vor der Einreise in die Vereinigten Staaten impfen zu lassen. Ein Bekannter verwies mich an die örtliche Tierklinik, und Charlie ließ die Impfung so unerschüttert wie immer über sich ergehen. Während ich zahlte, band ich ihn vor der Haustür fest, wo ihm nichts Besseres einfiel, als mit großem Eifer den ganzen Garten umzugraben. Als ich sah, wie die Erde in alle Richtungen flog, rannte ich hinaus, um ihm Einhalt zu gebieten, aber es war bereits zu spät. Ich lieh mir von der Klinik einen Besen und fegte die Erde wieder in den Garten, während Charlie mir dabei zusah, von meiner Verlegenheit völlig unberührt. Schließlich hatte er ja nur getan, was Inuit-Hunde eben zu tun pflegen.

Bald nachdem wir die Grenze von Kanada in die Vereinigten Staaten überfahren hatten, hielten wir an einer Raststätte an, und hier machte Charlie Bekanntschaft mit seinem ersten Baum. Sofort hob er das Bein, war aber zu nahe am Baum und fiel um. Nach mehreren Korrekturen schaffte er es schließlich. Dann fiel sein Blick auf eine große Staude gelben Löwenzahns, die er unbedingt untersuchen mußte. Er steckte die Nase mitten hinein und fuhr mit einem lauten Niesen wieder in die Höhe. Es war seine erste Bekanntschaft mit Blumen und Pollen. Auch Gras war natürlich etwas Neues für ihn. Erst wälzte er sich auf dem frischgemähten Rasen, tollte ausgelassen darauf herum, dann beschloß er, Löcher zu graben. Ehe ich ihn davon abhalten konnte, hatte er mit fliegenden Vorderpfoten in Windeseile eine prächtige Grube ausgehoben. Ich zerrte ihn ins Auto, und wir setzten unsere Fahrt fort.

Ich fuhr zum Flughafen von Seattle, um dort Bill abzuholen, dem es aufgrund seines Flugplans nicht möglich gewesen war, uns in Vancouver abzuholen. Wir hatten vereinbart, uns an der Gepäckausgabe zu treffen, damit auch Charlie bei diesem Wiedersehen dabeisein konnte. Ich konnte es kaum erwarten, Bill mit Charlie bekannt zu machen. Nach einigem Suchen fand ich einen Parkplatz, nur um kurz danach zu hören, daß Bills Flug dreißig Minuten Verspätung hatte. Ich ging zur Gepäckausgabe, aber ich war viel zu aufgeregt, um mich ruhig hinzusetzen. Wartend lief ich auf und ab. Mehrere Leute blieben stehen, um Charlie zu bewundern. Ich hatte ihm auf dem Weg zum Flughafen ein neues schwarzes Halsband mit passender Leine gekauft. Ich kam mir vor wie eine stolze Mutter.

Endlich kam Bill, und als wir uns in die Arme fielen, sagte er: »Jetzt weiß ich endlich mit Sicherheit, daß du gesund wieder zurück bist. Mein ganzes Leben habe ich mir nicht solche Sorgen gemacht.« Dann beugte er sich zu Charlie hinunter und drückte ihn an sich. »So, das ist also Charlie«, meinte er. »Er ist größer, als ich ihn mir vorgestellt habe. Wir beide verdanken dir eine Menge, du schöner, großer Bursche.« Er nahm Charlies Leine, und dann gingen wir alle drei zum Auto, um die Heimfahrt anzutreten.

Unser Haus steht auf einem Grundstück von fast sechs Morgen mit Blick auf die Cascade Mountains und viel Platz für Charlie, der hier nach Herzenslust herumtollen und Löcher graben kann. Zunächst aber galt es, ihn mit den anderen Mitgliedern unserer Familie bekannt zu machen, und das bereitete mir einige Sorge. Zuerst lernte er Tom kennen, unseren großen Kater, der genauso schwarz ist wie Charlie. Charlie hatte nie zuvor eine Katze gesehen, aber ich hätte mich nicht zu beunruhigen brauchen. Tom wischte Charlie erst einmal eine, wie er das bei Fremden immer tat, aber dann schloß er sehr rasch Freundschaft mit ihm, teilte häufig sogar die Schlafstelle mit ihm.

Als wir Charlie mit unseren drei anderen Hunden bekannt machten, zeigte sich sofort, daß sie bereit waren, Charlie in allem als den Rudelführer zu akzeptieren. Keiner der drei forderte ihn in irgendeiner Weise heraus. Er erwies sich als ein sanftmütiger Rudelführer, der seinen Gefährten gegenüber eine Position würdevoller Autorität, gepaart mit strenger Disziplin, einnahm.

Mit den Ziegen war es eine andere Geschichte. Wir hatten insgesamt sieben, und keine von ihnen traute Charlie, der sie zuerst nur durch den Maschendrahtzaun sehen durfte. Snowy, ein großer, weißer Bock, schien es Charlie ganz besonders angetan zu haben, und als ich ihn später zum näheren Kennenlernen auf die Ziegenwiese ließ, wollte er mit ihnen allen spielen, vor allem aber mit Snowy. Snowy ergriff sofort die Flucht, und Charlie jagte ihm hinterher, schnappte nach seinem Hinterfuß, wie er es damals bei dem Eisbären getan hatte. Natürlich war der arme Snowy außer sich vor Angst und blökte aus Leibeskräften um Hilfe. Einen Augenblick später hatte ich Charlie für immer von den Ziegen getrennt. Jetzt unterhält er sich jeden Tag durch den Zaun mit Snowy und den anderen.

Charlie lebte sich in seiner neuen Umgebung schnell ein und gewöhnte sich rasch an seine neue Familie. Er begleitete Bill und mich, wenn wir wandern oder bergsteigen gingen, und trabte bei unseren Langlauftouren und unseren täglichen Joggingrunden neben uns her. Manchmal fragte ich mich, ob er sich noch an sein hartes Leben als Inuit-Hund und an unseren abenteuerlichen Marsch zum magnetischen Nordpol erinnerte. Vielleicht. Es spielte keine Rolle. Die Treue, die Freundschaft und das Vertrauen, die sich auf unserer Reise zwischen uns entwickelt hatten, waren unzerbrechlich.

Es tat gut, wieder zu Hause zu sein, die Abende mit Bill zu verbringen und ihm meine Fotos zu zeigen, ihm aus meinem Tagebuch vorzulesen, von den großen und kleinen Abenteuern meiner Reise zu erzählen. Charlie war immer in unserer Nähe. Bill hatte manchen Moment der Sorge und der Angst durchgemacht, während ich zum Pol unterwegs gewesen war, aber ich wußte, daß sein Vertrauen in meine Fähigkeit, ein solches Unternehmen durchzustehen, niemals ins Wanken geraten war.

Bald nach meiner Rückkehr schon begannen Bill und ich eine weitere Expedition zu planen, einen Fußmarsch zum geografischen Nordpol, den wir diesmal zusammen unternehmen wollten. Charlie lag oft zu unseren Füßen, während wir über Karten des Polargebiets saßen und überlegten, welche Route wir einschlagen sollten. Diese Reise würde uns neue Herauforderungen und neue Ziele bescheren. Doch im Augenblick schien Charlie absolut zufrieden zu sein, einfach zu bleiben, wo er war.

Danksagung

Mein Dank geht an Tony Manik aus Resolute Bay, von dem ich Charlie kaufte. Tony sorgte sich so sehr, daß er sich von einem seiner wertvollsten Hunde trennte.

Ebenso danke ich Phil und Dee Morris für ihre Unterstützung und unerschütterliche Freundschaft; und Michael und Charlotte Buschmohle, Freunde, die in vielerlei Hinsicht geholfen haben; Bill Bates für seine Unterstützung bei der Fertigstellung dieses Buches; und natürlich Jerry Torgerson, der mir den Umgang mit dem Computer beibrachte, auf dem ich dieses Manuskript geschrieben habe.

Dank auch an Bezal und Terry Jesudason, die das Basislager versorgten; an Tony Keen und sein Team bei dem Polaris-Bergwerk, an dem ich meine Reise begann, für ihre Gastfreundschaft und Freundlichkeit.

Und vielen Dank den Menschen der Inuit, deren Ratschläge mir halfen, mein Wissen zu vervollständigen, um diese Reise zu überleben. Frederic Hills und Burton Beals bin ich für ihre umsichtige Bearbeitung des Buches sehr dankbar.

Einen besonderen Dank an Sir Edmund Hillary, dessen Lebensstil mich bereits als junges Mädchen inspirierte, dem Weg zu folgen, der mich eventuell zu dem magnetischen Nordpol führen würde.